ごみとトイレの近代誌

絵葉書と新聞広告から読み解く

山崎達雄──【著】

彩流社

▼A 汲取便所（『便所の研究』）

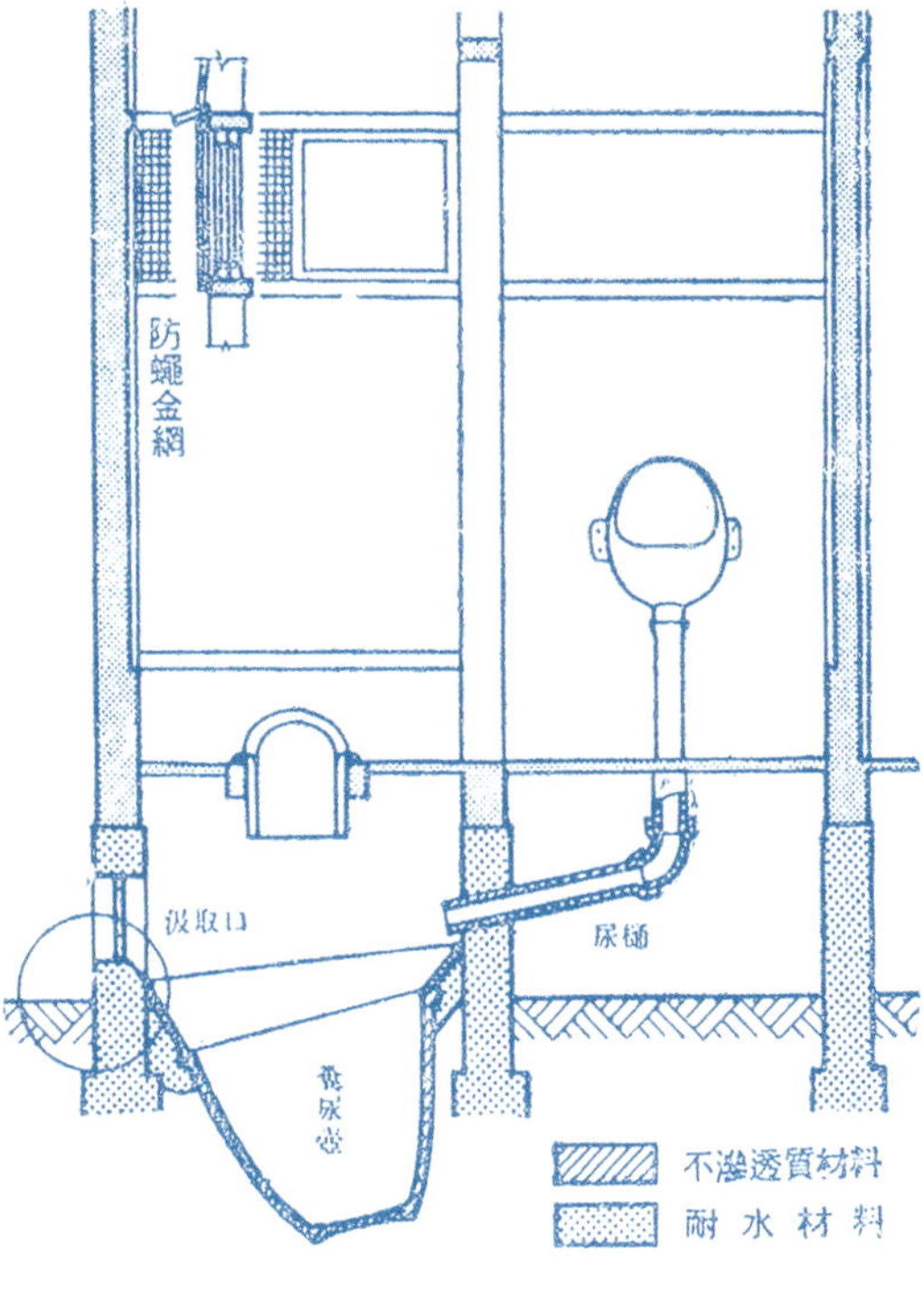

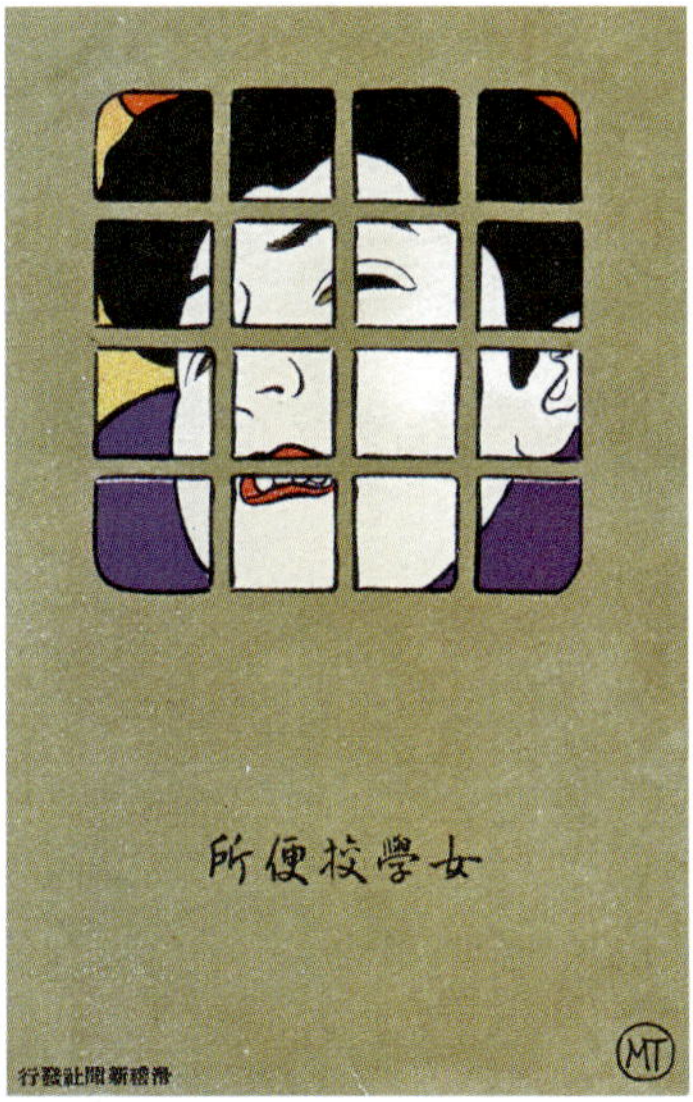

◀B「女学校便所」絵葉書
（『絵葉書世界』第3集）

◀C 焼却炉とロゴをデザインした「京都市塵芥焼却場新築記念」絵葉書の袋。上が表、下が裏

▼D「一宮市役所 一宮市営塵芥焼却所」絵葉書

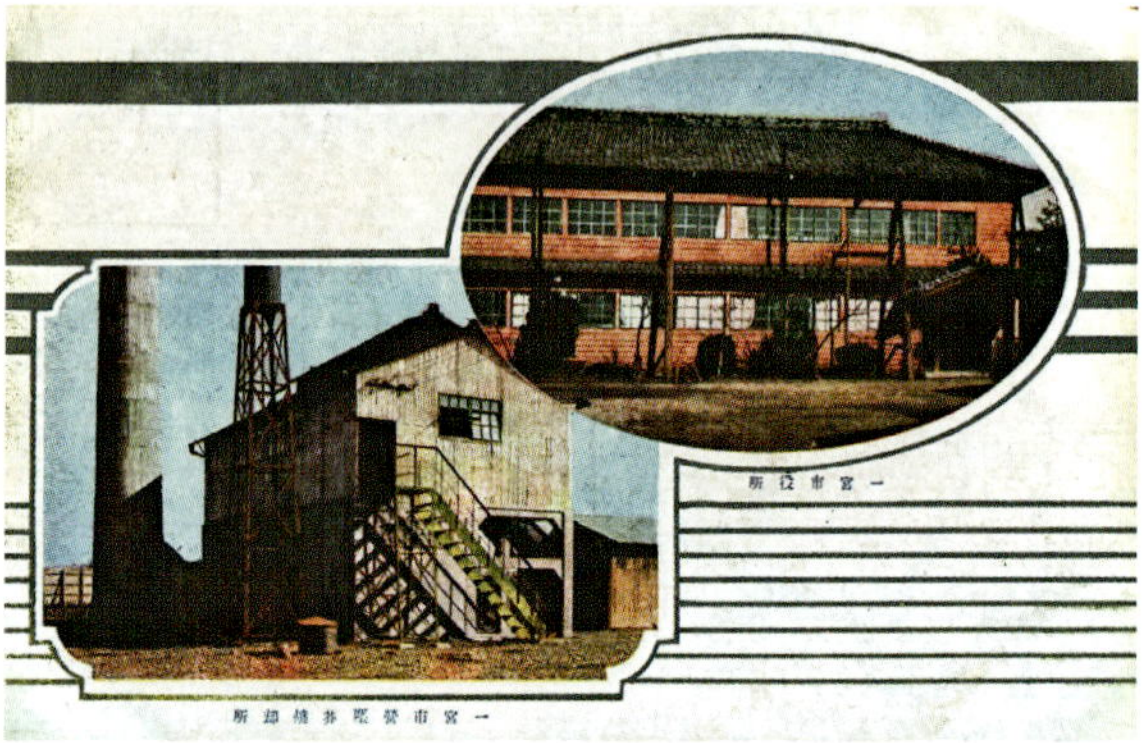

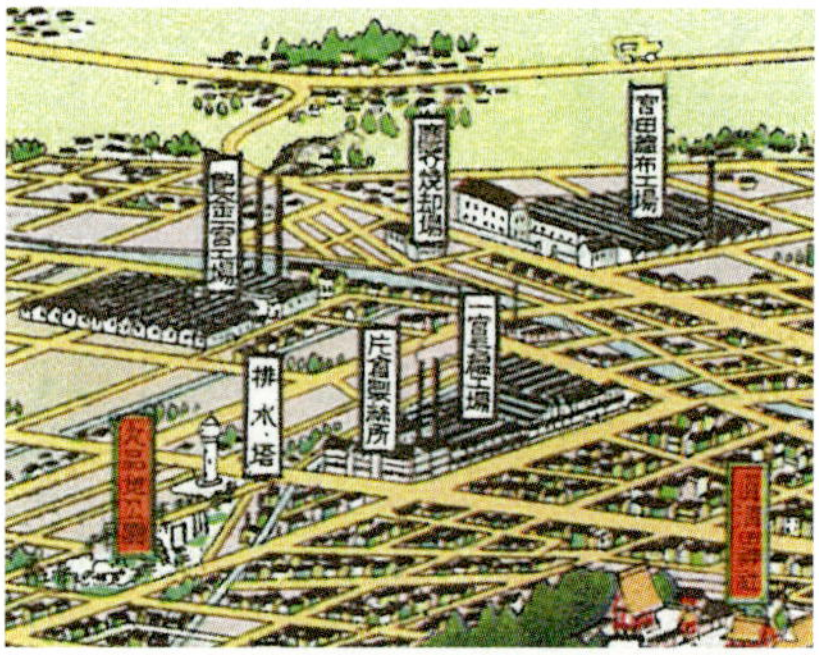

▶E「塵芥焼却場」
（鳥瞰図『産業と観光の一宮市とその附近』の一部、昭和9年）

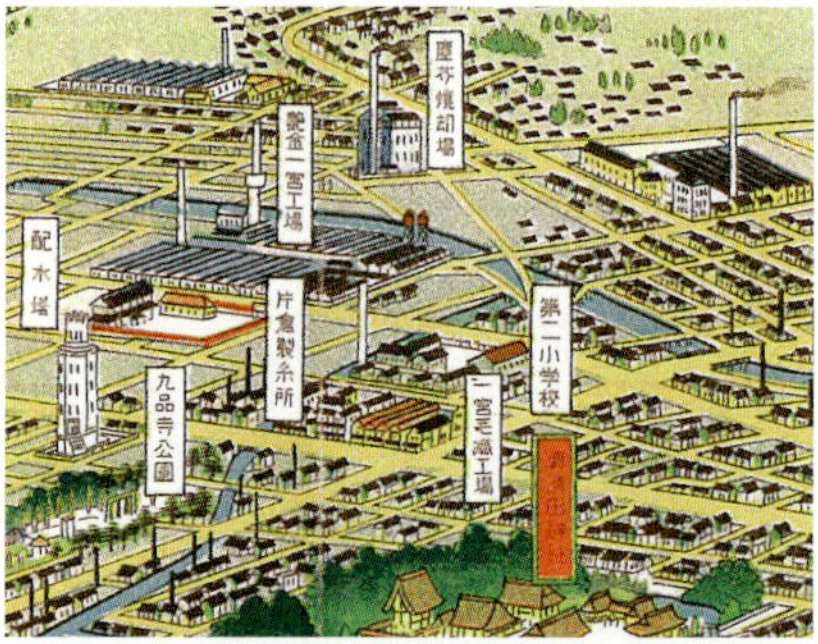

▶F「塵芥焼却場」
（鳥瞰図『産業と観光の一宮市とその附近』の一部、昭和12年）

▲G『川口遊里図屏風』
（大阪歴史博物館所蔵）にみる
遊女の立小便姿

▲H『滑稽新聞』定期増刊
（『絵葉書世界』第1集表紙
国際日本文化研究センター所蔵）

▲I 絵葉書
「野小便 地蔵しばらく 傘の番」
（『絵葉書世界』第18集）

▲J 郷土人形『土佐のつればり』
「つれションの出来る夫婦の仲の良さ」を示す
「つれション」人形もある

▲K「第五回内国勧業博覧会」絵葉書

▼M「女学校の寄宿舎」絵葉書
(『絵葉書世界』第24集
国際日本文化研究センター所蔵)

▲L「親の恩」絵葉書
(『絵葉書世界』第7集)

もくじ

◉はじめに　ごみとトイレの近代を科学する

水洗トイレは近代の象徴

フランス文学者で評論家であった多田道太郎は、昭和62（1987）年に、現代風俗研究会に寄せられたはがき報告をもとに、「思想としての水洗便所」をまとめ、トイレの歩みを振り返りながら、水洗化の意味を考えています（『現代風俗通信』〝77～86〟）。

それから、30年。現代は、水洗便所はもちろん、腰掛・温水洗浄の便所が当たり前の社会となり、「お化けの棲む」怖い場所であったトイレは、今や癒やしの空間としても生まれ変わりつつあります。

しかし、現在のような腰掛式の洋式便器に収斂《しゅうれん》される過程で、男性専用の小便器の設置や大便器の型式の選択等を巡って、男性と女性、親と子どもの間でせめぎ合いがあったことは、現代の人々は想像さえしないでしょう。

昭和の時代、トイレは、糞尿を溜めるポットン式便所から、水で押し流す水洗便所に、さらに腰掛けて排泄する洋式便所になりました。また、尻を拭く材料も、新聞紙・雑誌紙から塵《ちり》紙をへて、トイレットペーパーになり、現代では温水洗浄と劇的に変化しました。団塊の世代は、そのいずれも経験していますが、今考えてみると、トイレの進歩は、日本の近代化の象徴でもあったのです。

現代風俗研究会のはがき報告には、評論家の鶴見俊輔、文化人類学者の石毛直道等、当時活躍していた文化人たちも意見や感想を寄せていますが、そのなかに、仏文学者で京都学派の中心的な存在であった桑原武夫は、「便所がトイレになったのは、いつからか。日本近代化の一指標として、調べておいてほしい。トイレとは、白タイルの水洗便所のこと」の問いを発しています。これに対して、多田道太郎は、はがき報告読者から寄せられた京都市の下水道事業の歩みを報告するとともに、楠本正康の『こやしと便所の生活史』から、明治35（１９０２）年の住友邸の水洗便所が最初であると紹介しています。

トイレとごみの歴史を科学する

近代化の象徴としてトイレの水洗化を問うた桑原武夫は、果たしてこの答えで満足したのでしょうか。私は、これでは､この問題に決して応えていないと思えるのです。トイレなどの社会事象の歴史は､史料的な制約もあって、往々にして、事柄を繋ぎ合わせた物語として語られることが多く、その社会的背景まで踏み込んでいないからです。

本書は、私がこれまで収集してきた絵葉書をもとにして、水洗化をはじめ、トイレの近代化の歩みを歴史として語ることに挑戦したいと思います。もう一つの劇的な変化を遂げた「ごみ」の歴史と併せて。

ごみも、都市の装置として焼却施設が導入されたのは、明治30年代の後半です。明治33（１９００）年の「汚物掃除法」の施行を契機に、それまで堆肥としての活用や野積みされていたごみは、伝染病予防等、公衆衛生上の視点から焼却が試みられ、戦争によって一時中断はありましたが、ごみの焼却処理は積極的に進められました。その後、１世紀に及ぶ長い歴史の歩みを経て、現代では資源化の取り組みも含めて、私たちの生活空間からごみは取り除かれて焼却され、快適な生活が営まれていますが、ごみの焼却も目ざましい発展を遂げた日本の近代化の一つです。

本書では、絵葉書や新聞広告を素材として、当時の文献史料を駆使しながら、明治から昭和初期までのトイレやごみ処理を、歴史として科学できればと考えています。

図1　「深川鉄管中の避難民　関東大震災」絵葉書

史料としての絵葉書

それでは、なぜ、絵葉書を、歴史を読み解く素材とするのでしょうか。

絵葉書1枚自体は小さく、散逸しやすいので、これまでどれほどの枚数が発行されたのかわかりません。しかし、9㎝と14㎝の絵葉書の世界には、当時の庶民の生活や文化をはじめ歴史の歩みの一コマが、画像として鮮明に記憶されているからです。

絵葉書は、展覧会の記念品としてまだ高い人気がありますが、デジカメ、携帯電話やスマートフォンの普及によって、旅の思い出の記念品としての絵葉書の役割は、終りつつあります。

しかし近年、絵葉書は社会の世相や風俗を研究する史料としてその評価が高まり、大学や各地の資料館等で、デジタルアーカイブとして系統的な収集・保存を行われるようになりました。

日本で絵葉書が公式に認められるようになるのは、奇しくも「汚物掃除法」が施行される明治33（1900）年です。名所旧跡や社寺、街並みや風俗。都市や農村等の日々の暮らし、移ろいゆく四季の彩り。仏像や彫刻、名画等。俳優や花街の名妓。汽車・船・飛行機の乗り物。祭り、博覧会、スポーツ等の行催事。

公園や駅、浄水場等の公共施設。工場やホテル・旅館。デパートや商店街、レストラン等の商業施設。さらには、悲惨な戦争や関東大震災等の酷い災害まで、あらゆる事柄が絵葉書の対象となり、記憶されたのです（図1）。

ごみとトイレの絵葉書

病院、水道の浄水場や衛生試験所等、公衆衛生の分野も絵葉書の題材として取り上げられ、また、トイレや排泄の絵葉書、さらに大正から昭和にかけては、ごみ焼却施設の絵葉書が各地で発行されています。

私が最初に出会ったごみ焼却施設の絵葉書は、大正14（1925）年に発行された「京都市十条塵芥焼却場新築記念」絵葉書です。洒落た装丁の袋に入れられ、絵葉書に写し撮られた近代的な焼却炉の外観にすっかり魅せられました。

廃棄物の仕事にも携わってきましたが、まさか100年近く前の大正期にごみ処理施設の絵葉書が発行されていたとは、思いもつきませんでした。その後注意して探してみると、「大

図2　二等入選「醜き都市」絵葉書。ごみ運搬の大八車と電柱広告を強調した絵葉書。都市美協会が、「都市美ノ強調、都市醜ノ排除」を目的に、懸賞写真を募集。一等入選は「丸ビル前」

阪市立塵芥焼却場絵葉書」や「東京市立第一塵芥処理工場竣工紀念絵端書《えはがき》」、彩色された「一宮市役所　一宮市営塵芥焼却所」の絵葉書、さらに、屎尿浄化装置と一緒に設置された名古屋市の「下飯田汚物処理所絵葉書」等と、次々に発見することができました。

また、都市美協会が募集した「都市美並都市醜悪懸賞写真」の二等に入選した「ごみ運搬の大八車と電柱広告」を使った絵葉書（図2）が、昭和11（1936）年10月に発行され、当時の街路の状態とごみの収集状況がわかりますが、よく調べてみると、ごみ焼却施設の絵葉書にも、秘められた歴史が隠れていたのです。

トイレの絵葉書に関しては、宮武骸骨《みやたけがいこつ》が主宰した滑稽新聞社が明治40年代に『絵葉書世界』を『滑稽新聞』の増刊号として刊行し、かなり刺激の強い絵葉書を多数発行しています。そのなかには、NHKの朝の連続ドラマ『あさが来た』でも話題となった女学生を揶揄する「女学校便所」絵葉書や、小児に小便をさせている母親の姿を描いた「親の恩」絵葉書など、当時のトイレの事情や排泄文化、さらに世相や風俗を知る上で、大変興味深い絵葉書があります。

新聞広告とかみものとの出会い

京都のごみ処理の歴史を明らかにするため、京都で発行されていた『京都日出新聞』、『京都日日新聞』、『大阪朝日新聞』等について長い時間をかけて調査しましたが、大正15（1926）年6月に発行された新聞から、現代の屎尿浄化槽のルーツにあたる水槽便所に関し、紙面全面を使った広告を発見した時は、本当に驚きました。また、昭和初期の『京都日日新聞』で、現代と同じの壁掛式の吊り具が描かれたトイレットペーパーの新聞広告を発見し、トイレットペーパーが広く使われ始めた時期も推定できました。

絵葉書以外にも、古本屋の世界で「かみもの」と通称される史料に収集の範囲を広げていくと、現在の「軽犯

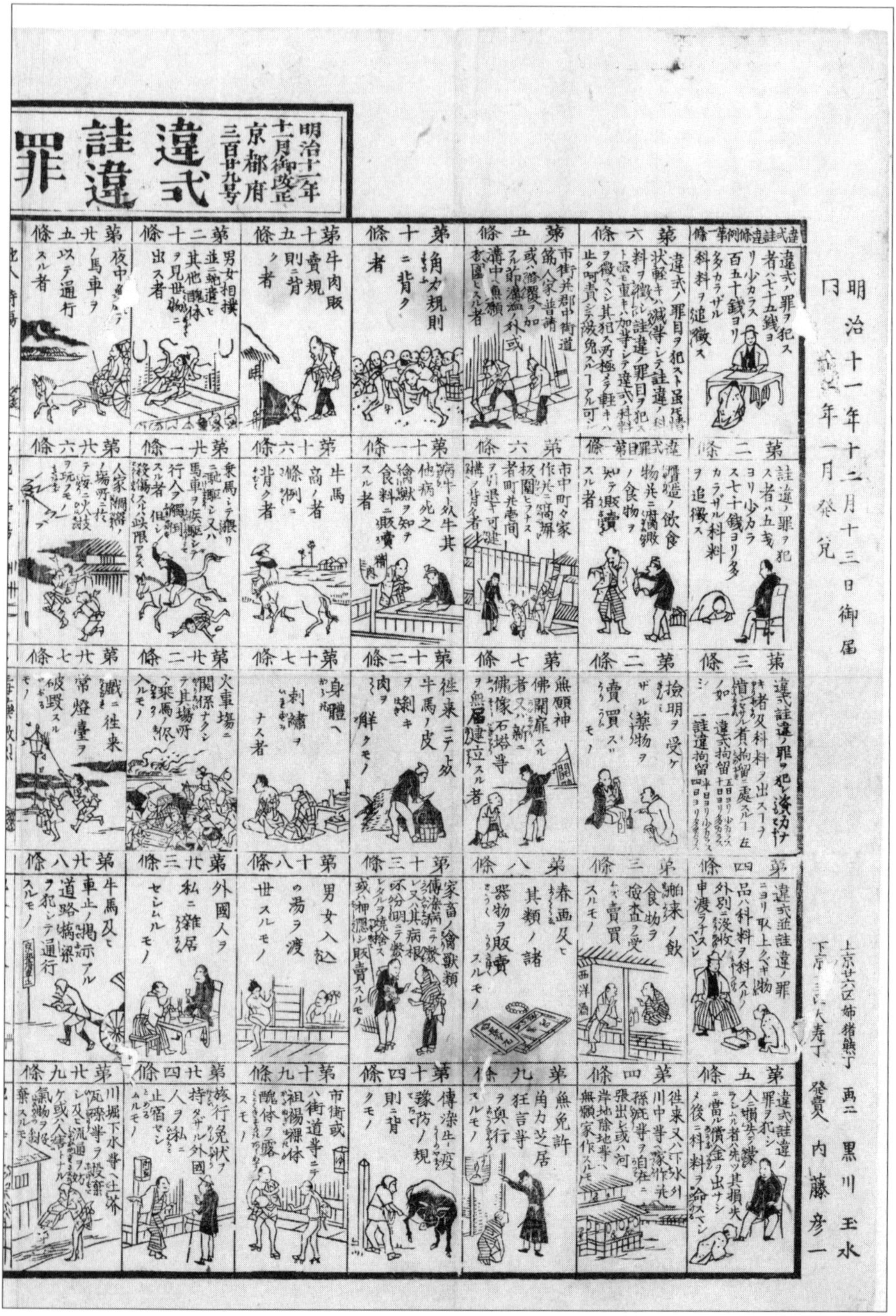

明治十一年十二月御趣意 京都府三百廿九号

違式詿違罪

明治十一年十二月十三日御届
同 年一月発兌

上京廿六区姉猪熊丁 画工 黒川玉水
下京三区大寿丁 発売人 内藤彦一

違式詿違條例第一條
違式ノ罪ヲ犯ス者ハ七十五銭ヨリ少カラス百五十銭ヨリ多カラザル科料ヲ追徴ス

第二條
詿違ノ罪ヲ犯ス者ハ五銭ヨリ少カラス七十銭ヨリ多カラザル科料ヲ追徴ス

第三條
違式詿違ノ罪ヲ犯シ贖フ可キ者又科料ヲ出ス能ハサル者ハ拘留ニ處スル左ノ如シ
一 違式拘留 五日ヨリ少カラス十日ヨリ多カラス
一 詿違拘留 半日ヨリ少カラス四日ヨリ多カラス

第四條
違式並詿違ノ罪ニヨリ取上クベキ物品ハ科料ノ外別ニ没收ノ申渡ヲナスベシ

第五條
違式詿違ノ罪ヲ犯シ人ニ損失ヲ蒙ラシムル者ハ先ツ其損失ニ當ル償金ヲ出ナシメ後ニ科料ヲ命スベシ

第六條
違式ノ罪目ヲ犯スト雖モ情状軽キハ減等シテ詿違ノ科料ヲ徴シ詿違ノ罪目ヲ犯スト雖モ重キハ加等シテ違式ノ科料ヲ徴スベシ其犯ス所極メテ軽キハ止タ呵責シテ放免スル事アル可シ

違式罪目第一條
贋造ノ飲食物并ニ腐敗ノ食物ヲ知テ販売スル者

第二條
検明ヲ受ケザル薬物ヲ売買スルモノ

第三條
毒染ノ飲食物ヲ検査ヲ受ズ売買スルモノ

第四條
往来又ハ下水外川中等ヘ家作並ニ張出シ或ハ河岸地除地等ヘ無願家作スルモノ

第五條
市街并郡中街道筋人家普請或ハ修繕ヲ加フル節濫ニ外式溝中ヘ魚類ヲ放置スル者

第六條
市中町々家作并ニ箱塀板囲ヒヲナス者町并壱間ヲ引退キ可建構ノ背ク者

第七條
無願神佛開扉スル者又ハ新ニ佛像石塔等ヲ無届建立スル者

第八條
春画及ヒ其類ノ諸器物ヲ販売スルモノ

第九條
無免許角力芝居狂言等ヲ興行スルモノ

第十條
娼妓規則ニ背ク者

第十一條
病牛ト死牛其他病死之獣ヲ知テ食料ニ販売スル者

第十二條
往来ニテ牛馬ノ皮ヲ剥キ肉ヲ鮮クモノ

第十三條
家畜ノ禽獣類傳染病ニテ斃レ又ハ其病根不分明ニテ斃レタルヲ焼捨又ハ埋シ或ハ販売スルモノ

第十四條
傳染牛疫豫防ノ規則ニ背クモノ

第十五條
牛肉販売規則ニ背ク者

第十六條
牛馬商ノ者條例ニ背ク者

第十七條
身體ヘ刺繍ヲナス者

第十八條
男女入込ノ湯ヲ渡世スルモノ

第十九條
市街或ハ街道等ニテ袒裼裸体醜体ヲ露スモノ

第二十條
男女相撲並ニ蛇遣ヒ其他醜体ヲ見世物ニ出ス者

第廿一條
乗馬ニテ濫リニ馳駆シ又ハ馬車ヲ疾駆シテ行人ヲ觸倒シ殺傷スル者 但シ殺傷スル者ハ此限ニアラス

第廿二條
火事場ニ関係ナクシテ其場所ヘ乗馬ノ儘乗リ入ルモノ

第廿三條
外國人ヲ私ニ雑居セシムルモノ

第廿四條
旅行免状ヲ持タザル外國人ヲ私ニ止宿セシムルモノ

第廿五條
夜中無燈ノ馬車ヲ以テ通行スル者

第廿六條
人家稠密ノ場所ニ於テ烟火ヲ玩フモノ

第廿七條
常燈臺ヲ破毀スルモノ

第廿八條
牛馬及ヒ車止ノ掲示アル道路橋梁ヲ犯シテ通行スルモノ

第廿九條
川堀下水等ヘ土芥瓦礫等ヲ投棄シ及ヒ流通ヲ妨ケ或ハ人害トナル氣物ヲ投棄スルモノ

図３　『明治十一年十月御改正 京都府第三百廿九号　違式註違罪目図解前編』（明治 12 年）

罪法」のルーツにあたる明治初期の「違式詿違《いっしきかいい》条例」や「違警《いけい》罪」を、わかりやすく図解した京都府の『違式詿違罪目図解前編』（図3）や『違警罪之譯』等を入手することができました。これらの図解だけでも、私の所蔵は40点を超えましたが、図解には、禁止されていた川へのごみの投棄や立小便姿が描かれており、明治初期の社会の様相も視覚的に知ることができるのです。

さらに、大正末期に、日本で初めて製造されたといわれる幻のトイレットペーパーが入手できるなどということは全く予想外で、実物が手に入った時の興奮は、今でも覚えています。

絵葉書と新聞広告を読み解く

ごみ焼却施設やトイレの絵葉書は、現代の私たちの感覚からすれば意外に思うかもしれません。でもよく考えてみれば、新聞・雑誌、それも限られた形でしか伝達媒体がなかった時代、情報量は限られますが、絵葉書は、手軽に人々に伝えることができる格好の宣伝材料であったのです。ごみやトイレに関する絵葉書が発行されても不思議はありません。私たちが、今まで見過ごしていただけなのです。絵葉書をはじめ、家の片すみに埋もれていた史料は、私たちが探し出し、光を充ててくれるのを待っていたのです。

本書では、私が長年収集してきた大正・昭和のごみ焼却施設、屎尿やトイレ等の絵葉書や新聞広告を紹介しながら、「かみもの」と通称される史料も使って、ごみとトイレの近代の歩みを読み解いていきます。

未知の史料に出会うのは、本当に愉しいものです。足を一歩踏み出すと、面白いほどに史料は次々と顔を見せてくれます。本書を読んで頂くことを通じて、史料に出会う醍醐味を皆さま方にも味わっていただければと思います。

なお、本書で紹介する絵葉書等は、所蔵先が明記されているもの以外は、筆者が所蔵している史料です。

第I部

ごみの近代誌

扉図1　竣工記念資料「愛知県一宮市立塵芥焼却所（其ノ六）捲揚装置」

第1章　ごみ焼却施設が絵葉書になった《「京都市塵芥焼却場新築記念」絵葉書》

「万国郵便連合加盟二十五季祝典記念」絵葉書

日本の近代的な郵便制度は明治4（1871）年3月に創設され、6年には葉書が売り出され、さらに絵葉書が公式に認められるようになるのは、明治33年です。この年の9月1日に「郵便規則」が制定され、「政府ノ発行スル通常葉書ト同一ノ寸法及紙質ニシテ、之ト同一ノ位置ニ郵便葉書ノ文字ヲ印刷シ、且之《かつこれ》ト同額ノ郵便切手ヲ貼附《てんぷ》ナシタル私製葉書ハ、通常葉書ト看做《みな》ス」（「郵便規則」第18条）と定められ、私製の葉書の発行が認められることになりました。これにより、絵葉書の発行が正式に可能となり、日本での絵葉書の歴史が始まったのです。

また諸外国との通信のため、明治10年に日本は万国郵便連合に加盟していますが、加盟25周年の祝典が、35年6月20日に、東京の帝国ホテルで挙行されています。当時の桂太郎内閣総理大臣をはじめ、内外から1500人余りの来賓が参列して盛大に開催されていますが、切手付きの「万国郵便連合加盟二十五季祝典記念」の絵葉書1組（袋入、6枚、5銭）が記念品として配布されました。これが日本で初めて公式に発行された絵葉書といわれ、参列者には大変好評で、記念のために消印を求める者や臨時に設置した郵便函《はこ》に投函する者が生まれています。

絵葉書は、「西暦千八百年七十四年始メテ連合大会議ヲ開キタル瑞西《スイス》国ベルヌノ会場、加盟当時ノ駅逓《えきてい》局」、「加盟当時ノ横浜郵便局ト外国郵便嚢《のう》、今ノ横浜郵便電信局ト外国郵便嚢」、「東京郵便電信局舎ト郵便発着口」、「山陽道汽車進行中ノ郵便物受授機械」、「千代田城及楠正成銅像」（図4）、「日本交通地図」の6種類、網目銅版製で、

図4　万国郵便連合加盟二十五季祝典で配布された「千代田城及楠正成銅像」絵葉書

40万組発行されています。

その後、日露戦争の戦役記念の絵葉書が、明治37年から39年まで5回にわたって18種類が発行されていますが、戦争の高揚感もあって、大ブームを巻き起こしています。明治39年5月6日の第5回「明治37、38年戦役紀念郵便絵葉書」は、東京の京橋局、三田局、白金局、神田局等で発売されていますが、神田局では前夜11時頃から買い求める行列ができ、夜12時頃までに数百人が並んでいます。多くの局で卒倒者が出るなど大混乱を招き、警察官が出動して整理にあたっていますが、この時の絵葉書の販売の様子は、『東京日日新聞』（明治39年5月7日）にも報じられています。

これ以降、逓信《ていしん》省と民間業者が競うような形で絵葉書が発行されています。印刷技術の向上等もあって、美しい絵葉書が多種・多量に発行され、大変評判となりました。

明治44年の大阪では、絵葉書を卸小売する絵端書《えはがき》商が5軒、45年の京都では、寺町通の三条から四条までの間に絵葉書を専門に扱う絵端書商が3軒も生まれるほど、絵葉書の人気は高かったのです。

ごみの焼却を推進

ごみの焼却施設の絵葉書も発行されています。当時、ごみは「塵芥《じんかい》」と通称され、明治33（1900）年に制定された日本で初めての廃棄物に関する法律である「汚物掃除法」により汚物と定義され、市において収集され、なるべく焼却することとされました。ごみ焼却施設は、明治33年に米沢市、36年に大阪市、41年に神戸市において整備され、京都市でも、34年に民間によりごみ焼却施設が設けられ、京都市から委託を受けて焼却を行っています。

『内務省衛生局年報』によれば、昭和3（1928）年には、汚物の掃除を実施している103市に81ヶ所の焼却施設が設けられています。その後、昭和5年5月に「汚物掃除法施行規則」の改正が行われ、ごみの焼却が義務付けられ、各都市で建設が大きく進みました。焼却施設は、昭和10年には123ヶ所（汚物の掃除を実施しているのは128市）、さらに15年には184ヶ所（同173市）に激増し、施設の近代化も進んでいます。

ごみ焼却施設の絵葉書が大正末から昭和初期にかけて発行された背景には、このような本格的なごみの焼却時代があったからです。現代であれば、焼却施設が完成すれば、施設を紹介したパンフレットが作成・配布されますが、当時としては、焼却施設の内容を多くの人々に伝えるために、庶民のなかで親しまれ、手軽で配布しやすい絵葉書がつくられたと考えられます。

ごみ焼却施設の絵葉書

市が発行した大正・昭和期のごみ焼却炉の絵葉書で、現在確認できるのは、長崎市・京都市・大阪市・東京市・名古屋市・愛知県一宮市・愛知県瀬戸市・兵庫県尼崎市の8市10種類です（表1）。

このうち、「一宮市役所　一宮市営塵芥焼却所」の絵葉書は、「一宮名所絵葉書」9枚の1枚で、唯一の彩色さ

表1　ごみ焼却施設絵葉書一覧

名　称	発　行	発行時期	形式・枚数	そ　の　他
長崎市野牛島汚物焼却場	長崎市	大正９年 11月	１枚	裏面　郵便はかき、UNION POSTALE UNIVERSELLE　CARTE POATAE 長崎市歴史文化博物館所蔵
京都市塵芥焼却場新築記念	京都市	大正14年	袋入・３枚	裏面　郵便はかき
京都市横大路塵芥焼却場 新築記念絵葉書	京都市	昭和11年 6月	袋入・３枚	裏面　郵便はがき、Post Card 京都市横大路塵芥焼却場概要付 京都便利堂謹製
大阪市立塵芥焼却場絵葉書	大阪市保 健部	昭和４年 ３月	袋入・10枚	裏面　郵便はかき、Carte Postale
東京市立第一塵芥処理工場 竣功紀念絵端書	東京市	昭和４年 ２月	袋入・３枚	裏面　郵便はかき
下飯田汚物処理所絵葉書 (名古屋市)	名古屋市	昭和４年	袋入・5枚	裏面　郵便はかき、Union Postale Universelle CARTE POSTALE
名古屋市高畑塵芥焼却所絵葉書（市民病院・屠場・塵芥焼却所竣工記念絵葉書）	名古屋市	昭和初期	袋入・３枚	裏面　郵便はかき、union postale universelle CARTE POSTALE
一宮市役所、一宮市営塵芥焼却所（集合写真）	一宮市	昭和初期	１枚 彩色絵葉書	裏面　郵便はかき、一宮名所絵葉書の１枚
瀬戸市塵芥焼却場絵葉書	瀬戸市	昭和初期	袋入・３枚	裏面　郵便はがき、UNIONPOSTALE UNIVERSELLE CARTE POSTALE 伊里写真館撮影
尼崎市塵芥焼却場 (尼崎市各種工事竣功記念絵葉書)	尼崎市	昭和14年 ３月	袋入　10枚 のうち１枚	裏面　郵便はがき、POST CARD 大阪・北浜ジーチーサン商会謹製 尼崎市各種工事竣功記念絵葉書の１枚
(参考) 塵芥焼却所新築記念	一宮市	昭和２年 10月	袋入・6枚	裏面　白紙 一宮市塵芥焼却所解説付

長崎市野牛島汚物焼却場以外は、著者所蔵

れた絵葉書です。「名古屋市高畑塵芥焼却所」の絵葉書は、「市民病院　屠場　塵芥焼却所　竣工記念絵葉書」の１枚として発行され、「尼崎市各種工事竣功記念」絵葉書は15枚１組で、市内の尋常小学校、高等女学校、商業学校や浄水場等の公共施設に混じって、ごみ焼却施設が取り上げられています。

愛知県一宮市では、絵葉書と同じ大きさで、６枚から構成される『塵芥焼却所新築記念』がありますが、その裏面には、「郵便葉書」の印刷がありません。絵葉書として流通するためには、「郵便葉書」の文字が不可欠ですから、絵葉書ではなく、ごみ焼却施設の竣工の記念品として配布されたものと思われます。

ごみ焼却施設の絵葉書は、上記以外

上図5　「ゴ式焼却炉株式会社」絵葉書（函館市中央図書館デジタル資料館所蔵）
下図6　『函館新聞』（昭和2年10月8日）が報ずる市塵芥焼却炉。大正9年、衛生火防組合から塵芥焼却所の設置建議が出され、函館市は特許ア、ア、ゴロフシチコフ氏焼却炉1基を市内高森に設置。その後、竪型焼却炉3基が増設。昭和9年の函館の大火で焼失、再築

に、東京ゴ式焼却炉株式会社が発行した「ゴ式焼却炉株式会社」絵葉書2枚が、函館市中央図書館デジタル資料館に所蔵されています（図5）。ゴ式焼却炉は、ロシア人ゴロフシコフ氏が開発した焼却炉で、函館市は昭和2（1927）年にゴ式焼却炉を建設しています。函館市の塵芥焼却炉の完成を報ずる昭和2年10月8日の『函館新聞』に焼却炉の写真（図6）が掲載されていますので、絵葉書と新聞写真を比べると、撮影角度も含めて似ています。が、絵葉書の写真を函館市のゴ式焼却炉と断定するには、もう少し資料を集めて検討する必要があると思います。また函館市が絵葉書を発行したとする資料も現在確認できず、「ゴ式焼却株式会社」絵葉書は、自社の宣伝用に作成した可能性もあります。

ごみの焼却施設は、明治41（1908）年の神戸市の浜添《はまぞえ》焼芥場、「東洋一」といわれる横浜市の滝頭《たきがしら》じんかい処理所（昭和6年竣工）をはじめ、甲府市、西宮市、下関市、高田市、岡山市、秋田市、高知市、岸和田市、

津山市、大牟田市、銚子市、若松市（会津若松市）等で建設されています。昭和15年には、全国で184ヶ所のごみ焼却施設がありましたので、今後、表1以外の都市において、ごみ焼却施設の絵葉書が、今後発見される可能性も十分あります。（実際、甲府市の絵葉書を入手しましたが、これを「おわりに」で紹介します。）

焼却炉とロゴをデザイン　洒落た絵葉書袋

ごみ焼却施設の絵葉書で最初に紹介するのは、大正14（1925）年に発行された「京都市塵芥焼却場新築記念」絵葉書です。

京都市は、大正14年12月に、下京区西九条森本町（当時）に京都市十条塵芥焼却場を完成させていますが、絵葉書は、その竣工を記念して発行されたと思われます。

絵葉書は、「京都市塵芥焼却場前面」、「京都市塵芥焼却場階上運搬道並塵芥投入口」、「京都市塵芥焼却場焼却炉側面」の3枚で構成され、その裏面には、「郵便規則」で定められたとおり「郵便はかき」の文字が印刷されています。

絵葉書は、薄緑色の大変ハイカラな袋に入っています（口絵C）。袋の表には、京都市塵芥焼却場新築記念のロゴ、ごみ焼却施設のレリーフと小枝がデザインされ、裏には、京都市の記章と発行した年をあらわす「1925」が記載されています。大阪市や東京市等のごみ焼却施設の絵葉書も袋に入っていますが、無地の袋に表題が印刷された簡素なものです。京都市の絵葉書が、いかに気取ったものかがわかります。

ごみ焼却施設の絵葉書は、大阪市をはじめ東京市、名古屋市等にもありますが、いずれも昭和期に入ってから発行されたものですから、大正期の絵葉書は、現時点では、京都市と大正9年11月に発行された「長崎市野牛島《やぎじま》汚物焼却場」絵葉書の2点のみです。

京都市絵葉書は保存状態も良く、今から約90年前の絵葉書がほぼ当時のままで残され、絵葉書の生命力の強さを感じさせてくれます。

京都市の十条塵芥焼却場

絵葉書を紹介する前に、京都市の当時のごみの処理状況を簡単に触れておきます。

京都市は、大正初期に設置された民営の焼却施設でごみを処理していましたが、老朽化等もあって、施設は十分に機能しなくなり、市周辺部の置場に運ばれ、堆肥としても利用されていました。しかし、置場はごみで溢れる状況で、都市化の進展もあって、その周辺から苦情が寄せられ、京都市としては新たな対応が迫られていたのです。

また、長い間、有価物として取り扱われ、肥料として周辺農民に汲み取られていた屎尿も、需給バランスが崩れて、市中心部では汲取りの停滞が目立ち始めていました。このため、大正11（1922）年2月に、大学教授・衛生組合・農業団体・市会議員等で構成する「京都市臨時汚物処分調査会」が設置され、文字通り糞詰りの状態であった屎尿と併せて、ごみの衛生的な処分方法が検討されています。審議の結果、緊急の対応を求められていた屎尿については、大正11年5月に市営による汲取を決定し、8月から応急汲取を開始しています。

ごみの適正な処分方法については、1日の排出量約5万貫（187・5トン）のうち、堆肥として利用が見込める約2万貫を除き、3万貫の焼却能力のある市営の施設を市西南方面に建設することを内定しています。このため、「臨時汚物処分調査会」に塵芥処分特別委員会を設け、大阪市のごみ焼却施設の主任技師であった岸本覚治を招聘して、ごみの調査事務を嘱託するとともに、大正12年には、冬季と夏季のごみの選別調査も実施しています。

図７　「京都市塵芥焼却場前面」絵葉書

また、塵芥処分特別委員会は、早くからごみの焼却施設を建設している大阪市、試験炉を設置してごみの焼却実験を行っている横浜市、さらには、ごみの選別調査を実施している東京市の塵芥試験所を視察しています。京都市は、これらを踏まえて、大正12年1月にごみ焼却施設の建設計画をまとめ、現在の京都市南部まち美化事務所がある西九条森本町に約３０００坪の用地を買収して、翌13年11月にごみ焼却施設を着工しています。なお、ごみ焼却施設や屎尿処理施設は、住民の快適で健康的な生活には欠くことができない施設ですが、建設予定地の周辺住民の反対で、しばしば頓挫する場合があります。西九条森本町への立地には、地元から大きな反対はありませんでした。これは、焼却施設から生ずるごみ焼却灰等を、堆肥として利用できるメリットに期待していたのではないかと思われます。

十条塵芥焼却場は大正14年12月15日に落成式が挙行され、翌年４月から稼働しています。

「京都市塵芥焼却場新築記念」絵葉書

十条塵芥焼却場の竣工にあわせて発行された絵葉書は、

「京都市塵芥焼却場前面」、「京都市塵芥焼却場階上運搬道並塵芥投入口」、「京都市塵芥焼却場焼却炉側面」の3枚です。

「京都市塵芥焼却場前面」の絵葉書（図7）は、十条塵芥焼却場の全体像がよくわかります。ごみ焼却炉が入った本館は鉄筋コンクリート造りで、外部は人造石で仕上げられています。近世式の荘重な建築様式を採用したごみ焼却施設を、京都市長は、大都市の焼却施設としてその威容と機能を落成式の式辞のなかで誇らしげに語っています。

図8　「京都市塵芥焼却場階上運搬道並塵芥投入口」絵葉書

ごみは、肩曳車や馬車、自動車等で焼却施設に運ばれ、トラックスケールで計量されます。2階の貯蔵所に搬入された後、焼却炉に随時投入されます。絵葉書にはごみ搬入道が写っていますが、木造（一部コンクリート製）です。これは、将来、巻揚機またはコンベーキー（コンベアか）によるごみの搬入を想定し、撤去可能な木造としたからです。ごみ処理の近代化に取り組む、京都市の意気込みを感じることができます。

塵芥焼却場の遠景に京のランドマークの東寺が

「京都市塵芥焼却場階上運搬道並塵芥投入口」の絵葉書（図8）は、焼却炉へごみを投入するための階上の運搬道と、塵芥投入口の写真が使われています。運搬道にトラックが止まっていますが、運搬道の遠くに、京都のランドマークである東寺の五重塔が写っています。十条塵芥焼却場の真北に東寺があり、階上運搬道から東寺を遠望できたのです（図9）。

また、五重塔の横には大屋根が見えますが、これは大正３（１９１４）年に完成した梅小路機関車庫（現在の鉄道博物館扇形車庫）です。塵芥焼却場と東寺の五重塔、梅小路機関車庫、そのコントラストが印象に残る、巧みな構図です。当時の京都市の景観がわかる、大変珍しい絵葉書です。

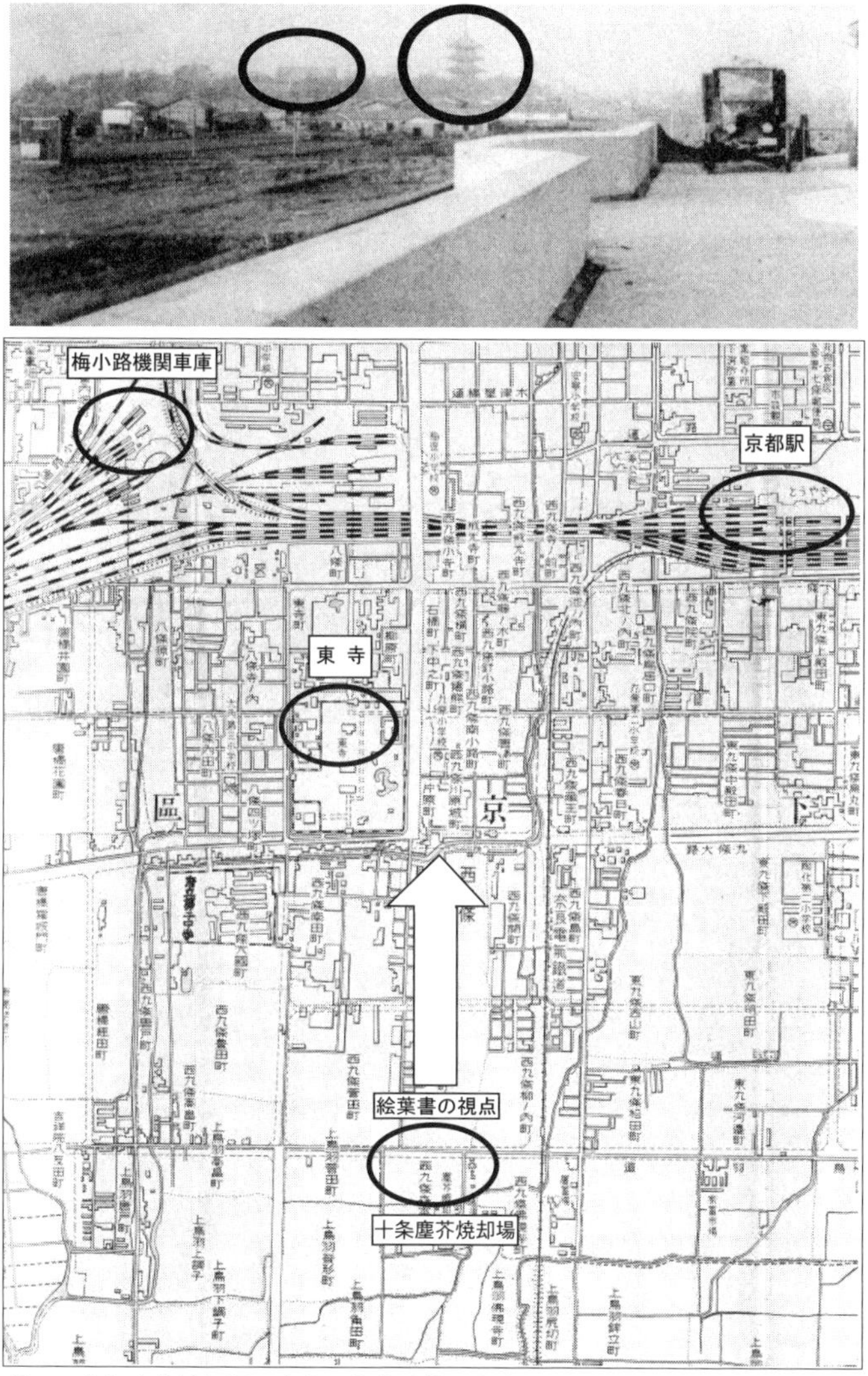

図９　十条塵芥焼却場、東寺、梅小路機関車庫が並んで見える京都市塵芥焼却場絵葉書（部分）（『学区界町名入　京都市街図』京都府立総合資料館所蔵）

図10　「京都市塵芥焼却場焼却炉側面」絵葉書

「京都市塵芥焼却場焼却炉側面」の絵葉書（図10）に写された焼却炉は、強圧通風式・頂部投入・両側配給・傾斜火床で、両側の炉の真ん中に共通の燃焼室が設けられています。4基12房のバッチ式で、1日24時間稼働で112・5トンのごみを焼却できます。また、ごみの焼却熱を利用して蒸気を発生させ、この熱エネルギーに電源に求め、発電も計画されています。このため従来の設計と全く異なり、焼却施設と気管の配列に特別の考案を加え、焼却施設と蒸気発生装置を全く分離して、運転しても焼却能率の低下を来たさない工夫がされています。

排ガスは、ダストコレクターで除塵された後、高さ36・6mの煙突から排出されています。燃え残った金属類は葉鉄類包装機により板状とし、舗装の代用品として利用する計画です。

記念帳『京都市塵芥焼却場新築記念』

東京の日比谷公園の一角の市政会館に、雑誌『都市問題』を発行し、古くから都市問題を専門的に調査してきた後藤・安田記念東京都市研究所（旧東京市政調査会）があります。その付属図書館である市政専門図書館には、ごみや屎尿関係をはじめ、昭和期の都市問題に関する多数の図書や資料が所蔵されています。所蔵資料のひとつに、京都市十条塵芥焼却場の新築を記念して刊行された『京都市塵芥焼却場新築記念』の記念帳があります（図11）。

記念帳はリボン綴じで装丁され、京都市十条塵芥焼却場の建設経過や工事・設備の概要、建設事業関係者名簿及び「京都市臨時汚物処分調査会」委員名簿の他、図面1枚と写真7葉が掲載されています。「京都市塵芥焼却場新築記念」絵葉書で使用されている写真は、この記念帳と同じです。

このような冊子は、大正15年に竣工した神戸市の記念帳『脇濱《わきはま》塵芥焼芥場新築記念』（市政専門図書館所蔵）、昭和5（1930）年5月に事業概要として刊行された神戸市の『塵芥焼却場』、昭和8年3月の東京市の『深川塵芥処理工場』等があります。いずれもリボンで綴じられ、冊子の表紙にはごみ焼却施設のイラストが描かれ、写真や図版がふんだんに使われた豪華な装丁の冊子です。

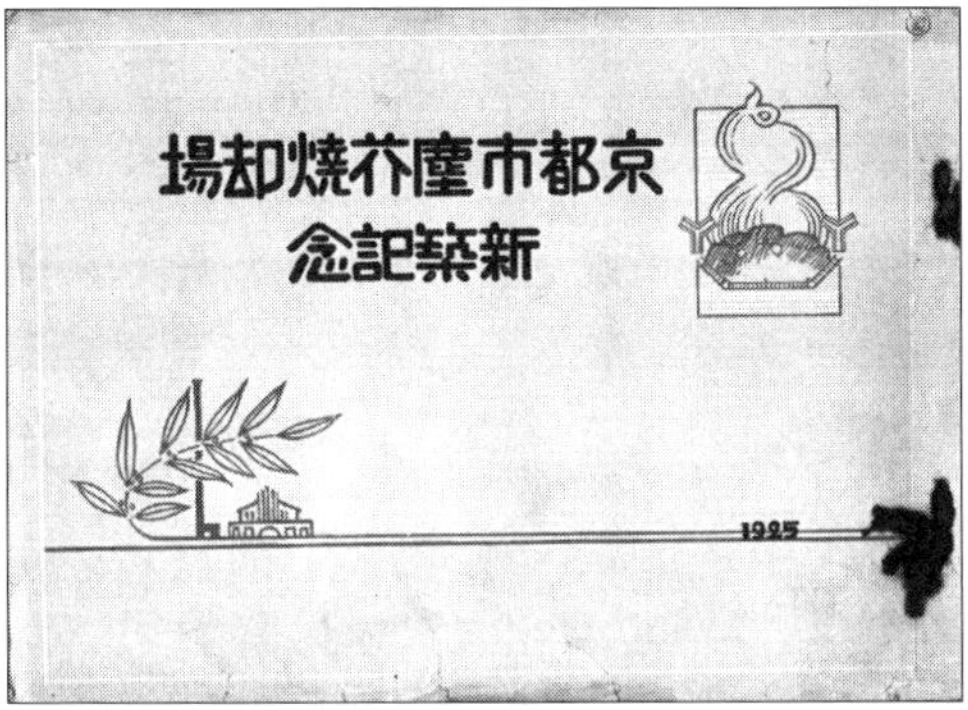

図11　記念帳『京都市塵芥焼却場新築記念』（後藤・安田記念東京都市研究所付属市政専門図書館所蔵）

この記念帳ですが、京都市長は、十条塵芥焼却場の落成式において、「之等ノ施設ハ、本邦ニ於テハ本市ヲ以テ嚆矢《こうし》トス」と述べています。鉄筋コンクリート製・人造石仕上げ、強圧通風式等、近代的なごみ焼却施設は京都市が初めてであるという自負が、絵葉書や記念帳を刊行させたのではないでしょうか。

第2章　時代に翻弄されたごみ焼却施設　《「京都市横大路塵芥焼却場新築記念」絵葉書》

京都市南部クリーンセンターのルーツ　京都市横大路《よこおおじ》塵芥焼却場

京都市は「京都市塵芥焼却場新築記念」絵葉書に続いて、昭和11（1936）年にも「京都市横大路塵芥焼却場新築記念絵葉書」を発行しています。

京都市民が毎日出すごみの量は、約1201トン（平成27年度）。現在は、主に南部（伏見区）、北部（右京区）、東北部（左京区）の各クリーンセンターなどで、焼却処理されています。このうち早くからごみの焼却処理が行われていたのは、伏見区横大路にある南部クリーンセンターです。

横大路に初めてごみ焼却施設ができたのは、今から80年前の昭和11年です。当時のごみの排出量は、1日平均約9・3万貫（約350トン）、このうち約3・1万貫が、第1章で紹介した十条塵芥焼却場（1日の焼却能力3万貫）と、昭和6年4月に合併により旧伏見市から引き継いだ伏見塵芥焼却場（同5000貫）で焼却され、残りは京都市周辺の仮置場に運ばれて、埋立や堆肥として利用されていました。

ところが、昭和5年5月の「汚物掃除法施行規則」の改正により、市が収集したごみは、焼却が義務付けられました。京都市は、昭和6年の近隣市町村の編入により市域が拡張したこともあって、両焼却施設だけでは全量を焼却することが能力的にできません。このような状況では、「世界の観光都市」の体面にかかわり、「健康都市京都の建設」のためにも、速やかに新しい焼却施設を整備する必要がありました。

そこで京都市は、桂川・淀川・木津川の三川の合流地点の近くで、大阪府に近く、市域の最南端にあたる伏見区横大路に土地を求めて（横大路沼を含む）、1日7万5000貫の焼却能力を持つ新しい焼却施設の建設を計画したのです。現在の南部クリーンセンターの前身となる横大路塵芥焼却場です。この焼却施設により、市民が排出するごみを全量焼却し、また、ごみの収集回数も増やすことで、市内の清潔の保持を図ることができると考えたのです。

「京都市横大路塵芥焼却場新築記念絵葉書」

このように計画された横大路塵芥焼却場は、京都市伏見区八反田《はったんだ》に、昭和10（1935）年に起工され、翌年7月に竣工して、焼却を開始しています。京都市は、この時も施設の完成に併せて、「京都市横大路塵芥焼却場新築記念絵葉書」を発行しています。

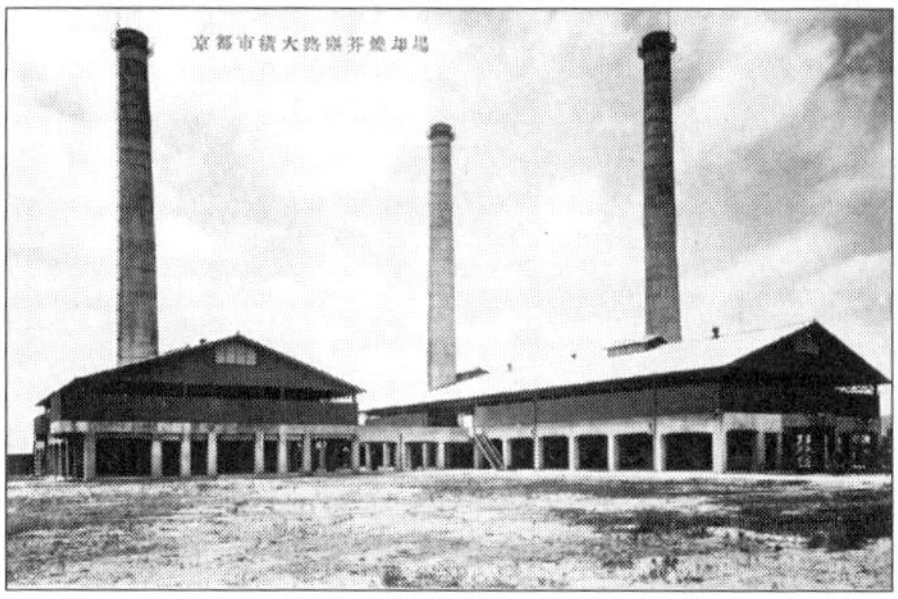

上図12　「京都市横大路塵芥焼却場」絵葉書（遠景）
中図13　「京都市横大路塵芥焼却場」絵葉書（近景1）
下図14　「京都市横大路塵芥焼却場」絵葉書（近景2）

絵葉書は横長で、薄茶色の袋に入っています。絵葉書に使用された写真は、横大路塵

建築概要

一、所在地　伏見區八反田
一、敷地面積　六八、九四三・九平方米
一、建築面積及構造
1　第一、二爐上家　下部　鐵筋コンクリート造　上部　鐵骨造　屋根波型スレート葺　一、四七八・四平方米
2　第三爐上家　右ニ同ジ　七五九・二平方米
3　渡廊下　鐵筋コンクリート造　平家建　九〇・〇平方米
4　運搬道　鐵筋コンクリート造　平家建　一、二三・五平方米
5　同　擁壁鐵筋コンクリート造　延長　四五・〇米
6　事務所　木造平家建屋根スレート葺　一四三・五平方米
7　水槽　鐵骨造　高一〇米　一基
（運搬道下ハ傭人休憩室、宿直室、浴室、便所、倉庫等ニ利用ス）
一、設備概要
1　爐
形式　補助送風裝置附（一基ハ自然通風式）上部投入
單室式火房
構造　外廓鐵筋コンクリート造内部耐火煉瓦積
寸法　火房内法　幅四・五米　奥行　三・〇米
基數　三基（二七火房）
2　煙道　内法　幅　一・二米　高　三・〇米　三ケ所
3　煙突　頂部口徑　二・五米　高　四五米　三基
4　補助送風裝置　三〇馬力電動機直結送風機付　二ケ所
5　灰運搬裝置
一、燒却量　一日　七五、〇〇〇貫
一、工事期間　起工　昭和一〇年二月　竣工　昭和一一年六月

図15　京都市横大路塵芥焼却場概要（建築概要、配置図）

芥焼却場の遠景と近景2枚の3枚で、コロタイプで印刷されています（図12～14）。ごみ焼却施設の外観ばかりで少し残念ですが、その代わりに、『京都市横大路塵芥焼却場概要』（図15）が同封され、焼却場の内容を詳しく知ることができます。

『建築概要』によれば、焼却炉の形式は、補助送風装置附（1基は自然通風式）で、上部からごみを投入する形式です。焼却炉は、耐火煉瓦《れんが》で積まれ、3基（27火房）で1日7・5万貫のごみを焼却することができます。何もなかった洛南に突然出現した高さ45mの煙突3本は、方向によって本数が変わるお化け煙突で、近代を象徴する施設であったのです。

なお、絵葉書の裏面には、「郵便はがき　Post Card」、「京都便利堂　謹製」と印刷されています。便利堂は、明治20（1887）年に創業され、美術印刷を手がけて、絵葉書の企画販売もしていました。この絵葉書は京都市の依頼を受けて便利堂が印刷したものとわかります。

昭和11年10月に、都市の保健施設等をテーマに第5回全国都市問題会議が京都帝国大学で開催され、全国各地から市長等が参加していますが、蹴上《けあげ》浄水場や吉祥院《きっしょういん》下水処理場と併せて、京都市自慢の最新のごみ焼却施設である横大路塵芥焼却場を視察しています（『京都日日新聞』昭和11年10月7日他）。なお、横大路塵芥焼却場の完成に伴い、付近住民を悪臭と煤煙で苦しめてきた十条塵芥焼却

場は夜間作業を中止し、昭和13年に廃止されています（『京都日日新聞』昭和11年6月28日他）。

塵芥の焼却に反対、市立衛生試験所で堆肥化研究

図16 「京都市立衛生試験所新築記念絵葉書」。京都市衛生試験所は、大正9年に、水道・水質試験や細菌等の衛生試験を行うため、今熊野の旧日吉病院内に開設。検査の増加等に対応するため、大正15年に竹屋町丸太町に新築移転。絵葉書は、新築を記念して発行。袋入・5枚1組

横大路でのごみの焼却については、京都近郊の農家から強い反対が生まれています。現代はごみ焼却施設の立地そのものに反対する場合が多いのですが、横大路塵芥焼却場の場合は、ごみの焼却に反対したのです。ごみは、十条・伏見の両塵芥焼却場で焼却されたほか、一乗寺他の6ヶ所の堆積場に運ばれ堆肥として利用されていましたが、横大路塵芥焼却場の建設・稼働により、農家としてはごみを使うことができなくなるのです。京都市農会は、昭和11（1936）年4月に、ごみの焼却に反対する陳情書を京都府知事に提出しています（『大阪朝日新聞（京都版）』昭和11年10月7日他）。

ごみは、昭和5年に改正された「汚物掃除法施行規則」第5条によれば、「塵芥ハ焼却スヘシ」とされましたが、「但シ特別ノ事由ニ依リ、地方長官ノ認可ヲ受ケタルトキハ、焼却以外ノ方法ヲ以テ処理スルコトヲ得」とされ、地方長官（知事）の認可を得た場合には、焼却以外の方法が認められていました。京都市では、それまではこの但し書によって堆肥として

処理し、その利用を認めていたのです。しかし、昭和11年3月31日でこの期限が到来することになります。農家側としては、「衛生上危険でない場所を選んで、完全にコンクリート装置の置場に堆積される分には、一向に差支えない」として、堆肥としてのごみの利用を望んだのです。

京都市は農家側の要望を受けて、昭和11年度から、京都市立衛生試験所（図16）において、「塵芥堆肥ノ肥料学的成分」について調査・研究するとともに、昭和12年11月には学識経験者・京都府・農業団体等で構成する「京都市臨時汚物処分調査会」を設けて、堆肥としての利用の適否について検討を始めています。

結局、昭和12年末には、4ヶ所の塵芥置場と10数ヶ所の臨時配給所の設置が許可され、京都市は、西九条、嵯峨、上鳥羽、常盤《ときわ》、吉祥院、太秦《うずまさ》方面に25ヶ所のごみの臨時配給所を設けて、農会の指導のもと、堆肥としてのごみの利用を進めています（『大阪朝日新聞（京都版）』、昭和13年2月22日）。

時代に翻弄される横大路塵芥焼却場

横大路塵芥焼却場は、稼働当初から大きな抵抗に遭遇しましたが、昭和12（1937）年の日中戦争、16年の太平洋戦争の開始によってごみをとりまく環境は次第に変化し、さらに苦難な道を強いられています。

昭和13年6月には、愛国婦人会や青年団、京都府・市等で構成する「廃品回収懇話会」等によって資源回収運動が始められています（『京都日日新聞』昭和13年6月25日他）。昭和15年1月には京都市集灰組合が結成され、「捨てるな灰、貴重な肥料」の標語をもとに、家庭の灰を月2回集めて、加里《かり》肥料の代替として農村に配布するようになりました（『大阪朝日新聞』昭和15年1月28日）。また、昭和16年になると、深草にあった京都第16師団の軍馬の飼料とするため、茶殻の献納運動が進められ（『京都日出新聞』昭和16年2月21日）、さらには、全日本厨芥《ちゅうかい》利用協会と大政翼賛会との提唱により、養豚の飼料とするため、台所の生ごみである厨芥類の回収が始まります（『京都日出新聞』昭和16年2月4日他）。「屑の中から資源が光る」や「銃後の廃品、戦地で活躍」等の小学生の標語に見られるように、戦争が激化するに従い、ごみの排出抑制や再利用の取り組みも、さらに本格化していきます（『京都日出新聞』昭和15年3月6日)。

『京都新聞』(昭和17年4月、一県一紙令の強行により『京都日出新聞』と『京都日日新聞』が合併して発足)は、昭和18年3月3日に、京都市清掃課を取材して、家庭欄で「塵芥から生まれる戦力」を特集しています。それによれば、家庭から生ずるごみは、まず第一に京都近郊の蔬菜栽培に利用するとともに、「厨芥類」、「有価物」、「雑芥類」に分け、厨芥は養豚の飼料として利用し、漸次その利用範囲を拡大するとしています。その上で、家庭の塵芥箱にはまだ相当量の紙屑・襤褸《ぼろ》・木片等の有価物が混入しており、もっと関心をもって取り組み、さらに一坪農園等で堆肥として活用すれば、塵芥箱の全廃ができると報じています。このようななか、ごみの焼却処理の役割は一層低下し、横大路焼却場でのごみ焼却作業は、昭和18年頃に中止されています。

戦争が終わり、横大路塵芥焼却場は昭和21年には再開し、33年に横大路塵芥焼却場第4炉が竣工、さらには39年に第2代目となる新焼却炉（300トン／24時間）が完成しています。京都市の北清掃工場が昭和43年に完成すると、清掃工場と名前を変えた横大路塵芥焼却場は閉鎖され、時代に翻弄され、苦難な道を歩んだ施設は、歴史の幕を下ろしたのです。

現在使われているのは4代目にあたる南部クリーンセンターで、昭和61年に竣工していますが、平成31（2019）年度を目標に、ごみの安全・安心な適正な処理、さらに生ごみのバイオマス化によるエネルギー回収等、京都議定書誕生の地にふさわしく、世界をリードする新しい施設の建設準備が進められています。

第3章　木津川塵芥焼却場誕生物語　《「大阪市立塵芥焼却場絵葉書」①》

歴史研究の愉しみ

本章で紹介する「大阪市立塵芥焼却場絵葉書」には、袋も含めて絵葉書本体には発行年次が記載されていません。また、『明治大正大阪市史』、『新修大阪市史』や『大阪市会史』等のなかにも記述がなく、この絵葉書がいつ、どんな目的で発行されたのか皆目わかりませんでした。このため、改めて大阪市公文書館で調査したところ、大阪市特定歴史公文書『塵芥焼却場増築竣功式挙行ニ関スル件』（大阪市公文書館所蔵。以下同じ）を発見し、絵葉書の発行期日を特定し、その経緯等を知ることができました。

歴史研究の愉しみは、どんな些細なことでも、新しい事実を捜しあてることです。今回、「大阪市立塵芥焼却場絵葉書」を調べるなかでも、発行年を特定するという、その醍醐味を味わうことができました。

『塵芥焼却場増築竣功式挙行ニ関スル件』によれば、「大阪市立塵芥焼却場絵葉書」は、大正５（１９１６）年に稼働した木津川塵芥焼却場の増設が昭和４（１９２９）年3月に完成し、その竣工式が3月28日に挙行された時に、大阪市保健部が発行したものです。現在であれば、完成の時に施設の目的や概要をわかりやすく解説したパンフレットが発行されますが、当時大変人気のあった絵葉書が、解説書とともに準備されたものです。絵葉書は1部20銭、解説書は1部30銭の予算で、それぞれ１０００部作成され、市議会議員、府市関係者等、約３００名の招待者に配布されています。

87年前に発行された絵葉書が完全な形で今に伝えられ、当時の大阪市のごみ処理事情を語ってくれています。

「大阪市立塵芥焼却場絵葉書」は10枚

「大阪市立塵芥焼却場絵葉書」は、「木津川塵芥焼却場」7枚、「今宮《いまみや》塵芥焼却場」1枚、「寝屋川塵芥焼却場」1枚、「第二保健丸によるごみ船の曳航」1枚の計10枚で構成され、薄茶色の袋に入っています（表2）。

屎尿浄化装置と合わせて名古屋市が発行した絵葉書は5枚ですが、これを除けば、他市の絵葉書はおおむね3枚ですから、大阪市の絵葉書の枚数の多さが際立ちます。これは、当時の大阪市のごみ焼却施設の状況を反映した結果です。

大阪市は、昭和2（1927）年に、木津川塵芥焼却場の増設（第三・第四焼芥場）と寝屋川塵芥焼却場を新設する第2次拡張事業を計画していますが、施設の増設が完成した昭和4年当時、大阪市には、合併により旧今宮町から引き継いだ今宮塵芥焼却場も稼働していました。ごみ焼却施設の絵葉書を発行するのであれば、この今宮塵芥焼却場はもちろん、新設工事中の寝屋川塵芥焼却場、さらには、大阪市のごみの円滑な処理には欠かせない、船によるごみの運送も紹介する必要があったのです。

このため、木津川塵芥焼却場を中心としながら、今宮塵芥焼却場、寝屋川塵芥焼却場、第二保健丸によるごみ運送の10枚の構成となったのです。

今からみれば何の変哲もないごみ処理施設の絵葉書ですが、調査を進めるなかで、発行時期だけでなく、木津川塵芥焼却場の誕生に向けた焼却炉

表2　大阪市立塵芥焼却場絵葉書一覧

木津川塵芥焼却場
全景
第三焼芥場全景
第四焼芥場全景
第三焼芥場　上屋「ホヰスト」及び爐投入口
第四焼芥場　上屋「ホヰスト」及び爐投入口
上第一焼芥場　下第二焼芥場
上第三焼芥場残滓掻出口　下第四焼芥場残滓掻出口
今宮塵芥焼却場　全景
寝屋川塵芥焼却場　工事中全景
第二保健丸による塵芥船の曳航

へのごみの投入の機械化等、興味深い事実がいろいろわかりました。「汚物掃除法」施行以降の大阪市のごみ処理の歩みをたどりながら、「大阪市立塵芥焼却場絵葉書」の謎を探索する旅を始めましょう。

表3　明治33年の大阪市のごみの性状調査結果

区　分		量（割　合）	
可燃物	焼却後肥料の見込ある芥	1350貫（33%）	37%
	木屑・少許の竹片	168貫（ 4%）	
不燃物	土砂　五厘目の篩をろ過せしめたるもの即ち芥土	1877貫（46%）	63%
	礫	274貫（ 7%）	
	石	83貫（ 2%）	
	瓦及煉瓦	205貫（ 5%）	
	陶磁器破片	69貫（ 2%）	
	鉱力及鉄片	11貫（ 0%）	
	貝殻	39貫（ 1%）	
水　分	消失　主として水分	1077貫（ −）	

（出典）『通俗衛生』第28号・第29号他に基づき、筆者作成

日本で初めてのごみの性状調査と焼却実験

日本で初めての廃棄物の処理に関する法律である「汚物掃除法」が、明治33（1900）年に公布・施行され、市に汚物の処分が義務付けられると、大阪市はいち早くごみの性状調査と焼却実験に取り組んでいます。

当時、大阪市内から生ずるごみは、日量約8万貫（明治32年度、1人1日94匁《もんめ》、350グラム）が堆肥としての利用や広島地方に輸送されるほか、尻無川《しりなしがわ》下流の字茶滓場《ちゃかすば》に投棄されていました。しかし投棄されたごみは、潮流や風によっては大阪湾内を漂流し、明治30年から取り組まれている築港工事の妨げとなりました。また、ごみの投棄は衛生上も問題が多いところから、大阪市は、明治33年に、東京衛生試験所で長く試験・研究を担当し、大日本私立衛生会審事委員であった村井純之介に、ごみ処置法の調査を嘱託し、排出量の予測や性状調査、さらには焼却実験を行っています。

ごみの性状については、焼却の実施に向けて、大阪市内の東区・西区・南区・北区の各区から、ごみ5158貫を集めて調査しています。調査

結果は、表3のとおりです。現在、各都市で実施されているごみの性状調査とは、その区分等が大きく異なりますが、大阪市の調査は、日本で初めてのごみの性状調査です。水分を除いた可燃物と不燃物の割合は、可燃物37％と不燃物63％で、土砂・礫・煉瓦等の不燃物が多く、生ごみ・紙・プラスチック等の可燃物が圧倒的な割合を占める現在のごみとは著しく異なります。

村井純之介は、ごみをそのまま肥料として利用するのは衛生上問題があるとして、ごみを焼却して灰を利用することを考え、焼却実験を行っています。中津川が六軒家川と正蓮寺川に分かれる鼠島《ねずみ》（現在の此花区付近）に仮設焼却竈（四方4尺、深さ2尺5寸、煉瓦製）を設けて、ごみの焼却実験を行い、その焼却灰の肥料成分を分析しています。

焼却実験の結果は、24時間に平均181貫のごみを焼却することができ、ごみ5158貫から317貫（6・145％）の灰を得られました。また、焼却灰の分析結果は、燐酸1・906％、加里1・525％で、農務商省西ヶ原試験場が行った東京市や横浜市の焼却灰と比べても、肥料として十分な価値があると判断されました。なお、明治35年6月に農務商省農事試験場畿内支場が分析した京都市福稲塵芥焼却炉の焼却灰は、燐酸1・46％、加里2・71％です。

これらの結果から村井純之介は、焼却装置を設けて季節にかかわらずごみを焼却し、焼却灰を肥料として利用するなど、ごみの処置法を提案しています（『通俗衛生』第22号・第28号・第29号・第55号）。

尻無川下流の北福崎町や豊崎村長柄《ながら》にごみ焼却施設を建設

その後大阪市は、村井純之介の調査結果も参考にしながらごみ焼却施設の建設を決めていますが、焼却灰を肥料として販売すれば、人件費等を差し引いたとしても毎日約1円の利益をもたらし、衛生的な処理も見込めるこ

図17　大阪市福崎塵芥焼却場１（『写真で見る大阪市100年』）

とから、ごみの焼却は一挙両得と考えたのです。

大阪市は、大阪湾に注ぐ尻無川下流の西区北福崎町（当時の）河岸埋立地に３炉の焼却炉を建設し、明治36（１９０３）年４月上旬から焼却を開始しています。３炉から生ずる焼却灰５万貫の売却で、約３３０円の純利益をあげています。明治36年度の大阪市の歳入予算額は２１１万円で、平成28（２０１６）年度の大阪市の一般会計予算総額は１兆６５０９億円ですから、財政規模で単純に比較すると、３億円近い収入になります。このようなことから、焼却炉10炉を増設し、翌37年６月から稼働しています（図17）。

焼却灰の販売に関しては、大阪市はかなり熱心でした。図17の福崎塵芥焼却場の写真の左側に「肥料灰販売」の看板が見え、塵芥焼却場で直接販売するとともに、当時大阪で発行されていた『大阪新報』（大阪府立中之島図書館所蔵）に、「肥料灰　大阪市立塵芥焼却場製造　安価ニシテ効能アリ　且大ニ土質ヲ良クス　大阪市役所衛生課」の広告を、ほぼ10日に1回掲載しています（図18）。

新聞広告の効果もあり、焼却灰の需用が増えたのでしょうか。明治40年に、豊崎村長柄（現在の北区）に、さらに10炉の焼却炉を建設しています。この長柄塵芥焼却場については、明治44年から大正７（１９１８）年までに刊行された『大阪市街全図』の長柄付近に、「塵芥焼却場」が

図18　新聞広告「大阪市立塵芥焼却場製造　肥料灰」（『大阪新報』明治37年7月25日、大阪府立中之島図書館所蔵）

明示され、その場所を確認することができます。なお、大阪市塵芥焼却場の焼却灰の販売広告は、神戸で発行されていた『神戸又新日報《ゆうしんにっぽう》』（明治44年2月22日他）にも掲載されています。

福崎・長柄のごみ焼却施設、当時としては日本一の焼却施設

福崎・長柄の塵芥焼却場については、「規模が小さく、実験焼却の域を出なかった」（『写真で見る大阪市１００年』、『大正区史』）と、かならずしも評価が高くありません。果たしてこの評価は妥当なのでしょうか。『大日本私立衛生会雑誌』（第26号）の扉に、福崎塵芥焼却場の写真（図19）が掲載されていますが、これを見れば、本格的なごみ焼却施設であることが一目瞭然でわかります。

福崎塵芥焼却場の増設された焼却炉の大きさは、高さ18尺（約5・4ｍ）、表口（幅）10尺8寸（約3・24ｍ）、奥行8尺（約2・4ｍ）で煉瓦造。投入口は、高さ・幅とも5尺（約1・5ｍ）で、両開きの鉄扉が設けられていました。ごみは、可動できるロストル21本が設けられた自然通風炉で焼却され、高さ30尺（約9ｍ）の鉄製の煙筒が、各炉に設けられています。

この時期に建設された他市のごみ焼却施設と比較してみますと、明治33（１９００）年10月に竣工した山形県米沢市の焼却炉は、高さ2間（約3・6ｍ）、幅2間（約3・6ｍ）で、6間（約10・8ｍ）の煙突が備えられていました（図20）。また、京都の福稲塵芥焼却炉は明治34年に建設されましたが、高さ15尺（約4・5ｍ）、直径10尺（約3・0ｍ）です（図21）。福崎塵芥焼却場が、その後、急増した大阪市のごみの排出量と比較して、処理能力が不足と評価されるのは止む得ませんが、施設の大きさは米沢市や京都市の焼却炉を上回り、「規模が小さい」

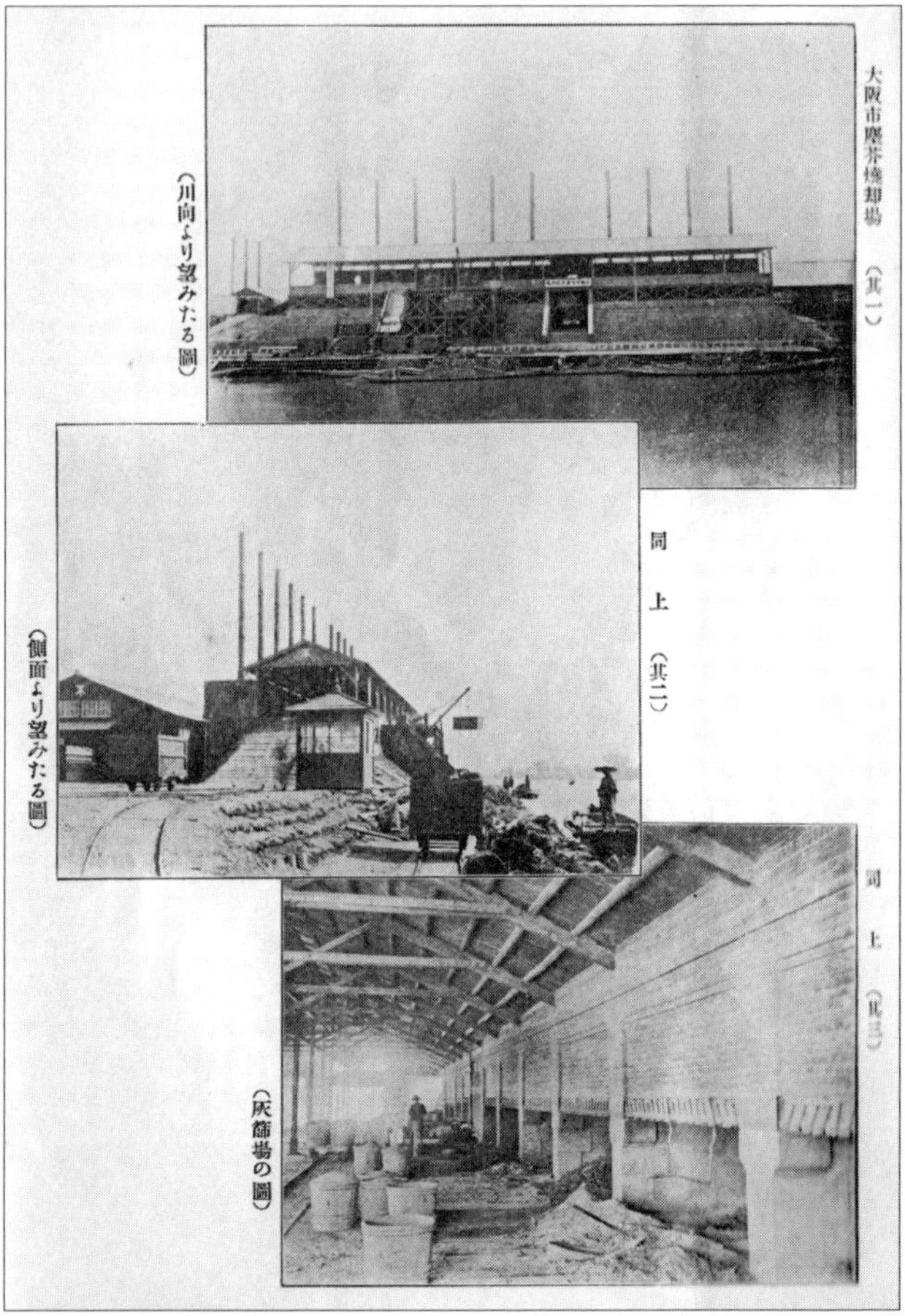

図19　大阪市福崎塵芥焼却場2（『大日本私立衛生会雑誌』明治38年6月第265号）
上：焼却場全景／中：焼却場側面、クレーンで船からごみを吊上げ、軌道車に載せて、建屋に運ぶ様子がわかる／下：焼却灰の篩場

との指摘はあたりません。

　また、「実験焼却の域を出なかった」との評価ですが、福崎塵芥焼却場については、①東京市役所から、能力等について、明治36年に照会があったこと（大阪市特定歴史公文書『塵芥焼却場ニ係ル照会ニ対シ回答之件』）、②朝鮮の「京城」（現在のソウル）のごみ焼却施設の設置にあたっては、模範とされていること（『大日本私立衛生会雑誌』第279号）、③木津川塵芥焼却場を新たに設置するにあたって、その焼却炉の一部が移築されていることから、「実験的」な施設ではなく、当時としては他市の模範となる本格的なごみ焼却施設であったことがわかります。

　さらに、山形県米沢市や京都市は焼却炉1基のみであるのに対して、福崎塵芥焼却場が13炉、長柄が10炉です

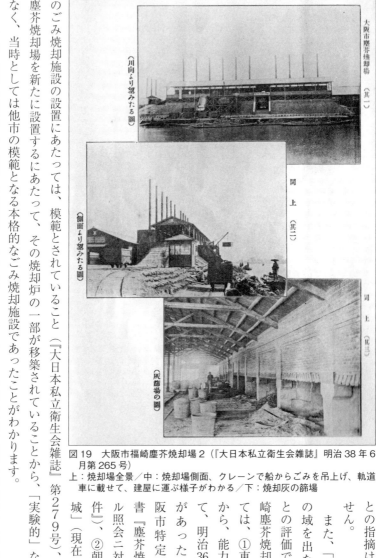

から、焼却炉数の上からも、処理能力の上からも、当時としては日本一のごみ焼却施設であったと思われます。福崎や長柄でのごみの焼却の経験が、次の木津川焼却場の建設につながったのです。

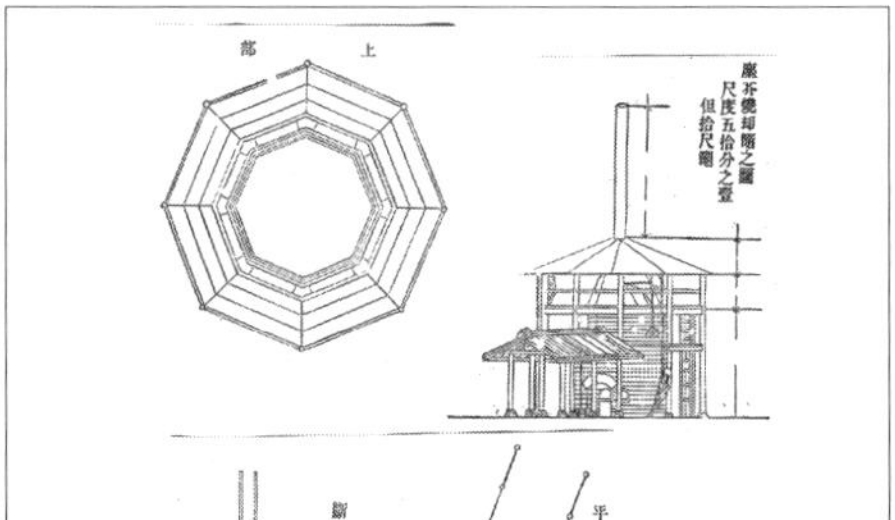

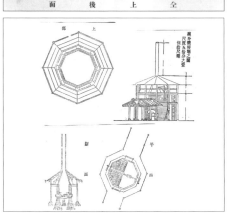

上図20　山形県米沢市塵芥焼却炉（『大日本私立衛生会雑誌』（明治34年1月、第212号）
下図21　京都市福稲塵芥焼却炉（『公衆衛生』明治35年7月、第23号）

木津川塵芥焼却場は、なぜ誕生したのか

それでは、なぜ福崎塵芥焼却場は廃止され、新たに木津川塵芥焼却場が生れたのでしょうか。

大阪市長は、大正４（１９１５）年2月の市議会に、木津川塵芥焼却場を新しく設置する「塵芥焼却場設置ノ件」を提案しています。市長は、その説明のなかで、「府ノ事業タル尻無川改修ト関連シタル市ノ事業、又ハ市将来ノ発達上止ムヲ得スト認メタルモノヲ、新ニ計上シタルカ、其第一ハ塵芥焼却場」（『大阪市会会議録大正４

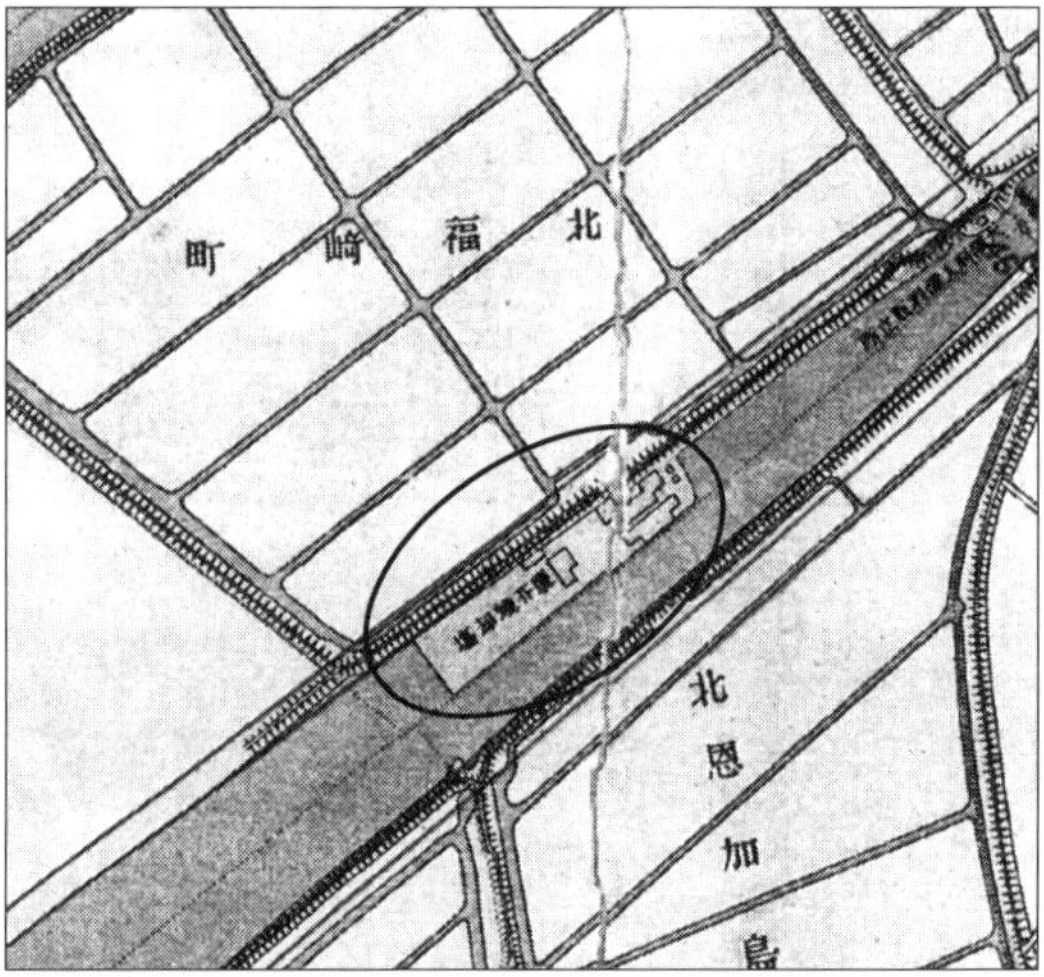

図22　尻無川下流の河川に突き出た福崎塵芥焼却場（『尻無川改修平面図』（大正３年 11 月発行、大阪市立中央図書館所蔵）。大正８年以降の大阪市関係の地図には、尻無川河岸に塵芥焼却場の記載は見られない

年』）とあります。

福崎塵芥焼却場は、木津川の支流の尻無川の河口付近に、中州を埋め立てたのか、河岸から少し張り出す形で、設けられています（図22）。このため、将来、ごみ排出量の増加に対応した施設を拡張するにも、敷地の余裕がありません。また、大正３年から大正５年の３ヶ年事業で、新櫨橋《しんはぜばし》から下流の尻無川の川幅を広げる改修工事が行われ（『大正区史』）、福崎塵芥焼却場は移転を余儀なくされたのです。

大阪市は、木津川下流の港区南恩加島町《みなみおかじま》（当時）に用地を求め、５万２０００円の費用をかけて、18炉、１炉１日１５００貫、合計で１日２万７０００貫の処理能力を有する木津川塵芥焼却場を建設したのです。市議会に示した「塵芥焼却場設置ノ件」のなかに木津川塵芥焼却場の図面が添付されていますが、将来の拡張の姿も図示されています。

なお、木津川塵芥焼却場はすべて新設ではなく、その半分は福崎塵芥焼却場の9炉を移転するとともに、9炉を新設する計画でした。大正4年12月に自然通風式焼却炉9炉を新設して、翌年1月からごみの焼却作業を開始します。これに伴い、福崎塵芥焼却場の作業を中止し、大正5年に福崎塵芥焼却場から9炉を移築し、完成した時点で長柄塵芥焼却場を廃止し、年間で約９５０万貫のごみを焼却する計画でした。

ごみ投入作業の機械化の歴史　人力、起重機からホイストへ

木津川塵芥焼却場を新設するもう一つの理由として大阪市が説明に挙げているのが、ごみの投入作業の効率化です。大阪市議会に示された「木津川塵芥焼却場設置設備ノ大体」のなかで、「設備不完全ニシテ、塵芥担上ケニ多大ノ労力ヲ要シ、経費ノ許サ、ルモノアルヲ以テ、一竈ニテ一日塵芥千三百五拾貫、二十竈ニテ二万七千貫、一ヶ年約九百五拾万貫ヲ焼却シ得ルニ不拘、一日一万五千貫（一竈平均七百五拾貫）、一ヶ年約五百万貫ヲ焼却シツ、アルノ現状ナリ」（『大阪市会史』）とあります。

図23　神戸市脇濱焼芥場（『塵芥焼却場　神戸市』昭和５年、神戸市役所衛生課発行）。昭和５年当時に稼働していた濱添焼芥場（明治 41 年５月竣工）、高松焼芥場（大正７年８月竣工）、脇濱焼芥場（大正 14 年３月竣工）、須磨焼芥場（昭和３年 12 月落成）、中村焼芥場（昭和５年４月竣工）をわかりやすく説明

図17および図19の大阪市福崎塵芥焼却場の写真からわかるように、ごみは船からクレーン1台で荷揚げされ、軌道車に積まれて建屋内に運ばれ、焼却炉へ投入されます。このため、ごみの運搬・投入には人力が大きな比重を占め、それが障害となって所定の能力の半分位しか発揮できないと判断したのです。

このため、新設の木津川塵芥焼却場では、「電力ニテ、起重機ヲ運転スルノ計画（電力費一ヶ月約八円余）ナルヲ以テ、如上ノ不利ヲ除去シ」（『大阪市会史』）とあり、3馬力の起重機3台を用いて、船よりごみを桟橋に揚げ、焼却炉に投入する作業の効率化をめざしたのです。

神戸市が昭和5（1930）年に発行した冊子『塵芥焼却場』

上図24　大阪市立塵芥焼却場「第三焼芥場全景」絵葉書
下図25　大阪市立塵芥焼却場「第三焼芥場　上屋「ホヰスト」及び爐投入口」絵葉書

に、船から起重機でごみを吊上げる「脇濱《わきはま》焼芥場」（大正15（1926）年3月に竣工）の写真と図がありますが（図23）、新しい木津川塵芥焼却場でも、ごみの投入の機械化が検討されたのです。

大阪市立木津川塵芥焼却場の「第三焼芥場全景」（図24）、「第四焼芥場全景」、第三・第四焼芥場の「上屋内の「ホヰスト」と塵芥投入口」（図25）の各絵葉書は、昭和4年に増設された木津川塵芥焼却場において、焼却炉へのごみの投入は、起重機に代わってホイスト（巻揚機）が導入されたこと示すために作成されたと思われます。

人力から、起重機、さらにはホイストへ、ごみの投入の機械化の歴史を示す貴重な絵葉書なのです。

第4章　大阪のごみ、堺の大浜海水浴場に漂着、塵芥焼却場を増設させる

《「大阪市立塵芥焼却場絵葉書」②》

工業都市・大阪を象徴する「木津川塵芥焼却場全景」絵葉書

図26　「大阪市立木津川塵芥焼却場全景」絵葉書

「大阪市立塵芥焼却場絵葉書」の10枚のうち7枚を占める木津川塵芥焼却場の誕生物語を、「汚物掃除法」が施行されて以降の大阪市のごみ処理の取り組みに触れながら、第3章で紹介しました。

日本一の規模を誇った福崎塵芥焼却場は、尻無川の改修工事等もあって廃止され、大正５（１９１６）年３月、木津川塵芥焼却場（焼却能力１万８０００貫／日）が、西区南恩加島（当時）に生れました。

「大阪市立塵芥焼却場絵葉書」は、昭和４（１９２９）年の木津川塵芥焼却場第三・第四の焼芥場の竣工式に配布されたものですが、そのうちの1枚「木津川塵芥焼却場全景」絵葉書（図26）は、煙突が林立した木津川塵芥焼却場の全景写真が使われ、発展する工業都市・大阪を象徴しています。

「煙突から林立し、煙を吐き出す工場・事業場」の構図は、ばい煙の問題はありましたが、当時大阪では大変好まれました。大正14年に、隣接の西成郡・

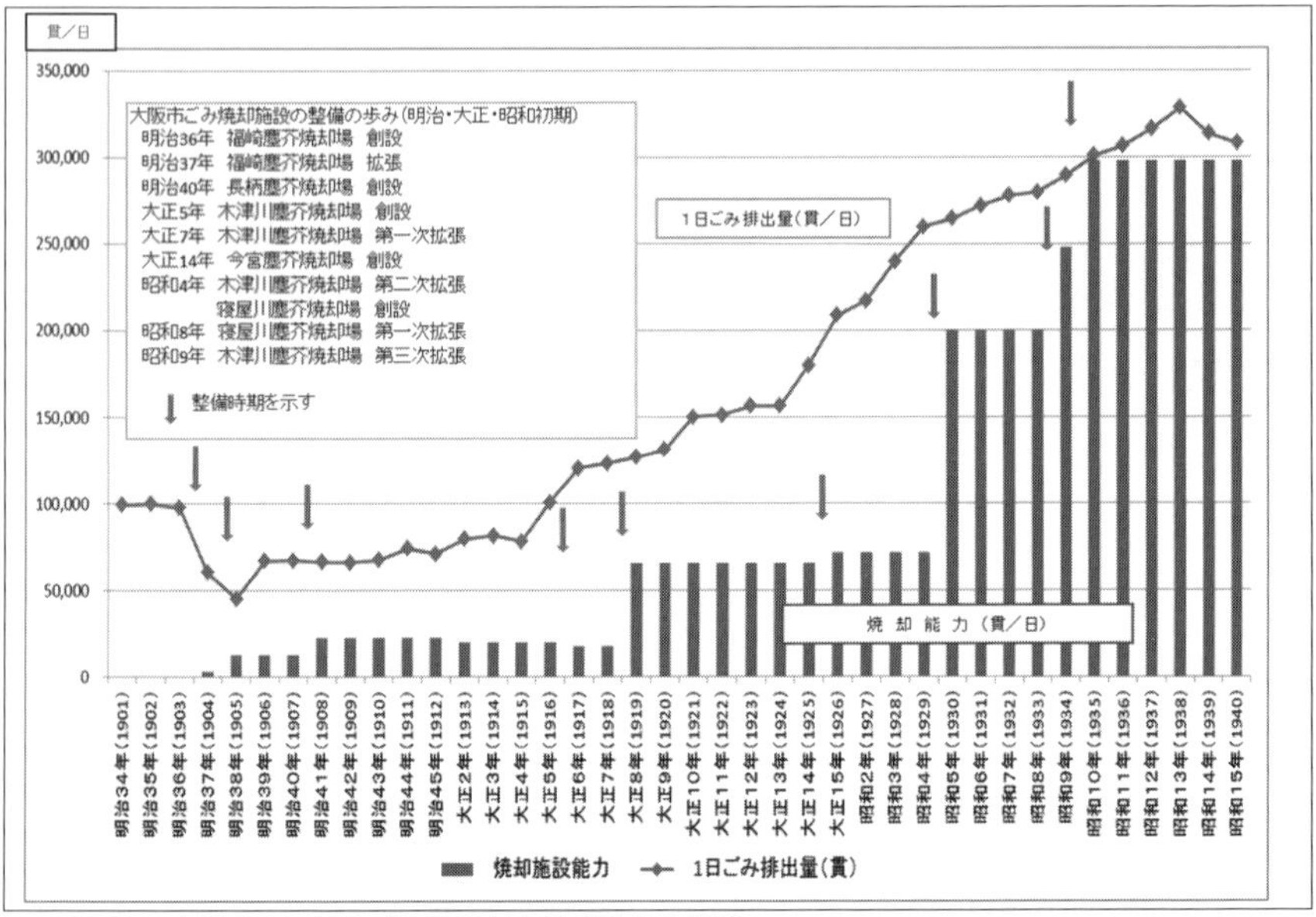

図27　大阪市の1日のごみ排出量と焼却能力の推移
（出典）大阪市資料に基づき筆者作成

東成郡の44町村を編入した「大」大阪市が生まれています。大阪市を世界的な都市とするため、新都市建設の宣伝・普及と都市問題の研究等を行う協議・連絡機関として、大阪都市協会が設立され、雑誌『大大阪』を毎月発行しています。大正15年2月号の『大大阪』の表紙には、林立する煙突から煙を吐き出す写真が、「拓けゆく大阪」として使われ、さらに、昭和2年の各号には、「煙が煙突からたなびく工場・事業場」をデザイン化して、表紙に登場させています。工場・事業場の煙突と排出されるばい煙は、大阪繁栄のシンボルであったのです。

ごみの増加に追いかけられて、四苦八苦

木津川塵芥焼却場は、ごみの排出量の増加に対して、大正7（1918）年6月に第二焼芥場（4基16炉、同4万8000貫／日）、昭和4（1929）年3月に第三・第四焼芥場（4基16炉、同6万4000貫／日）、さらに、昭和9年6月に第五・第六焼芥場（4基14炉、同5万6000貫／

日）を増設しています。

木津川塵芥焼却場の三次にわたる拡張事業に象徴されるように、大阪市は、増加するごみに追いかけられて、焼却施設を次々に新設・増設しています。

明治から大正・昭和初期のごみ処理の歩みをみるため、1日のごみの排出量と焼却能力の推移をまとめてみました（図27）。

汚物掃除法が施行される明治33（1900）年から大正初期までは、一時的にごみの排出量は減りますが、その後は横ばい、ないしは微増で推移します。大正3年に第一次世界大戦が勃発し、大阪は大戦景気により、工場数や生産高等も激増し、ごみの排出量も、大正中頃から次第に増加し、昭和初期には、大正初期の頃に比べて3～4倍になっています。

また、1人1日当りのごみ排出量も同じ傾向で、明治から大正初期までは、ほぼ200gで推移していますが、大正中頃から増加し、昭和初期には約400gに倍増しています。家庭系のごみと産業廃棄物が法的に明確にされるのは、昭和45年に公布された「廃棄物の処理及び清掃に関する法律」からですので、現在とは単純には比較できませんが、平成25年度の大阪市の1人1日当りのごみ排出量は1142gです。

このように増加するごみに、焼却施設の建設は追いつかず、排出量と焼却量との乖離は次第に大きくなり、昭和初期には、焼却できるごみは、排出量のわずか2割程度に止まる事態となりました。

このため、焼却できなかったごみの半分以上は、大阪湾内の桜島埋立地や木津川尻にある平林埋立地に海面埋立・海上投棄されて、処分されています。湾内の埋立地に投棄等されたごみが、潮流によって堺市大浜海岸まで流れ出し、堺市との間でごみ紛争をまき起こすことになるのです。

大阪のごみ、海水浴で有名な堺の大浜海岸に漂着

海面をごみで埋立する場合、現在では、流出防止対策として擁壁等はもちろん、汚水の処理等、環境保全対策が講じられていますが、当時はそうした防止対策が十分でなく、平林埋立地等のごみが潮流によって流れ出し、隣の堺市の大浜海岸等に漂着したのです。

現在の大浜公園は、道路と高速道路に囲まれて、海浜はなく、昔日の面影はありませんが、大浜から南につながる海岸は、昔は白砂青松に恵まれた名勝地として知られ、レクリエーション地として、住民に親しまれていました。明治29（１８９６）年には、堺市により遊園地が整備され、36年に大阪の天王寺で第五回内国勧業博覧会が開催された時には第二会場となり、東洋一の水族館が人気を呼びました。さらに、明治45年に大浜公会堂が開館、大正２（１９１３）年には大浜潮湯《しおゆ》の開業、13年からは大浜公会堂で少女歌劇が開幕するなど、大阪近郊の行楽地として賑わっています。

明治末頃からは、海水浴場が開設され、夏には海の家が建ち並び、多くの海水浴客が訪れましたが、そこに大阪から多数のごみが漂着したから大変です。また、大浜海岸は、浅利《あさり》・蛤《はまぐり》等の産地としても知られており、漂着ごみにより漁業が出来ぬと、堺市漁業組合は、強く大阪市に抗議したのです。

大阪市は、堺市等の抗議に対して、木津川塵芥焼却場・今宮塵芥焼却場の焼却作業を昼間・夜間の２部制にして、焼却能力をほぼ倍増させ、海面に投棄するごみの量を極力減らすと約束しています。

木津川塵芥焼却場の増設――形式の異なる焼却炉

大阪市にとって、ごみ処理の安全弁であった海面埋立・海上投棄が、隣接の堺市の海水浴場や漁場を脅かすものとして抗議を受け、昭和２（１９２７）年7月をもって打ち切らざるを得ない事態となりました。

右図28　「大阪市立木津川塵芥焼却場　上第一焼芥場　下第二焼芥場」絵葉書
左図29　「大阪市立木津川塵芥焼却場　上第三焼芥場残滓搔出口　下第四焼芥場残滓搔出口」絵葉書

大阪市は、ごみの抜本的な処理対策を講じるため、昭和2年11月の市議会に、「本市排出ノ塵芥ハ、主トシテ従来海面埋立及海上投棄等ニ依リ処理セルモ、保健上此侭推移シ難キ事情アルヲ以テ、之ヲ焼却スル為、焼却場ヲ新設スルト共ニ増築ノ要」（『大阪市会史』）があるとして、建設費約46万円で、木津川塵芥焼却場の増設と、新しいごみ焼却施設（寝屋川塵芥焼却場）の新設を提案しています。

木津川塵芥焼却場の増設は、昭和4年3月に、第三焼芥場（2基、8炉、焼却能力3万2000貫／日）、第四焼芥場（同）が完成しています。第三焼芥場は強圧加熱送風式、第四焼芥場は強圧送風式です。第一焼芥場の自然通風式、第二焼芥場の強圧通風式を含めると、形式の異なる焼却炉で、ごみを焼却することになります。これらのこともあって、絵葉書の作成にあたっては、第一から第四焼芥場のごみ投入口や灰掻き出し口の絵葉書が作られたのです（図28、29）。大阪市としては、新しい形式の焼却炉を導入することにより、少しでもごみ処理能力を向上させたことを、絵葉書でも示したかったのでしょう。

なお、第三焼芥場は、大阪市清掃課・大阪市立衛生試験所が独自に設計した焼却炉ですが、第四焼芥場は、東京の藤崎幸次郎が特許を持つ藤崎式といわれる焼却炉です。焼却炉の特許明細書によれば、「傾斜セシメタル燃焼室ノ上方ニ、塵芥投入口ヲ設ケ（中略）、炉室ノ上方ノ傾斜部ニ於テ、主トシテ塵埃ヲ乾燥シ、且ツ其下方ニ於テ燃焼シツツ、塵埃ノ自己重量ニ依リ、緻密ニ圧迫堆積セラルルコトヲ阻止シ、以テ塵埃ノ燃焼ヲ助長シ、之ヲ迅速ニ無煙状態ニテ焼却セシムル」とあります。ごみの乾燥部と燃焼部を分け、燃焼部で発生した火焔により、ごみを十分に乾燥させて、燃焼部に送ることにより、燃焼効率をあげるように工夫された焼却炉です。なお、藤崎式焼却炉は、昭和2年に愛知県一宮市ですでに採用されていました。

住民に反対された寝屋川塵芥焼却場

新しい焼却施設の建設ですが、ごみを焼却場へ運ぶための水運の便と、将来のごみの排出状況、さらに、陸上処分が困難な地域や焼却残渣の処分等を考慮して、当時の東成区放出町《はなてん》（当時）の寝屋川の左岸に、工場を買収して、寝屋川塵芥焼却場が計画されました。

焼却施設の建設には、地元から強い反対があり、放出町有志から、他の場所へ変更を求める陳情書が市議会に提出されています。反対住民は、寝屋川塵芥焼却場の予定地は、将来の工場地域として発展を図るため、区画整理事業が計画され、寝屋川の改修が実施されたのに、「人ノ厭《いや》ガル汚物ヲ運搬取扱フガ如キ行為ハ、放出領地ノ発展ヲ阻害スル事甚大」として、実施調査の上、差支えなき場所への変更を求めるものでした。

「塵芥焼却場ノ新設・増築等」の議案の審査を付託された大阪市会の委員会は、住民の陳情を受けて、実施調査を行っています。その結果、塵芥焼却場の予定地の両側は、醋酸《さくさん》製造の薬品工場と廃屋に等しい鉄工所で問題なしとして、①臭気がでない、②埃《ほこり》を余りドッサリと立てない、③煙はなるべく文化的、いわゆる煤煙防止装置を設け、ひどい煙はださない、④長時間塵芥を置かず、蠅が涌き、伝染病の媒介がないよう注意する、⑤その他寝屋川・運河の改修を希望条件として付して、受入れを決定しています（『大阪市会史』）。

新しい寝屋川塵芥焼却場の絵葉書は工事中の写真

住民の反対があって遅れたのでしょうか。寝屋川塵芥焼却場の建設工事は、昭和３（１９２８）年３月に着工されましたが、絵葉書が発行された昭和４年３月時点では、寝屋川塵芥焼却場の完成が間に合わなかったため、絵葉書は、工事中の写真が採用されています（図30）。ごみは、寝屋川を利用して船で運ばれ、場内に新たに設けられた堀割に船を留め、上屋のホイストにより、ごみを揚げ、炉内に投入される計画でした。

昭和４年６月には、第一・第二焼芥場（強圧加熱送風式、４基16炉、焼却能力６万４０００貫／日）が完成しています。付帯設備は工事中でしたが、ごみの処分が逼迫していることから、直ちに焼却を開始して、その後、同年12月７日に竣工式が行われています。

寝屋川塵芥焼却場の新設や木津川塵芥焼却場の増設により、１日

図30 「大阪市立寝屋川塵芥焼却場工事中全景」絵葉書

7万2000貫であった大阪市のごみ焼却能力は、20万貫となり、排出量のほぼ75％を焼却することができるようになりました。

まだまだ続く堺市と大阪市の悩み　第3次拡張事業、昭和9年のごみ焼却施設の増設

昭和4（1929）年3月の木津川塵芥焼却場の第三・第四焼芥場の竣工は、当時大阪で発行されていた大阪朝日新聞や大阪毎日新聞に、写真付きで大きく報道されています。昭和4年3月27日の『大阪朝日新聞』は、「漁業組合の小言を　聞かずにすむ　塵芥焼却場の増設で　海上投棄だけ助かる」の見出しで、「堺漁業組合からキツイ尻を持ち込まれたこともあるが、この焼却炉の竣工によって1日焼却能力を約十万貫増すことになり、海上投棄をする必要がなくなったわけである」と報道しています。果たして、堺市の大浜海岸に漂着したごみ問題は解決したのでしょうか。

残念ながら、その後も、ごみ排出量は伸び続け、約7万貫を超えるごみを、焼却以外の方法によって処分しなければならなくなりました。陸上の処分はますます困難となり、漁業への影響等もありましたが、海面埋立・海上投棄に頼らざるを得なかったのです。

このため、堺市の大浜海岸は、前と同じように、「無数の塵芥が漂流したり、白砂を誇る海辺は塵芥が山積し、如何に数名の専任掃除夫がベストを尽しても、なお処分出来ない始末で、堺名物の海水浴は淋れ、一面近海に棲息する魚介類にも、非常な悪影響がある」（『大阪毎日新聞（堺・泉州面）』、昭和6年5月28日）状況でした。堺市と堺漁業組合は、海水浴のはじまる前の毎年6月には、大阪市に抗議しています（図31）。

また、昭和5年の「汚物掃除法施行規則」の改正によって、昭和6年3月以降は、ごみは原則として焼却を命じられることになりました。大阪市は、堺市大浜海岸への漂着ごみ問題の解決も考えて、昭和7年2月に、市議

会に、焼却設備能力が不足しているとして、木津川・寝屋川の両塵芥焼却場の増設計画を提案したのです。

この結果、昭和8年10月に、寝屋川塵芥焼却場の第三・第四焼芥場（強圧加熱送風式、4基12炉、焼却能力4万8000貫／日）が完成し（図32）、昭和9年6月には、木津川塵芥焼却場の第五・第六焼芥場（強圧加熱送風式4基14炉　焼却能力5万6000貫／日、第一焼芥場の一部廃止を含む）が竣工しています。

これにより、大阪市のごみ焼却能力が29万8000貫となり、焼却炉の老朽化やばい煙問題はありましたが、焼却が難しい不燃物を除いて、ごみ排出量約30万貫に、ほぼ見合う形で焼却施設の整備が整ったのです。

『大阪の塵芥が堺海岸を汚す』

衛生と漁業の兩關係から

大阪市へ抗議

堺市衛生課長阪本貞之輔氏および堺漁業組合長並木友三郎氏は十二日午前大阪市衛生課を訪問大阪市が行つてゐる大阪築港沖の塵芥投棄につき厳重な抗議を申し入れた

この投棄された大阪市の塵芥は潮の流れに従つて濱寺沖に至りこんどは北部泉州の海岸を北へ逆流して堺大濱潮湯裏手から湊海岸に漂着

これがため同海岸は不潔塵芥の山をなす有様である堺市側では先年来二名の衛生人夫を特置して専門に芥塵の除去に當らせてゐるが夏季に入るとともに漂着塵芥の量が激増ししかも同海岸は海水浴場開きを目前に控へてゐることとて市側では保健衛生上および風致上の立場から、堺漁業組合側では漁業の立場から今回の抗議に出たものである

阪本課長談　大阪市では塵芥處分のよい方法かも知れないが隣接の堺市にとつては大きな悩みだ塵芥の大濱海岸漂着は大阪市民にとつても衛生上の重大問題である、これは大濱海水浴客の多くが大阪市民であるからだ、この點は十分大阪市當局に説明しておいた

並木組合長談　塵芥による海水の汚濁でわれ〳〵の漁場を荒されるのは年々莫大なものだ、これは組合員にとつては生活の脅威である

図31　『大阪毎日新聞堺・泉州面』昭和8年6月13日（堺市中央図書館所蔵）。堺市の抗議に対して、大阪市は「今後絶対に塵を投棄せぬ」（翌日）と言明。大阪湾内でごみを投棄していた神戸市にも、堺市は「『塵芥漂着』に神戸へも抗議」（同月21日）。昭和初期、大阪湾岸都市では海面を利用したごみ処分は不可避であった

図32　寝屋川塵芥焼却場（昭和10年9月『大阪市清掃事業概要』）

第5章　都市の名建築に浮かぶごみ船と今宮塵芥焼却場《「大阪市立塵芥焼却場絵葉書」③》

図33　「塵芥船曳航（第二保健丸）」絵葉書

大変珍しい絵葉書　中之島の土佐堀川を曳航《えいこう》されるごみ船

「大阪市立塵芥焼却場絵葉書」には、他都市にはない、大変珍しい絵葉書があります。ごみを満載したごみ船が、大阪の中心街である中之島の土佐堀川を曳航されている絵葉書です（図33）。

大阪は、古くから「水の都」と呼ばれ、市内には大小50余、延長160㎞に達する河川・運河があり、人・物を運ぶ方法として、船運は大きな役割を果たしていました。自動車がまだ十分に発達していなかった当時、ごみも船を使って運搬すれば、衛生上も安全で、かつ多量に運ぶことができ、また、運搬経費を節約できる、最も便利な運搬手段でした。大正6（1917）年の木津川塵芥焼却場の増設の際にも、大阪市会のなかで焼却場として別の場所を検討してはどうかと提案されていますが、市当局は、ごみ船の通航の不便さから断っています。当時の大阪市のごみ処理にとって、船運の果たす比重は非常に大きかったのです。

昭和9（1934）年には、大阪市は、ごみ積載船77隻と、ごみ船

図34　津守塵芥蒐集場（昭和十年九月『大阪市清掃事業概要』）

を曳航する第一から第四保健丸を保有しています。１隻の船で、約３５００貫から約１万貫の多量のごみを運搬することができ、市内から排出されたごみは、河川沿いに設けられた22箇所の収集場・積出場（図34）と２ヶ所の仮出場に集められ、そこから船積され、木津川・寝屋川の塵芥焼却場等に運んで、焼却したのです。

絵葉書の製作にあたっては、船運によるごみの運搬は、大阪市のごみ処理事業を市民に理解してもらう上で欠かせないテーマであったのです。

曳航されるごみ船の背景に、近代大阪を象徴する日本銀行大阪支店や大阪市役所

ごみ船の曳航の絵葉書は、中之島の土佐堀川を、２艘のごみ船が第二保健丸に曳航されている写真です。

中之島は、近世には、表川と呼ばれた土佐堀川と、裏川と呼ばれた堂島川に囲まれた地域で、川遊びと納涼の名所でありました。また、水運を背景に各藩の蔵屋敷が建ち並び、天下の台所といわれたところです。明治・大正期には、日本銀行大阪支店、大阪府立図書館（現在の中之島図書館）、大阪市中央公会堂、大阪市役所等が立地し、大阪の経済・文化・政治の中枢でした。

中之島の土佐堀川を、曳航されるごみ船。その背景には、大阪経済の繁栄を象徴する日本銀行大阪支店と、大阪市内の行政を担当する大阪市役所が写っています。

日本銀行大阪支店は、明治16（1883）年6月に、東京の本店に次いで開業し、36年に中之島に新築移転しています。石造銅板瓦葺の地上2階・地下1階の建物は、東京駅や日本銀行本店等を手がけた東京帝国大学の教授であった辰野金吾《たつのきんご》等の設計で、近代大阪を代表する建築物の一つです。建築の外装には、小豆島から掘り出された御影石が用いられ、ドーム型屋根やイオニア式柱頭装飾の重厚な玄関ポーチ等に特色があります。大阪市民はもちろん、近郷近在の人々は、石造洋館に驚愕し、当時、大阪の名物の一つになりました。

大阪市役所の庁舎は、明治44年に建築コンペが行われましたが、財政状況から延期され、大正10（1921）年5月に、近世復興式の鉄骨・鉄筋コンクリート造5階建の建物が、中之島に現れました。

近代の大阪を代表する日本銀行大阪支店と大阪市役所。その前の土佐堀川を、ごみで満載されたごみ船を曳航する第二保健丸。大阪市役所は、塔屋を含めれば、当時としては、大阪で一番高い建物ですから、現代でいえば、日本一高い超高層ビル「あべのハルカス」の前のメインストリート御堂筋を、ごみ収集車が列をなして通る構図です。

誰が考えたのかわかりませんが、この写真は絶妙な構図です。大阪市のごみ処理が、船運に支えられていたことを、市民に伝えることができる、大変インパクトのある、秀逸した絵葉書です。

住民の反対があった今宮塵芥焼却場

「大阪市立塵芥焼却場絵葉書」で、最後に紹介するのは、「今宮塵芥焼却場絵葉書」です（図35）。

今宮塵芥焼却場は、大正14（1925）年4月に大阪市に編入される前の今宮町が、人口の急増に伴い、ごみの排出量が著しく増加したため、編入直前の大正13年に、今宮町長橋通八丁目（当時）に計画したのです。

塵芥焼却場の建設には、地元から強い反対があり、大正14年3月に開催された町民大会では反対が決議されています。決議によれば、①今宮町は、大阪市編入後は新しい区の中心となり、汚物焼却場の設置は、「地勢の品位」と「人心の低下」を来たし、町の発展・向上を阻害する、②現在も人家稠密の新市街地であり、大規模な汚物焼却場の設置となれば、汚物の集積地として、日夜悪臭の散布により、保健上人心に害を及ぼす恐れがある、③建設費の償還により、町民の負担が増えると反対したのです。

また、大阪市への編入を目前にひかえたこの時期に、急いで実施するのではなく、編入後に、最適地を選ぶべきと主張し、大正14年3月30日に、大阪市にごみ焼却施設の建設を引き継がないように陳情しています（大阪市特定歴史公文書『町民諸氏ニ告グ』）。

今宮町は、明治末から大正にかけて、ロシアの捕虜収容所や仮設兵舎訓練場の跡地を、耕地整理事業によって良好な住宅地として造成しましたが、今宮塵芥焼却場の予定地もその一画で、住宅地としての将来の発展を期待していた住民が反対したのです。

大正14年4月に、今宮町は大阪市に編入されますが、この住民の反対運動に対して、今宮町は、「計画廃止ノ陳情書提出セシモ、既ニ工事着手後ニテ、最早考慮ノ余地ナキヲ以テ、陳情代表者ニハ其旨ヲ伝ヘ、陳情書ハ其ノ侭差置アリ、他日本件ニ関シ同一ノ問題惹起スルヤモ難計、其際可然御措置相成度」（大阪市特定歴史公文書『塵芥焼却場設置阻止ニ関スル陳情ノ件』）とした引継書類を作成し、大阪市に工事を進めるよう依頼しています。

図35　「大阪市立今宮塵芥焼却場全景」絵葉書

その後、今宮塵芥焼却場の工事は、大阪市が引継ぎ、同年秋に完成させ、11月1日からごみの焼却作業を開始しています。なお、住民大会で問題となった建設費は約9万円で、簡易保険貸付金や銀行からの借りる計画でしたが、簡易保険貸付金は都合がつかず、日本勧業銀行と安田銀行からの町債で賄っています。

今宮塵芥焼却場　ゲーテの『ファウスト』の翻訳者　町井正路の設計

今宮塵芥焼却場は、旧今宮町のごみを処理するために計画された施設で、焼却能力は1日6000貫(2基6炉)です。大正12(1923)年の今宮町の一日平均の塵芥排出量は約4500貫で、焼却場完成後は、旧町内だけでなく、住吉区の飛田《とびた》からのごみも含めて、午前8時から午後1時までの間に、1日4500貫から5000貫が焼却されています。

今宮塵芥焼却場が川に面していなかったため、ごみは肩曳車等によって運び込まれ、場内の桟道を通って、強圧加熱送風式の焼却炉に投入されています。汽罐《きかん》2其を設置し、ごみ焼却の余熱を利用して、将来設置が予定されている無料浴場や無料の洗濯所に熱湯を供給する計画でした。

今宮町は、この塵芥焼却所を特色ある設計として、「総ての設備が斬新で、且斯かる大規模の塵芥焼却所が本邦に於ける最新の試み」(『今宮町志』)と自負しています。これは、ごみ焼却施設や、屎尿から硫安(硫酸アンモニウム)を製造する施設の建設に携わった町井正路の設計だったからです。町井正路自身も『塵芥汚物に関する意見書』のなかで、「自熱を循環して熱風として利用する事は、大阪市の今宮焼却場が初めて行ひ、神戸市と京都市とは之に習いました」と書き、焼却熱の効率的な利用を、今宮塵芥焼却場で初めて考えたとしています。

今宮塵芥焼却場を設計した町井正路は、異色の実業家でした。東京の府立一中(現在の東京都立日比谷高校)を卒業した後、北海道の農科大学(現在の北海道大学)に学びましたが、在学中に新渡部稲造《にとべいなぞう》教授に感化され、ゲーテの『ファウスト』を翻訳して、明治45（1912）年に東京堂から出版しています（図36）。

『ファウスト』は、明治37年に、言語学者・批評家の高橋五郎が翻訳し、前川文栄閣から出版され、43年には、六盟館から新渡部稲造の『ファウスト物語』が刊行されています。よく知られた森林太郎（鴎外）の『ファウスト』は、文部省の文芸委員会で、鴎外が翻訳者に選ばれて、大正2年に冨山房から出版していますが、町井正路の翻訳・出版に関しては、同年4月13日の『東京朝日新聞』の出版界（現在で言えば書評欄か）でも取り上げられ、「訳を読むで見ると非常に解りよく、然ればと云つて卑しくもない訳し振である。これを森鴎外氏の訳と比較するに、森氏のは只本文を訳しただけで、何もついて居らぬ。之に対して町井氏の訳には、四十頁に亘《わた》る『ファウスト』の解題が巻頭に附いて居り、巻尾には廿頁の『ファウスト』註解と卅五頁の『ファウスト』後編梗概が附て居り故に、『ファウスト』研究の初学者に取って非常に都合のい、手引草」と、極めて高く評価されています。

町井正路は、その後は、汚物処理問題に転じ、大正11年に『都市計画と汚物問題』を再刊し、東京のごみ処理や、各地で取り組まれた屎尿からの硫安の製造を論じています。『都市計画と汚物問題』には、東京市長であった後藤新平、名古屋市の屎尿の硫安製造施設の悪臭問題を解決した関係で、元名古屋市長で貴族院議員の阪本釤之助《さんのすけ》、さらに大学の同窓の文学者有島武郎等、多くの人が巻頭に寄稿しています。

図36　町井正路翻訳「ファウスト」出版広告（『読売新聞』大正元年8月7日）。同日付の『東京朝日新聞』にも掲載

今宮塵芥焼却場は、昭和7（1932）年2月の木津川・寝屋

川塵芥焼却場の増設計画の際にも、その拡張が検討されましたが、①人家が稠密となると見込まれること、②敷地が狭く、牛糞で埋め立てられ、地盤は軟弱で低地、③都市計画上は未指定で、増設は法的には増設は可能であるが、ごみ焼却施設の立地は工業地域が妥当で、無難なことから、増設は難しいと判断されました。

今宮塵芥焼却場は、昭和13年に廃止され、現在は、その跡地は大阪市立鶴見橋中学校になっています。

戦争によるごみ焼却作業の休止と終戦後の復旧

大阪市は、昭和9(1934)年3月の木津川・寝屋川塵芥焼却場の増設により、ごみの排出量にほぼ見合う形で、焼却施設が整備されました。しかし今後の更なるごみ排出量の増加に対応するため、市の飽和人口を500万人、1人1日当りのごみ排出量を100匁（375g）として、将来のごみの排出量を予測した結果、1日のごみの排出量は50万貫に伸びると予想されました。大阪市は、施設の老朽化等も考慮して、木津川塵芥焼却場の自然通風式焼却炉12炉の廃止と送風式焼却炉16炉の新設により、焼却能力を5万2000貫増やすとともに、大阪市東南部と淀川北部に、各10万貫内外の新しいごみ焼却施設の建設を検討しています。

しかし、昭和12年4月から、厨芥類を養豚の飼料等にするため、雑芥類と厨芥類の分別収集が開始され、また、戦争の影響等もあって、ごみの排出量は昭和13年頃から、横ばい、さらに減少しはじめます。さらに、昭和16年に太平洋戦争に突入すると、資材・労働力不足もあって、ごみの蒐集が次第に難しくなりました。このため大阪市は家庭のごみを、「再生産有価物」「可燃物」「不燃物」にわけ、「再生産有価物」は屑物商、「可燃物」は浴場業者に引き取ってもらい、「不燃物」だけを収集する体制を築きます。その後戦争が一層激しくなると、各戸のごみ蒐集は中止となり、昭和19年8月に、焼却施設でのごみの焼却作業を休止しています。

戦後、ごみ焼却施設は復旧工事が進められ、昭和23年1月に寝屋川塵芥焼却場、同年9月に木津川塵芥焼却場で焼却が開始されています。また、昭和38年1月には、最新の技術を導入した、日本で初めて連続運転式の機械炉が住吉工場（当時）に竣工して、ごみ焼却処理の近代化が進められています。これに伴い、木津川・寝屋川の旧焼却炉は施設からのばい煙問題もあり、昭和40年9月に廃止されました。なお、木津川塵芥焼却場は、最近まで大正工場として存続し、寝屋川塵芥焼却場の跡地は、現在、大阪市立放出小学校になっています。

大阪市塵芥焼却場要覧

これまで「大阪市立塵芥焼却場絵葉書」を紹介してきましたが、9㎝と14㎝の小さな絵葉書10枚で、1日約3万貫も排出する大阪のごみ処理の実情を、市民に伝えるのはどうしても無理があります。このため、大阪市が力を注いだのが、ごみ焼却施設の概要等を詳しく説明した『塵芥焼却場要覧』や『清掃事業概要』等の冊子の作成でした。

昭和4（1929）年の木津川塵芥焼却場第三・第四焼芥場の竣工時にも、絵葉書と併せて『大阪市塵芥焼却場要覧』を初めて作成し、配布しています。これまで取り組んできたごみ処理対策や焼却施設の状況等を、写真や図版を使って丁寧に説明してあり、大阪市のごみ焼却施設の状況等がよくわかります。

その後も、『大阪市塵芥焼却場概要』や屎尿処理も含めた清掃事業の概要を説明した『大阪市清掃事業概要』を作成しています。さらに、ごみ焼却施設の見学者に配布するため、冊子『都市塵芥の処理』を作り、「塵芥はどんな風に出るのか」、「塵芥はどう処理されるのか」、「大阪市の塵芥処理事業」、「塵芥減量運動」、「清掃当局から主婦へのお願い」の項目で大阪市のごみ処理状況を詳しく説明し、市民にごみ処理への理解と協力、さらにはごみの減量を呼掛ける内容となっています。

大阪市は、絵葉書や事業概要等の作成、さらには焼却場の模型（昭和4年の竣工式に展示）で事業を説明し、市民の理解を求めています。その伝統は今でも引き継がれ、大阪市の一般財団法人環境事業協会は、ＣＤ『大阪市の環境事業１２０年の歩み』を平成22（２０１０）年に刊行し、大阪市のごみ・屎尿・出産時の胞衣汚物の処理の歩みを豊富な写真と図表で紹介しています。

第6章　ごみの再資源化を目指して《「東京市立第一塵芥処理工場　竣功紀念絵端書」》

深川塵芥処理工場

ごみの焼却施設を、単なるごみを焼却する「塵芥焼却場」ではなく、ごみから資源の回収を図る施設として位置づけ、「塵芥処理工場」と名付けた東京市の絵葉書を紹介します。

「東京市立第一塵芥処理工場竣功紀念絵端書」は、東京市としては初めてのごみ焼却施設となる深川塵芥処理工場（第一工場）の竣工を記念して、昭和４（１９２９）年2月に発行されたものです。「昭和四年二月　東京市立第一塵芥処理工場　竣功記念絵端書」と記された薄青色の袋に入り、「東京市立第一塵芥処理工場全景」、「東京市立第一塵芥処理工場撰別設備」、「東京市立第一塵芥処理工場焼却炉」の３枚で構成されています。

都市の焼却施設については、大阪市が明治36（１９０３）年に、初めてのごみ焼却施設である福崎塵芥焼却場が稼働し、神戸市では浜添《はまぞえ》塵芥焼却場が明治42年、京都市の十条塵芥焼却場が大正14（１９２５）年に竣工しています。さらに東京市周辺の大崎町の塵芥焼却場が大正13年、渋谷町が大正14年、大井町が昭和2年、王子町が昭和3年の完成です。東京市のごみ焼却施設は福崎塵芥焼却場よりも約25年後の昭和4年の竣工ですから、相当遅れて建設されたことがわかります。ごみの処分は都市の規模や地理的条件等によって異なり、一概に優劣を判断するのは難しいですが、そこには東京市の苦労があったと思われます。絵葉書の内容に入る前に、深川塵芥処理工場の建設に至るまでの経緯を、簡単に紹介しておきます。

「汚物掃除法」と東京市の「汚物掃除規則」

「汚物掃除法」が明治33（1900）年3月に公布され、汚物の掃除等を、土地の所有者等に義務付け、最終的には、市の責任でごみ処理が行われることになりました。

東京市では、「汚物掃除規則」が明治33年の市会で議決され、「塵芥、塵芥ニ混同スル汚泥、魚鳥獣ノ骨腸野菜ノ断片瓦礫竹木其他一切ノ不潔物」の掃除は、市の費用で行うことになり、掃除経験を有する民間の業者に委託して、ごみを搬出・処理しています。その後、市営による収集が計画され、明治44年に、市の中心部である四谷区や小石川区で直営化され、大正7（1918）年には、市内全域を対象に、ごみ収集の直営化が行われています。

当時、東京市では、ごみは「肥料芥」、「燃料芥」、「利用の見込みのある屑類」、「捨芥」等に分けられ、「肥料芥」は、千葉肥料組合により千葉方面に運搬されて、肥料として活用されていました。利用不可能な「捨芥」は、明治34年に、東京市が深川区平久町地先の埋立予定地に設けた塵芥投棄場に運ばれ、海面の埋立に使用されています。その後、明治43年に第1号埋立地に移り、露天でごみを焼却し（図37）、焼却灰をそのまま埋め立てています。

図37 「陸揚げしたる塵芥を焼却する状況」(『東京市主催　体育と衛生の展覧会概要』)

後藤新平、「汚物処分調査会」を設置

露天でのごみ焼却は衛生上も問題が多かったため、都市問題に造詣が深く、内務省衛生局長の経験もある後藤新平東京市長は、大正10（1921）年10月、大日本私立衛生会の会頭で細菌学者の北里柴三郎を委員長とする「汚物処分調査会」を設けて、汚物処理対策の調査を依頼しています。委員会は、田中芳雄工学博士（東京帝国大教授　化学工学）によるごみの組成や排出特性、処分方法の調査をはじめ、岸一太《かずた》医学博士によるごみの低温低圧による乾留処分法、竹村勘忢《かんご》工学博士（東京帝国大教授　機械工学）によるごみ焼却試験を行ない、さらには大阪市や横浜市のごみ焼却施設の視察等、精力的に調査が行っています。

図38　「塵芥処理試験所全景」（『大正十二年三月　東京市汚物処分調査会報告　第二巻』）

その結果、渋谷発電所に設けられた塵芥処理実験所（図38）において、岸一太が嘱託技師のドイツ人レーウエンニヒ等と一緒に進めてきた塵芥の低温低圧による乾留処分が、東京市のごみ処理として適当である旨、大正11年11月に、市長に報告されています。なお、田中芳雄の提案は、厨芥と雑芥を分別収集し、厨芥は乾燥後肥料に、雑芥は不燃物を除去後、焼却による発電でした。

在野の発明家・研究者で、後藤新平との縁（実質的な主治医か）で調査会に加わったと考えられ、ごみ処分の分野で研究実績が必ずしも多くない岸一太の案が、なぜ採用されたのでしょうか。ごみの衛生的

処理に加えて、経済性を重視する調査会の議論のなかで、ごみを工業用原料とみなして、乾燥・選別・圧搾・乾留等によって、生成されるパラフィン油等の販売や発電で、約109万円の利益が見込める、岸一太の乾留処分が採用されたと思われます（『東京市汚物処分調査会報告第二巻』）。

帝都復興事業としてごみ焼却施設を建設

「汚物処分調査会」の報告から1年も経たない大正12（1923）年9月に、東京市をはじめ、南関東に未曾有の被害をもたらした関東大震災が起きました。ごみを運ぶ手車、自動車や伝馬船をはじめ、ごみを積み込む塵芥取扱所の桟橋等、ごみの収集・処理の根幹に係わる施設にも、大きな打撃を受け、懸案の焼却施設の建設まで、なかなか進まなくなりました。

その後、関東大震災による東京市の復興を図るため、上・下水道、病院、中央市場や託児所等の復旧・建設事業が、帝都復興事業として政府の補助金が交付され、ごみ関係施設の建設も、その復興事業の一環として計画されたのです。

東京市は、ごみの収集区域や収集方法（船舶と自動車）も考慮して、深川区（現在の江東区）古石場町の衛生課用地第三号埋立地2か所、芝区（現在の港区）芝浦月見町3丁目の電気局用地、市内川筋水道橋付近（後に神田区、現在の千代田区の佐久間町河岸二号に決定）の4ヶ所に、ごみ処理施設の建設を、大正13年11月に決定しています。なお、深川区古石場町にあった衛生課用地第三号埋立地は、面積が狭隘で市街地に接近しているところから、その後、第五号埋立地に変更されています。

ごみの処理方式は、「汚物処分調査会」の報告を踏まえて、乾燥圧搾式が採用されています。この乾燥圧搾式は、ごみを選別し、可燃物を乾燥・圧搾して乾留燃料や浴場等の燃料または肥料として利用するものです。現在でいえば、ごみを破砕・乾燥等により固形化し、燃料として利用するＲＤＦ（Refus Derived Fuel）式に近いごみ処理方式です。

しかし、乾燥圧搾式は、焼却式に比べてごみを処理できる能力は小さく、また建設費や経常経費も多額を要することがわかったのです。その上、「生産物タル低級燃料ハ爾来《じらい》調査ノ結果、今日ニ於テハ其ノ需要不確実ニシテ、到底之ヲ商品トシテ取扱フ見込立タズ」とのことから、最終的には、ごみから有価物を選別する工場の併設を求める参事会の希望条件を含めて、高熱焼却式に変更されています。「汚物処分調査会」において、低温低圧による乾留処分で得られる生成品の販路の調査が不十分であることが、露呈した形となりました。処分方法の変更に伴い、乾留生成物を発電等に利用する必要もないことから、ごみを運搬する利便性を考えて、海辺に近い場所に建設することが得策と判断され、当初予定されていた芝浦月見町や神田佐久間町は取りやめとなりました。

東京市は、昭和２（１９２７）年11月に、深川区枝川町の市有地に、総工費約48万９０００円をかけて、深川塵芥処理工場の第一工場の建設に着手し、昭和４年８月に竣工しています。

図39 「東京市立第一塵芥処理工場全景」絵葉書

塵芥処理工場の外観は、普通の工場

東京市のごみ処理施設は、「汚物処分調査会」の報告から約７年の歳月を経てようやく完成しましたが、ごみ焼却施設の絵葉書は、その

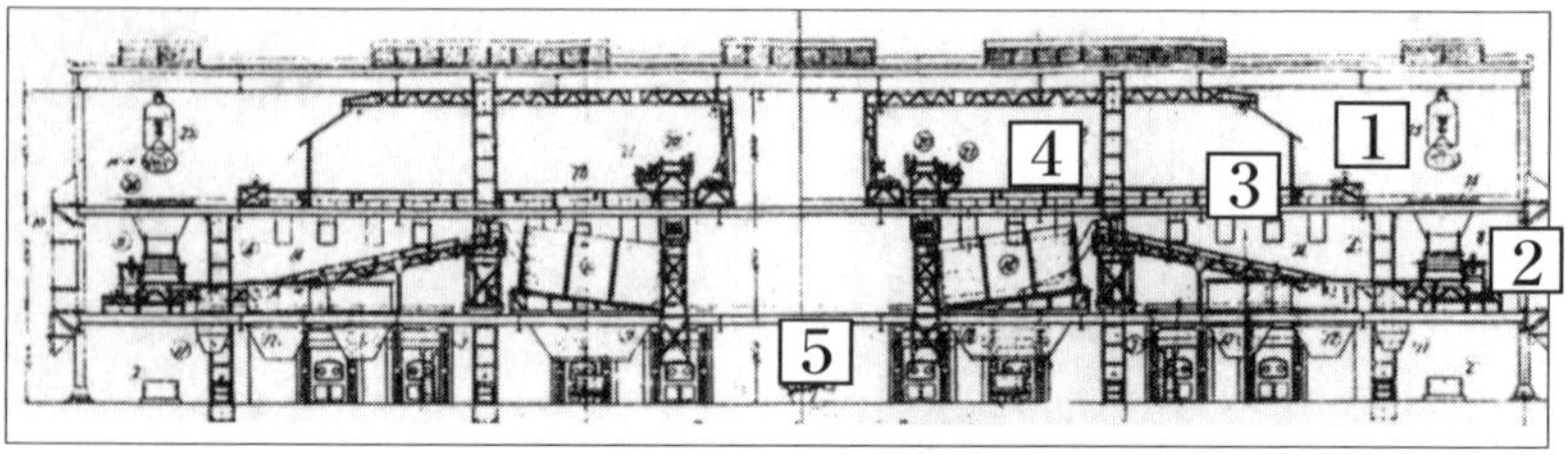

図41　東京市立第一塵芥処理工場立面図（『東京市塵芥処理概況』）。船からホイスト（1）でごみを3階に釣り上げて、畳等の大型の塵芥を格子で選別して2階に落とし、（2）のエプロン型自動運搬機で、（3）のベルトコンベアに運び、有価物等を選別する。（4）の回転円筒篩で土砂等を選別後、1階にある焼却炉（5）で焼却する

深川塵芥処理工場第一工場の竣工を記念して発行されたものです。

1枚目の絵葉書は、「東京市立第一塵芥処理工場全景」です（図39）。この絵葉書は、真ん中の煙突がなければ、普通の工場にしか見えません。

東京市は、欧米のごみ処理が、処理効率を重視した単なる焼却だけではなく、ごみを再生資源としてなるべく利用されていることに注目して、深川塵芥処理工場第一工場では、有価物と不燃物の選別を行った後、ごみの焼却を行う選別焼却方式を採用しています。このため、ごみの選別から焼却まで、一貫して円滑に処理ができるよう、選別機械設備と焼却炉本体が、3階建の建物の各階に効果的に配置され、深川塵芥処理工場の外観は、他都市のごみ焼却施設とは、全く異なる形となったのです。

また、ごみを資源として利用する近代的な処理工場であることを示すこともあってか、ごみ焼却施設は、他都市のように「塵芥焼却場」といわず、「塵芥処理工場」と名付けられています。

ごみの選別設備――初めてベルトコンベヤーを採用

2枚目の絵葉書は、ベルトコンベヤー上を流れるごみから、人力により有価物を選別する「東京市立第一塵芥処理工場撰別設備」（図40）です。

東京市内のごみは、手車や自動車等によって各戸から収集し、河岸にある市内27ヶ所の塵芥取扱所に集められます。そこから大阪市と同様に、発動機船に

よって曳航された伝馬船で深川塵芥処理工場内にある堀割に運ばれます。

ごみは4台の架空電動吊揚機（ホイスト）により、塵芥処理工場の3階にある大型選別格子上（エプロンフィーダー）に荷卸され、畳・障子等の大型投棄物を選別します。その後、2階にある選別輸送機（ベルトコンベヤー）上にごみを導き、人手により有価物、ボロ紙、罐《かん》、銅鉄片、瓶《びん》、陶磁器片、ゴム、セルロイド、皮革、骨片、毛髪等を取り除きます。有価物を選別したごみは、回転円筒篩《ふるい》に入り、土砂・粉塵を篩い分けられます。最後に傾斜コンベアを通じて、焼却炉の直上にあたる3階の塵芥貯蔵床に運ばれ、作業員によって炉内に投げ入れられます（図41）。

上図40　「東京市立第一塵芥処理工場撰別設備」絵葉書
下図42　「東京市立第一塵芥処理工場焼却炉」絵葉書

ごみを焼却する前に、有価物や不燃物等を選別するシステムは、日本では深川塵芥処理工場が初めてです。それ以前に建設された大阪市、神戸市や京都市のごみ焼却施設では、ごみをそのまま焼却していましたから、選別設備は不要でした。選別設備の絵葉書も、この点を考慮して作成されたと思われます。

なお、選別された有価物は、瓶類は2ヶ所の洗瓶槽で洗浄され、紙と襤褸《ぼろ》は、2台のビジョリー式圧縮機で圧縮・梱包されます。金属、主として缶類は、2台のグーエス型水圧機で丸型鋼板に圧縮・成形され、その他の特殊金属、ゴム、セルロイド、皮や毛類は梱包されて、売却されています。

絵葉書の3枚目は、「東京市立第一塵芥処理工場焼却炉」の本体です（図42）。

焼却炉は、煙道排ガスによって加熱された空気を送風する、強圧通風・半傾斜独立型火房型で、16基あります。

焼却施設の火格子の面積は1基当り1・665㎡、16基で26・64㎡です。ごみの焼却能力は、20時間2交代作業で7万貫です。排ガスは、洗浄された後、高さ45・5m、頂上口径2・4mの鉄筋コンクリート製・避雷針付の煙突から、大気に放出されました。

上図43　「東京市の塵芥処理工場」模型（『都市問題第十巻第一号　復興展記録』）
下図44　京都市の「目下建築中ノ塵芥焼却場模型（発電所ヲ含ム）」（『大正十三年　京都市衛生年報』京都府立総合資料館所蔵）

帝都復興博覧会に出品された深川塵芥処理工場模型

深川塵芥処理工場第一工場については、模型（図43）が製作され、東京市の下水処理施設である三河島汚水処理場の模型と併せて、東京市政調査会（現在の後藤・安田記念東京都市研究所）が、復興局や東京市の後援を得て、昭和4（1929）年10月に東京市政会館で開催した帝都復興博覧会に出展されています。

帝都復興博覧会の展示の目玉の一つが、東京市の５０００分の１の精密な模型です。関東大震災により壊滅的な打撃を受けながら、わずか6年で復興した道路、鉄道、上水道や発電所等の姿を、電飾で飾った模型で再現したものです。深川塵芥処理工場の模型も、復興事業として建設されたこともあり、その一環として製作・展示されたと考えますが、ごみ焼却施設とは見えない、近代的な工場を建設した自負がその背景にはあったのではないでしょうか。

なお、ごみ焼却施設の模型は、東京市が初めてではなく、大正14（１９２５）年12月に竣工した京都市の十条塵芥焼却場でも、縮尺２５００分の１の模型がつくられています（図44）。京都市の場合は、鉄筋コンクリート造りで、外部は人造石で仕上げられた、近世式の荘重な十条塵芥焼却場の威容を、市民等に示す形で模型が製作されたと考えられます。

深川第二・第三塵芥処理工場――ごみの単一焼却方式に転換

深川塵芥処理第一工場の竣工によって、東京市の旧市内から排出された24万貫から25万貫のうち、約7万貫は焼却することができましたが、残りは、これまで通り露天で焼却されました。このため、次の焼却施設の建設が急がれましたが、当初計画の残りの3工場は、用地買収が困難で、2工場の建設に計画が縮小され、第一工場と同一敷地に、高熱焼却式の工場が建設されることになりました。

深川塵芥処理第一工場では、混合ごみを選別して焼却しましたが、選別された有価物が不況により市場価格が暴落し、販売の目途が全くたたないことや、ごみの選別が手間であることから、第二・第三工場では、塵芥を選別せずに焼却する単一焼却方式が採用されています。第二・第三工場は、昭和6（１９３１）年5月に起工し、

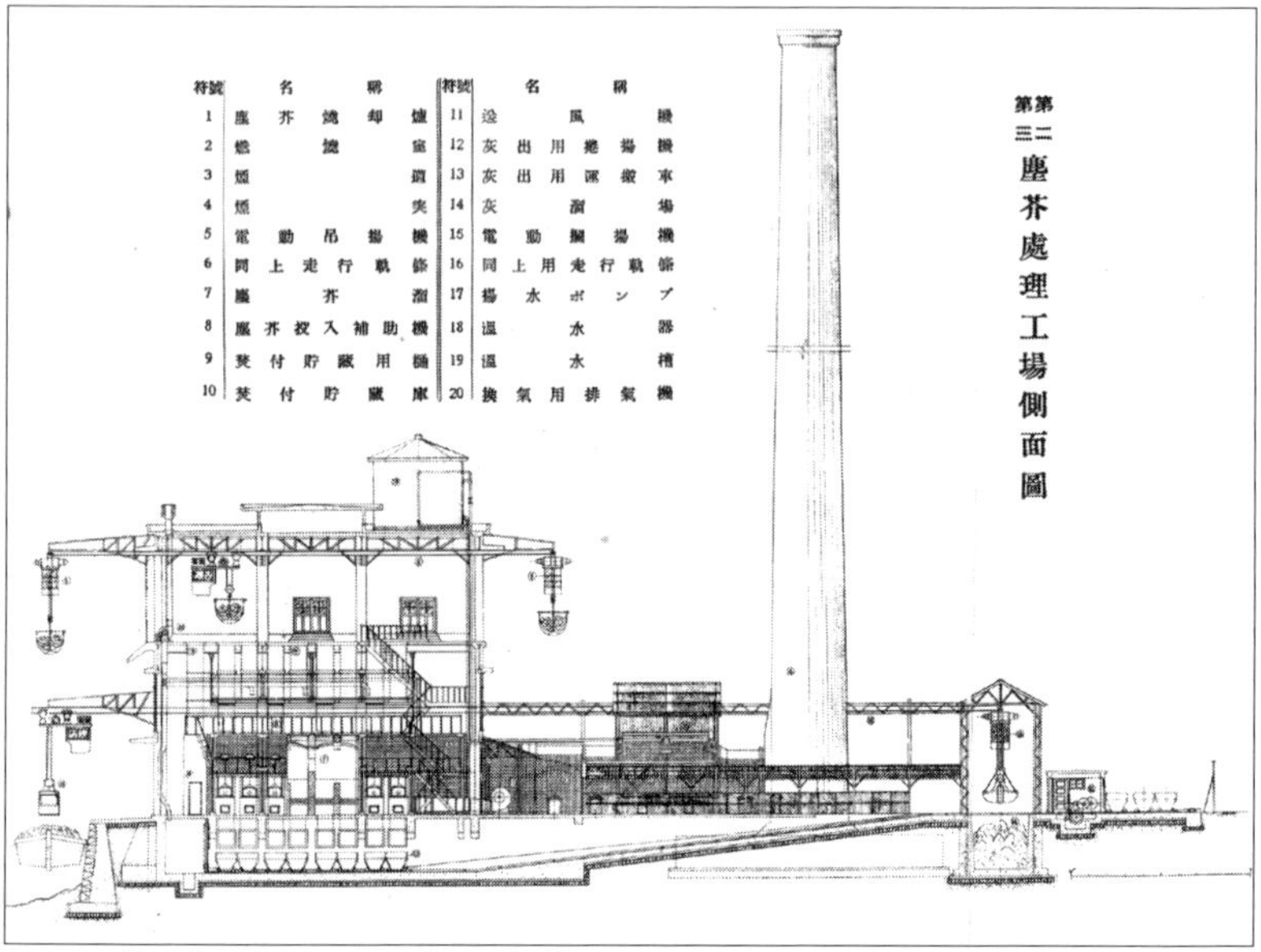

図45 「第二第三塵芥処理工場側面図」(『深川塵芥処理工場　東京市』)

8年3月に竣工しています。選別機械が不要なところから、建物は2階建となっていますが、その外観は第一塵芥処理工場と同じ、近代的な装いです(図45)。

なお、深川塵芥処理第一工場は、戦争等の影響により、ごみの排出量が減少したため、昭和15年には、焼却炉を改造してパルプ工場へ変更する工事が進められています。

第7章　屎尿浄化装置を併設したごみ焼却施設《「下飯田汚物処理所絵葉書」①》

ごみ焼却施設と屎尿浄化装置の絵葉書

京都市、大阪市、東京市に続いて紹介するのは、名古屋市の「下飯田汚物処理所絵葉書」です。汚物処理所とあるように、下飯田汚物処理所には、ごみ焼却施設と屎尿浄化装置の両方の施設が設けられています。

下飯田汚物処理所の塵芥焼却所は、千種《ちくさ》、則武《のりたけ》に続いて名古屋市では3番目に設けられたごみ焼却施設です。大正15（1926）年に、東区下飯田町（当時）に建設され、昭和4（1929）年に増設されています。また、屎尿浄化装置は、大正15年に設置された千種汚物処理所に続いて、昭和4年に竣工し、家庭等から汲み取った屎尿を処理しています。

「下飯田汚物処理所絵葉書」は、ごみ焼却施設の増設と屎尿浄化装置が竣工した昭和4年に、その完成を記念して発行されたと考えられ、「下飯田汚物処理所絵葉書」と記された袋に、ごみ焼却施設の絵葉書が3枚と屎尿浄化装置の絵葉書が2枚が入っています。

大阪市の絵葉書の発行が昭和4年、東京市が同じく昭和4年です。第8章の「彩色されたごみ焼却施設」で紹介する愛知県一宮市も、焼却施設が竣工した昭和2年に、絵葉書の形をした竣工記念資料『塵芥焼却所新築』が発行されていますので、現在のようにメディアが十分発達していなかった昭和初期、市が整備した新しい施設の姿を市民に伝える上で、絵葉書は最も簡便で、有効な方法だったことが改めてわかります。

珍しい屎尿処理施設の絵葉書

ごみ焼却施設の絵葉書の発行については、各市ともいろいろ工夫され、特色があって、大変面白いです。大阪市では、工業都市大阪を象徴する木津川塵芥焼却場の煙突群や近代大阪を代表する日本銀行大阪支店や市役所を背景に、土佐堀川を曳航されるごみ船、そのコントラストが印象深いですが、大阪にふさわしい絵葉書を作成しています。ごみを選別する最新設備のベルトコンベアを、絵葉書で取り上げた東京市には、ごみの資源化に向けた強い思いを感じます。各市とも、ごみ処理事情や施設の特徴を打ち出して、絵葉書を発行しています。

図46　「南湖院屎尿焼却場（ゴ氏式焼却炉）」絵葉書

名古屋市の「下飯田汚物処理所絵葉書」が出色なのは、屎尿浄化装置の絵葉書が一緒に発行されていることです。明治から大正、昭和にかけて、名古屋市の屎尿処理の取り組みは、異彩を放っています。当時、屎尿は有価物として取り引きされ、その処分権限は、個人に帰属していました。名古屋市は、その処分を市が行えるようにして、下水道等の都市施設の建設財源を確保するため、「汚物掃除法」の改正を全国に魁けて国に働きかけています。また、屎尿から硫安（硫酸アンモニウム）を製造する工場や、屎尿の単独浄化処理施設の建設、いずれも都市としては名古屋市が全国で初めてです。屎尿浄化装置の絵葉書も、その延長線上かもしれませんが、ごみと屎尿の処理施設の竣工時期が重なったため、絵葉書が同時に発行されたかもしれません。

屎尿処理施設の絵葉書は、神奈川県茅ヶ崎市にあった結核療養所「南湖院」の「屎尿焼却場（ゴ氏式焼却炉）」絵葉書（図46）がありますが、結核の伝

表4　明治・大正・昭和初期の名古屋市のごみ焼却施設

名　称	所在地（当時）	設置・増設・廃止	処理能力（貫／日）
千　種	千 種 町	明治36年頃焼却開始・大正3年、8年改造、13年廃止	不明
則　武	愛知郡中村	大正6年新設、13年増設・昭和17年廃止	11,200
下飯田	東区下飯田町	大正15年新設、昭和4年増設	33,700
高　畑	南区高畑町	昭和5年新設、6年増設	45,000
八　事	愛知郡天白村	昭和7年新設	24,000
庄　内	西春日井郡庄内町	昭和7年新設、15年増設	27,000
鴨　浦	南区鴨浦	昭和8年新設	9,000
猪子石	愛知郡猪高村	昭和13年新設	25,600

（出典）名古屋市事務報告、名古屋市衛生施設概要等に基づき筆者作成

染を防ぐため、屎尿を焼却する特殊な処理施設です。なお、南湖院は記念品、土産用として絵葉書を多数発行していますが、その種類は数百に及びます。

屎尿処理施設の絵葉書は、下飯田汚物処理所以外、他都市では例がなく、現在のところ確認されていませんが、これは、当時、屎尿が肥料として利用され、処理する施設を整備する必要がなかったためです。「下飯田汚物処理所絵葉書」は珍品です。

なお、下飯田汚物処理所の屎尿浄化装置に関する絵葉書は、第2部トイレの近代誌第17章で改めて紹介することとし、まず最初にごみ処理施設の絵葉書が発行された名古屋市のごみ処理事情をたどってみることにします。

初めての焼却施設　千種塵芥焼却所、周辺住民の反対で閉鎖

名古屋市は、明治36（1903）年に、当時、市外であった千種町でごみの焼却を始め、大正から昭和初期にかけて則武、下飯田、高畑《たかばた》、庄内、八事《やごと》、鴨浦《かものうら》、猪子石《いのこいし》に焼却施設を建設しています（表4）。

名古屋市は、明治33年の「汚物掃除法」の公布を受け、同年10月に「名古屋市汚物掃除規則」を制定し、家庭等のごみは毎月5回、汚泥は毎月1回収集しています。収集したごみは、肥料や燃料として活用するほか、土地所有者の求めに応じて、低地等に埋め立てきました。

その後、明治36年に、千種町豊前に用地を求めて、初めてごみを焼却して

います。『なごやの清掃事業』によれば、大正3（1914）年に簡単な焼却炉を設けたとあり、『大正元年名古屋市事務報告』は、「塵芥ハ、本市設立ノ焼却所ニ於テ焼却スル」とありますので、焼却開始時の年次の記述に齟齬がありますが、これも千種塵芥焼却所では、簡単な焼却炉ができるまで、野焼していたと考えれば整合します。

千種町は、市外といっても、名古屋市とは目と鼻の先で、市街化の波が次第に押し寄せています。大正10年頃になると、焼却所の間近までに住宅が建ち、ごみの焼却から生ずる煙、悪臭、蠅の発生が、周辺住民を非常に悩ませています。

このため、大正11年10月に、千種塵芥焼却所付近の東矢場町・城番町・黒門町・筒井町・千種町の衛生組合長は、連名でごみ焼却所の立ち退きと移転を、名古屋市長と名古屋市会議長に陳情しています。陳情書によれば、「千種町字豊前ニ在ル名古屋市汚物焼却所ハ、其設備不完全ニシテ、日々搬入スル塵芥ハ僅カニ其一部ヲ焼却スルニ過キスシテ、大部分ハ構内ニ堆積シテ、累々山ヲ成スノ状ヲ呈シ、臭気殊ニ甚シク」とし、「徒ラニ蠅蛆ト黴菌ノ養殖ニ便シ衛生上ノ危険」と断定し、焼却所の不衛生な状況を強く批判しています。千種塵芥焼却所は、「二十年前ノ創設ニシテ、当時此辺人煙稀疎ナル郊外ノ一原野ニ過キサリシヲ以テ、或ヒハ其設置ニ適当ノ地ナリシナランモ、其後市ノ膨張発達ニ伴ヒテ人家稠密」となり、「最早斯ル不備・不潔ナル設備ヲ存続スルノ余地」はないとしています。千種塵芥焼却所は、「市民ノ生存ヲ脅カシ」、「市ノ体面ヲ損シ、文化ノ発展ヲ阻止スル」として、「一日モ速カニ是レヲ撤廃シ、是レヲ適当ノ場所ニ移転」することを求めています（名古屋市行政文書）。

千種塵芥焼却所は、大正8年に焼却炉と煙筒を改造しますが、市街地に近接の上、設備が十分でなく、施設能力を超えて過剰にごみが搬入されたことが、周辺住民の苦情の原因になったと思われます。その後、住民の反対の声は次第に強くなり、大正13年には焼却中止に追い込まれています。

下飯田汚物処理所の誕生　千種塵芥焼却所に代って

名古屋市は、大正3（1914）年、当時の愛知郡中村に則武塵芥焼却所を新設し、大正13年に増設していますが、市の発展によるごみの排出量には、則武塵芥焼却所だけでは十分な焼却を行うことができません。このため、ごみの蒐集区域を考慮して、名古屋市内の各方面に焼却施設を計画的に配置することとし、大正15年に、千種塵芥焼却所の代替も含めて、下飯田町に塵芥焼却所を設けています。

その後、則武・下飯田の両塵芥焼却所で、ごみの約35％を焼却しますが、残りは愛知県知事の許可を受けた、名古屋市郊外の池・沼・低地等の塵芥仮置場に搬入されています。そこでは、周囲を亜鉛塀で囲み、可燃物は野天焼却、その他の不燃物等は消毒の上、埋立という姑息な方法により処理していますが、これらの場所も市の急激な発展により住宅地となり、借り入れが困難となることが予想されました。名古屋市は、ごみの埋立を廃止し、全量を焼却するため、総額46万円で、昭和2（1927）年から4ヶ年の継続事業で、「汚物処分場建設及増設並屎尿浄化場築造」に取り組んでいます。

下飯田汚物処理所は、この事業の一環として、昭和2年に焼却炉10基の増設が計画され、昭和4年4月に竣工しています。焼却炉は、増設含めて15基、焼却能力は1日約3万3750貫で、強圧送風式です。また、屎尿処分費の軽減のため、下飯田汚物処理所に屎尿浄化施設が計画され、4年4月に、1日200石の屎尿を浄化する施設が完成しています。「下飯田汚物処理所絵葉書」は、両施設の竣工を記念して発行されたと考えられます。

ごみ焼却施設の絵葉書

「下飯田汚物処理所絵葉書」のごみ焼却施設の絵葉書は、「塵芥焼却場」（図47）、「塵芥焼却場塵芥投入場」（図48）、「塵芥焼却場火炉前面」（図49）の3枚です。

上図 47「下飯田汚物処理所　塵芥焼却場」絵葉書
中図 48「下飯田汚物処理所　塵芥焼却場塵芥投入場」絵葉書
下図 49「下飯田汚物処理所　塵芥焼却場火炉前面」絵葉書

大阪市や東京市の絵葉書に比べると、焼却場全景、ごみ投入口、焼却炉の組合わせは、少し面白みに欠けますが、焼却施設を市民に理解してもらう上で欠かせない構成です。これらの絵葉書からみる限りでは、大阪市や東京市のように、焼却炉へのごみの搬入にはホイスト等の機械が使われていないようです。名古屋市は、屎尿の硫安製造工場の跡地を利用して建設した鴨浦塵芥焼却所を除いて、内陸部に焼却施設を設けられており、船による運搬は行われず、ごみの吊り上げるなど、機械化を行う必要性はなかったのです。なお、焼却炉型式は、強圧送風式です。

名古屋市は、下飯田に続いて、次々とごみ焼却施設を建設していきますが、これにより、ごみ焼却率は、下飯田塵芥焼却所が開設された翌年の昭和２（１９２７）年の30％から、昭和14年には72％と大幅に伸び、ごみのほぼ全量を焼却できるようになりました。下飯田塵芥焼却所も、昭和2年には、焼却ごみ量の半数以上を処理し、その後も、焼却量は常に市全体の2割を超え、名古屋市のごみを衛生的に処理する上で、中核的な位置を占めて

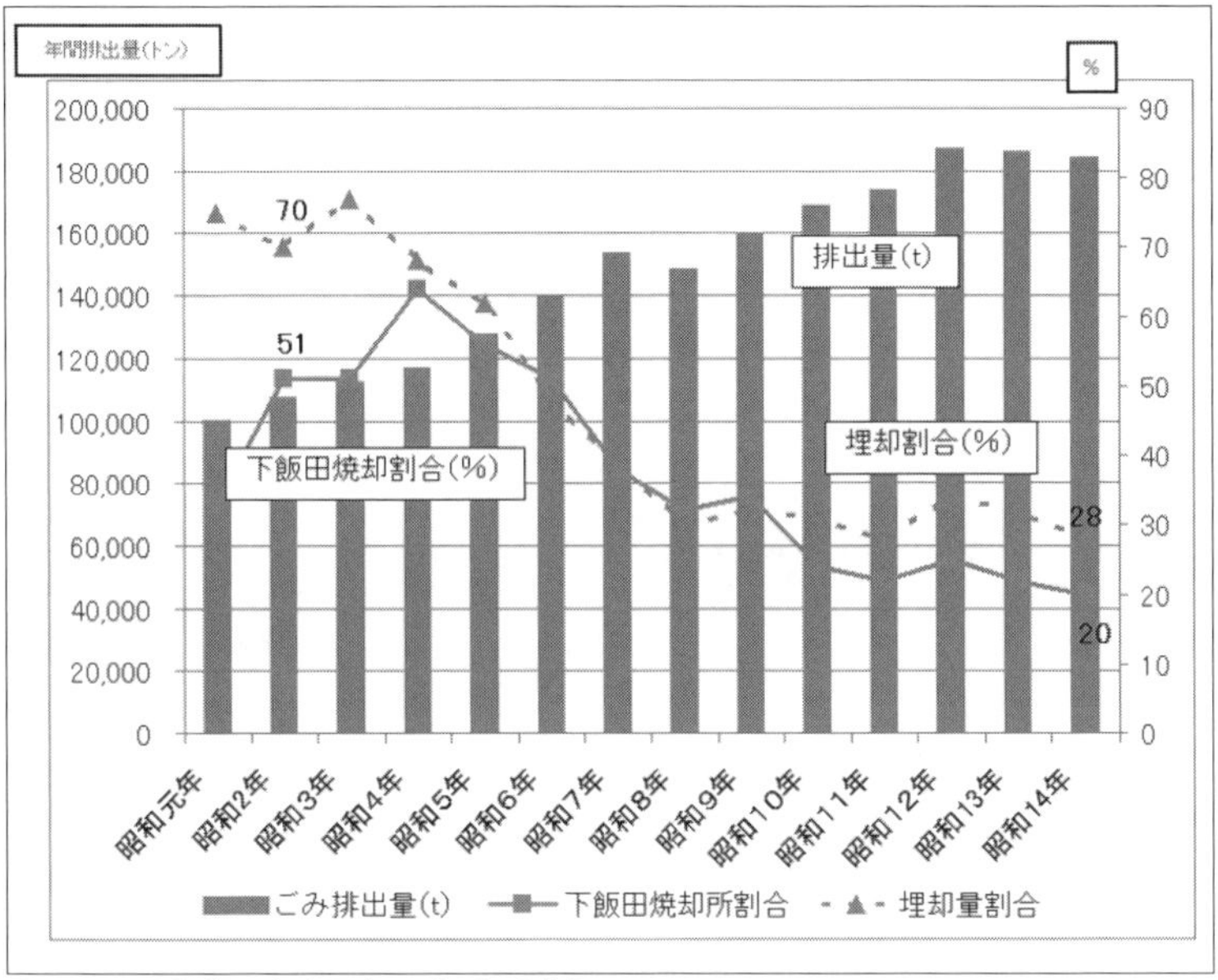

図50　昭和初期の名古屋市のごみ処理状況
（出典）名古屋市衛生施設概要・保健衛生施設概要等に基づき作成

います（図50）。また、下飯田汚物処理所には、昭和3年の乾糞肥料製造装置、昭和4年に寄付の申し出があった特許の塵芥焼却釜実験炉が設置されたことからわかるように、名古屋市の清掃事業にとって重要な役割を担っていたのです。

下飯田汚物処理所の汚物処理の歩みをみると、名古屋市が寄せる期待の大きさがわかり、絵葉書を発行した理由も十分うなづけます。

「名古屋市高畑塵芥焼却所」絵葉書

下飯田汚物処理所に続いて、昭和5（1930）年に竣工した高畑塵芥焼却所についても、「名古屋市高畑焼却所」絵葉書（図51）が発行されています。

高畑塵芥焼却所は、名古屋市のごみの全量焼却の方針を受けて、「汚物処分場建設及増設並屎尿浄化場築造事業」の一環として、当時の南区高畑町に計画されました。昭和3年4月に設置認可を受け、5年2月に焼却を開始していますが、人口の急増もあって、増設工事に直ちに着手し、6年8月に、増設の焼却炉が完成しています。

図 51　「名古屋市高畑塵芥焼却所」絵葉書

「名古屋市高畑塵芥焼却所」絵葉書は、高畑塵芥焼却所の増設とほぼ同じ時期に完成した、市民病院と屠場の施設とあわせて、「市民病院　屠場　塵芥焼却所　竣工記念絵葉書」（袋入・3枚組）として発行されています。

なお、『名古屋市高畑塵芥焼却所概要』（名古屋市博物館所蔵）によれば、市内で汲み取った屎尿を、周辺の農民等に渡すため、場内に屎尿溜が設けられています。

第8章　彩色されたごみ焼却施設《「一宮市役所　一宮市営塵芥焼却所」絵葉書》

愛知県一宮市　ごみ焼却施設を整備

愛知県一宮市は、名古屋市と岐阜市のほぼ中間に位置し、古くから尾張一の宮の真清田《ますみだ》神社の門前町として栄えていました。明治以降は毛織物の産地として、全国にその名が知れわたっていますが、ごみ焼却施設の絵葉書は、今残っているごみ焼却施設の絵葉書のなかでは、唯一彩色された絵葉書で、異彩を放っています。

ごみの処理については、一宮町時代の明治44（1911）年6月に、愛知県から「汚物掃除法」に基づき汚物の掃除を実施する地域として掃除監督長等の設置を命じられ（「愛知県令」第58号）、「汚物掃除規程」を定め、9月からごみの収集を始めています。集められたごみは、田や池・沼等に埋め立てられていましたが、町の発展につれて、大正中頃から排出量も次第に増え、夏季には悪臭の発散や伝染病の媒介となる蝿の発生等、ごみの埋立処分に対して批判が次第に高まっていきました。

大正10（1921）年に市制施行した一宮市は、15年の市会で、ごみ焼却施設の予算が議決されると、起債によって財源を確保し、市内の下沼に土地を購入しています。昭和2（1927）年3月に、名古屋市を除いて、愛知県下では初めてとなる塵芥焼却所の建設に着手しています（『一宮市会誌』）。

彩色されたごみ焼却施設の絵葉書

塵芥焼却所は、昭和２（１９２７）年９月に竣工しますが、ごみ焼却施設の絵葉書は、「一宮市役所　一宮市営塵芥焼却所」として、一宮市役所庁舎の写真と一緒に一枚に収められています（口絵Ｄ）。この絵葉書は、他都市のごみ焼却施設の絵葉書とは違って、綺麗に彩色され、さらに、銀色の横線が何本もひかれた、大変お洒落な体裁です。

明治期の彩色の絵葉書は、婦人たちの内職によって、一枚一枚手で彩色が施され、外国人に人気がありましたが、オフセット印刷が大正頃からはじまるにつれて、印刷された彩色絵葉書も広がっていきます。現在確認されているごみ焼却施設の絵葉書で、彩色されているのは一宮市だけですから、大変珍しいものです。

一宮市のごみ焼却施設の絵葉書だけが、なぜ彩色されているのか。実は不思議に思っていました。そこで調べていくと、この絵葉書は、一宮市立中央図書館が所蔵している「一宮名所」絵葉書の１枚であることがわかりました。「一宮名所」絵葉書は、一宮の産業の発展を象徴する煙を吐き出す工場群を、表紙にデザインした茶色の袋に入っています。「一宮市役所　一宮市営塵芥焼却所」の絵葉書のほか、「一宮公園　一宮市公会堂」、「神苑真清田神社」、「常念寺　地蔵寺　福壽院《ふくじゅいん》多宝塔」、「桃花《とうか》飾御馬、桃花祭渡御」、「織布工場　織布状況　染色工場」、「一宮市三八市場　一宮市街」、「花岡橋、花岡公園」の８枚で、２枚または３枚の写真を組み合わせて、一宮市の社寺や祭り、産業等を紹介しています。

彩色された謎を読み解く

「一宮市役所　一宮市営塵芥焼却所」の絵葉書が、なぜ彩色され、いつごろ発行されたのでしょうか。その謎を明らかにするため、まず「一宮名所」絵葉書の発行時期を特定する必要がありますが、残念ながら、それが直接わかる資料は見つかっていません。そこで絵葉書に使われている写真や絵葉書の様式から、その発行時期を推理してみます。

絵葉書の写真ですが、ごみ焼却施設と一緒に写っている一宮市役所の庁舎は、昭和5（1930）年に鉄筋コンクリート造の新庁舎が完成するまで使われていた仮庁舎（元一宮高等女学校校舎）です。仮庁舎には、大正11（1922）年4月に旧町役場から移っていますので、この絵葉書は、塵芥焼却所が完成する昭和2年以降、市役所の新庁舎が竣工する昭和5年までの間に発行されたと考えられます。なお「一宮市名所」絵葉書の他の写真ですが、一宮市が昭和4年4月に発行した『一宮市施設要覧』に掲載されている写真とほぼ同じですから、この推理に矛盾はありません。

さらに、絵葉書の様式ですが、①大正7年に、住所や宛名を書く葉書表面の通信欄が3分の1から2分の1に拡大され、②昭和8年には、「郵便はかき」から「郵便はがき」に濁音表記されています（『絵葉書の年代推定方法』絵葉書資料館）。この絵葉書は、通信欄は2分の1で、「郵便はかき」と濁ってないところから、大正7年以降、昭和8年以前に発行されたと考えられます。

絵葉書の写真や様式から、「一宮市役所　一宮市営塵芥焼却所」の絵葉書は、昭和2年以降、昭和5年までの間に発行されたと推定されます。さらに絵葉書は彩色されただけではなく、銀色の横線が入ったお洒落な体裁です。なにか一宮市のお祝いや記念の時に発行されたと考えられます。ちょうどこの時期、昭和3年11月に昭和天皇の即位大礼が挙行され、一宮市でも、市民祝賀会の開催や提灯行列の実施等、市を挙げてお祝いをしています。この絵葉書はその際に発行されたと考えたいのですが、一宮市等の昭和大礼の取り組みを記録した『御大禮一宮市中島郡尾西織物組合記念誌』には、絵葉書の発行の記載はなく、残念ながらこの推理は確認できません。

ごみに造詣の深い川村鉄太郎伯爵の指導を受ける

一宮市のごみ焼却施設は、昭和14（1939）年に刊行された『一宮市史』によれば、「昭和二年四月五日、愛知県より設置の認可を得、斯道研究に最も熱心なる在東京川村伯爵の考案に成る無煙無臭の火炉を築造するに決し、同伯推薦に係る藤崎幸次郎と造築の契約を為した」とあり、川村鉄太郎氏が考案し、藤崎幸次郎氏が建設した焼却施設です。

当初、一宮市は、ごみ焼却施設の設計にかなり手間取ったようです。ごみ焼却施設の予算が計上された大正15（1926）年2月の市会において、議員から施設の設計について質問されたところ、助役は「他都市ヲ参考トシテ、各都市ニ照会シマシタ処、下関ガ無煙無臭ノ装置」（『一宮市会誌』）で「相当成績ガヨイ」として、下関にならったとしています。しかし、市会前に開かれた市参事会では、「下関市ノ焼却場ヲ標準ニスル積リ、目下照会中ニ付未タ設計モ出来テ居ラス、本会議マテハ間ニ合ウ程ナリ」と助役が説明していますので、施設の設計が実際にできていたとは思えません。また、施設が竣工した昭和2年10月に開かれた市会で、市長は焼却施設の設計に関して、「各方面ヨリ何々式何々式ト云フテマイリマシタガ、実際此ノ焼却所ニ付テハ困ッテ居リマシタ」ところ、内務省から、「衛生ト云フコトニ付テハ、外国ニ迄モ旅行シテ研究ヲセラレ、都市ノ衛生ニ尽スハ自己ノ天職デアル」川村鉄太郎に相談せよ、と紹介されたと答弁しています（同前）。

川村鉄太郎は、昭和天皇の養育主任であった父純義の死去後、伯爵を継ぎ、明治40（1907）年には貴族院議員に当選していますが、若い頃慶應義塾に学び、ロンドンの理化学院（ケンブリッジ大学）の在学当時から研究を重ね、欧米各都市の処分場を視察するなど、ごみ処分について深い造詣を有していたようです。

川村鉄太郎と藤崎式ごみ焼却施設の関係はわかりませんが、昭和4年の大阪市の木津川塵芥焼却場の増設の際にも、川村鉄太郎の働きかけで、藤崎式ごみ焼却施設が採用されています。また、昭和4年には、東京市長により保健局の嘱託として招かれ、ごみの処分や焼却場の建設に助言し（『東京朝日新聞』昭和4年8月4日）、さらに、昭和5年の「汚物掃除法」の改正の際には、貴族院特別委員会の委員長を務めるなど（『東京朝日新聞』昭和5年5月9日）、ごみ処理の分野では大きな影響力を持っていたのです。

竣工記念資料『塵芥焼却新築記念』

上図53　竣工記念資料「愛知県一宮市立塵芥焼却所（其ノ三）全景」
右図52　竣工記念資料「塵芥焼却所新築記念」袋

川村鉄太郎の指導も受けて、昭和2（1927）年9月に塵芥焼却所が完成していますが、一宮市は、その竣工を記念して、資料『塵芥焼却新築記念』を10月に発行しています。

この資料は、表紙に焼却施設をデザインした茶色の袋（図52）に、建設経過と工事の概要を記載した『一宮塵芥焼却所解説』、塵芥焼却場の「（其ノ一）平面図」と「（其ノ二）焼却炉詳細図」の2枚の図面、「（其ノ三）全景」（図53）、「（其ノ四）背景」、「（其ノ五）炉ノ正面」、「（其ノ六）捲揚装置」（第Ⅰ部「ごみの近代誌」扉図1）の4枚の写真が入っています。いずれも葉書の大きさですが、資料の裏面に「郵便葉書」と印刷されていませんので、残念ながら絵葉書ではありません。

『一宮塵芥焼却所解説』には、「塵芥焼却所建設経過概要」と「工事概要」が記載されていますが、それによれば、ごみ焼却施設は、炉頂部からごみを投入する二炉連続送風式の耐火煉瓦造の焼却炉です。採用された藤崎式焼却炉の特徴は、「焼却室ノ中央ニ傾斜下垂管十本ヲ併列シ、之ニ依テ焼室ヲ二分ス、下垂管ハ其傾斜ニヨツテ塵芥ノニ重量ヲ支へ、塵芥自体ノ圧縮ヲ防ギ、尚空隙ヲ造リテ火焔ノ上昇ヲ有効ナラシメ、上部ノ塵芥ヲ乾燥シ燃焼ヲ容易ナラシム」にあります。

焼却能力は1日に10時間稼働で、1炉で約3170貫のごみを焼却することができます。一宮市の昭和2年のごみ排出量は2812貫ですから、1炉で十分ですが、将来の一宮市の発展を想定して2炉とされました。

一宮市のごみ焼却施設で注目されるのは、ごみの捲揚装置です。ごみ焼却施設に搬入されたごみを、電動機を使って、24インチ幅のゴムベルトを、毎分80インチで回転させ、焼却炉頂部に運ぶ装置です。第6章で紹介した通り、東京市において、ごみの選別のため、ベルトコンベアが導入されたことがありますが、ごみの焼却炉への投入については、京都市・大阪市・名古屋市でも確認できない新しい装置です。なお、ごみから回収した鉄片・ガラスの置場（昭和3年4月）、鉄片圧縮所（同4年3月）も増設されています。

ごみ焼却施設の建設に当たっては、川村鉄太郎の貢献は多大なもので、一宮市議会は、焼却施設が完成後の10月の市会において、市から提案のあった川村鉄太郎に対する感謝状の贈呈に同意しています（『一宮市会誌』）。

大正・昭和の広重・吉田初三郎、塵芥焼却場を鳥瞰図に描き込む

一宮市のごみ焼却施設で紹介しておきたいのは、吉田初三郎の鳥瞰図です。吉田初三郎は、近年、その画業を紹介する展覧会の開催や本の出版等、改めて注目されていますが、大正から昭和にかけて、観光ブームにのり、

鳥の目で世界を眺める鳥瞰図を各地で製作し、大正・昭和の広重として活躍した画家です。

一宮市においても、織物産業や真清田神社等を紹介するため、観光協会が昭和9（1934）年に、『産業と観光の一宮市とその付近』（口絵E）を刊行していますが、そのなかに、吉田初三郎は、伊勢湾から白山、御岳、木曽川・長良川・揖斐《いび》川を見渡しながら、一宮の鳥瞰図を描いています。鳥瞰図のなかには、市役所・警察署等の官公署、学校、織物工場、さらに神社・仏閣、城跡、偉人たちの旧宅等が描き込まれ、塵芥焼却場や浄水場、下水処理場も見つけることができます。

一宮市の産業と社寺等を紹介し、観光客を誘客する資料のなかに、ごみ焼却施設を描くのは、現代の感覚では、少し違和感があるかもしれません。しかし、吉田初三郎の鳥瞰図に、塵芥焼却場が描かれているのは、一宮市だけでありません。京都府立総合資料館は、吉田初三郎の鳥瞰図を約260点所蔵していますが、『青森』（刊行昭和7年）、『関東第一の魅力　銚子市』（不明、昭和8年以降）、『名古屋』（昭和11年）、『欧亜連絡都市　下関』（昭和7年）、『八幡』（現北九州市、昭和8年）の鳥瞰図にも、塵芥焼却場は描かれています。

吉田初三郎がごみ焼却施設を鳥瞰図に描き込んだ理由は、もう少し調べてみる必要がありますが、これらの鳥瞰図が発行された昭和初期になると、ごみ排出量が増え、焼却を義務付けた「汚物掃除法施行規則」の改正もあって、多くの都市でごみ焼却施設の整備が進み、都市として必要なインフラとして、その認識が広まった結果とも考えられます。

初三郎、筆をあやまる　煙突のない塵芥焼却場

一宮市の昭和9（1934）年の鳥瞰図で面白いのは、ごみ焼却施設の象徴ともいえる煙突が描かれていないことです。吉田初三郎は、昭和12年にも、『産業と観光の一宮市とその附近』の鳥瞰図を描いていますが（口絵F）、

こちらの鳥瞰図には、塵芥焼却場が実際の施設に似て描かれ、煙突もみえます。『青森』等の鳥瞰図には、いずれも煙突のある塵芥焼却場が描かれていますので、吉田初三郎が昭和12年に改めて一宮の鳥瞰図を描く時、誰かに指摘され、修正されたのでしょうか。鳥瞰図の名工、吉田初三郎も、弘法と同じように筆をあやまったのです。なお、一宮市は昭和27年に『繊維都市　一宮市とその近郊』を刊行し、吉田初三郎の鳥瞰図が掲載されていますが、煙突のある塵芥焼却場が描かれています。

最後に昭和9年の一宮市鳥瞰図にはごみ焼却施設と一緒に水道施設が描き込まれていますが、水道は昭和11年に給水開始ですから、鳥瞰図を描いた時は、施設はまだ完成していません。不思議な鳥瞰図です。

第9章　堆肥、埋立、野焼きからごみ焼却施設の建設へ《尼崎市各種工事竣功記念」絵葉書》

図54　「尼崎市塵芥焼却場」絵葉書

「尼崎市各種工事竣功記念」絵葉書

「尼崎市各種工事竣功記念」絵葉書の1枚として、発行された「尼崎市塵芥焼却場」絵葉書を紹介します。

兵庫県尼崎市は、大阪平野の西部にあって、神崎川を隔てて大阪市に接する兵庫県の東南部の中核都市です。古くから武庫《むこ》川・猪名《いな》川の三角州に、政治・経済の中心地である京・大坂と、西国・瀬戸内を結ぶ交通の要地として栄えました。近代になると、東海道線や私鉄の交通網の整備が進み、昭和期の築港開発により、臨海部には発電所や鉄鋼等の重化学工業地帯が形成され、日本有数の工業都市となりました。しかしその反面、工場からのばい煙や汚水、さらには地盤沈下等の公害も早くから顕在化しています。

尼崎市の初めてのごみ焼却施設は、昭和12（1937）年7月に稼働していますが、絵葉書の発行は、それから約2年遅れた昭和14年3月です。尼崎市は、昭和9年に阪神を直撃した室戸台風により、死者145

名をはじめ、小学校の校舎倒壊等、大きな被害を受けました。小学校の鉄筋校舎への建替等に取り組みますが、日中戦争が始まっている時局を考慮して、竣功式典はごみ焼却施設や市立病院、上水道の拡張事業等の完成と一緒に、昭和14年3月に合同で行われ、絵葉書はその時に発行されたものです。

「尼崎市塵芥焼却場」絵葉書（図54）は印画紙に直接を焼き付けた写真絵葉書で、「尼崎市各種工事竣功記念」と書かれた袋に入っています。「尼崎市各種工事竣功記念」絵葉書は15枚で構成され、塵芥焼却場以外には、建て替えられた尼崎市立尋常小学校、尼崎市立高等女学校や尼崎市立商業学校の増改築校舎、尼崎市立病院、尼崎市神崎浄水場、尼崎市開明橋等、竣功した施設の絵葉書14枚です。

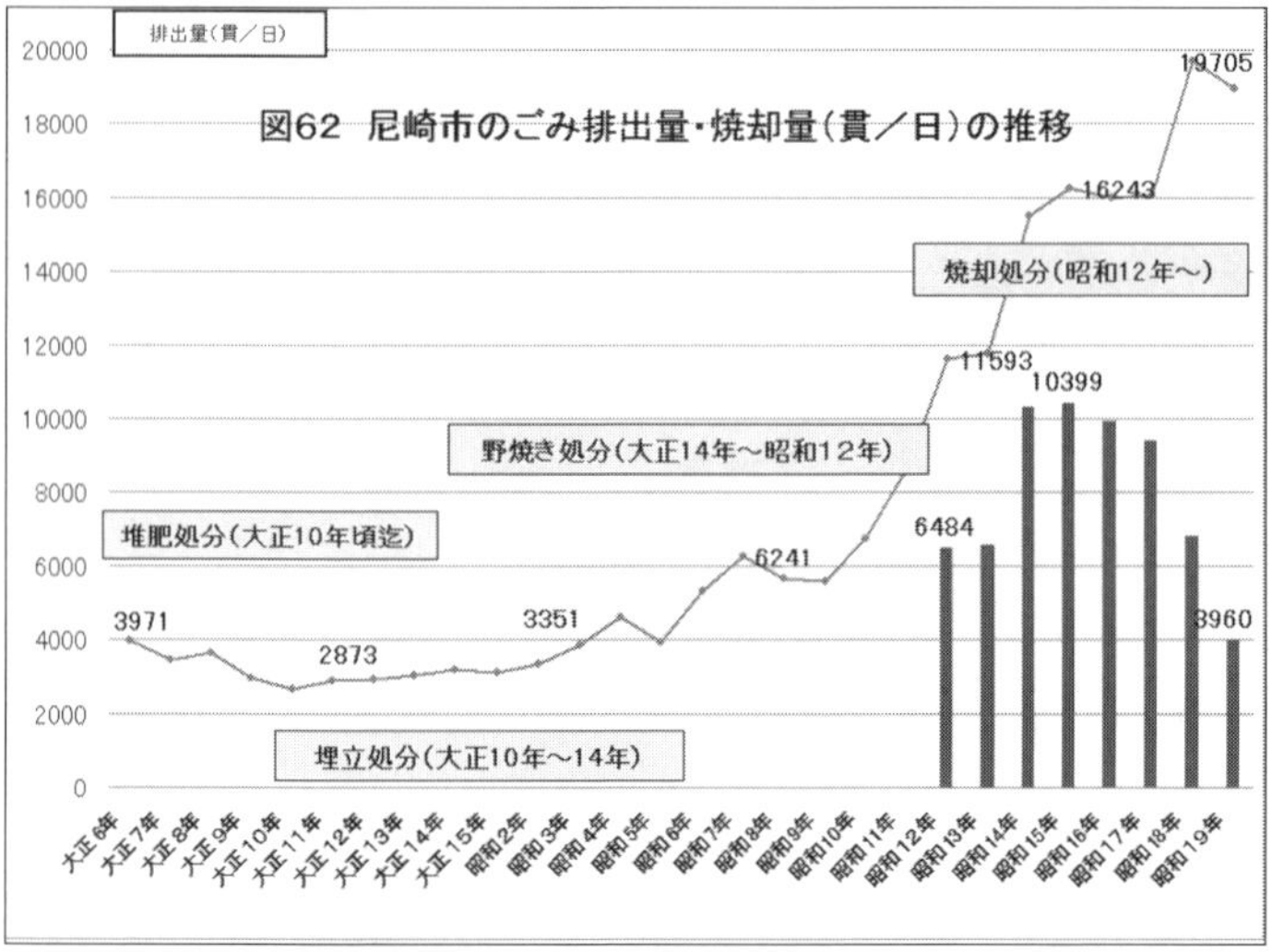

図55　尼崎市のごみ排出量・焼却量（貫／日）の推移
（出典）『兵庫県尼崎市事務報告書』に基づき筆者作成

ごみ処理の歩み　堆肥としての利用、埋立から、野焼きへ

ごみ焼却施設の絵葉書を紹介する前に、ごみ処理に市民の協力を求めて、昭和8（1933）年に発行された尼崎市公報『尼崎市の汚物掃除に就て』などを参考にしながら、ごみ焼却施設が建設されるまでのごみ処理の歩みをたどってみることにします（図55）。

尼崎市は、明治24（1891）年、尼崎町として発足しましたが、汚物の掃除は、ペストを媒介する鼠の駆除も含めて、春・秋に実施される大掃除が中心でした。明治39年8月に、「塵芥掃除方法の件」が町議会で議決されると、9月から隔日一回以上、各戸のごみを集め、認可を受けた堆積場に搬出する町営によるごみ処理が始まります。

その後、明治42年7月に、尼崎町に汚物の処分を義務付けた「汚物掃除法」が適用されると、築地丸島、竹谷新田、中在家町四丁目の川端までごみを運び、農業団体に払い下げて、尼崎の特産品であった甘藷《かんしょ》等の堆肥に活用されています（堆肥処分時代）。

大正5（1916）年4月に尼崎市となりますが、市の発足当時から、ごみ焼却施設の建設をはじめ、汚物の処理は大きな課題でした。将来の市の整備方針を決める「市是調査委員会」において、「汚物掃除度数調査制度」を定めたのをはじめ、「塵芥焼却場設置ノ可否」や「屎尿処分市営ノ件」が協議されていますが、この時は、結局ごみ焼却施設の建設は見送られています。

その後、堆肥としてのごみ利用は次第に少なくなり、尼崎市は、大正11年4月から東難波第二尋常小学校前の市有池をごみで埋め立て（埋立処分時代）、さらに、大正14年に、当時の大洲村葭小屋新田（現在の尼崎市東高洲町）の私有地を、将来のごみ焼却施設として買収し、ごみを野焼きして、処理を行っています（野天焼却時代）。

ごみの性状調査を実施

昭和期に入ると、ごみの排出量も次第に増え、野焼きによる処分も行き詰まりをみせたため、尼崎市は、焼却施設の建設に向けて、本格的に動き始めています。

尼崎市がまず最初に取り組まれたのは、ごみの性状調査です。ごみの性状を把握することは、適正なごみ処理

表5　尼崎市のごみ性状調査結果

区分		昭和3年12月調査		昭和2年2月調査	
		排出量（貫）	割合（%）	排出量（貫）	割合（%）
燃焼物	紙屑類	807,480	6.10	紙屑類・布片類・藁縄筵類・護謨靴類・木竹製品ノ片類・竹皮及芭蕉皮類・混合塵芥	
	布片類	3,560	0.03		
	藁縄筵類	24,640	0.19		
	護謨靴類	1,205	0.01		
	木竹製及其破片類	270,450	2.04		
	竹皮及芭蕉皮類	5,003	0.04		
	其他塵芥	5,452,905	41.22		
	小計	6,565,243	49.62	5533.982貫	43.17%
不燃焼物	硝子類	5,910	0.04	硝子・陶器瓦礫・金属・土砂・果物青物類	
	果物及青物類	1,240,270	9.37		
	陶器及瓦礫類	241,940	1.83		
	金属類	1,952,290	14.76		
	土砂類	3,224,460	24.37		
	小計	6,664,870	50.38	7286.093貫	56.83%
塵芥合計		13,230,113	100.00	12820.275貫	100.00%

（出典）『兵庫県尼崎市事務報告書』に基づき筆者作成
（注）昭和3年調査結果は、四捨五入の関係で小計が合わない

を行う上で欠かせません。現在では多くの地方公共団体で実施されていますが、当時としては大変珍しいことでした。尼崎市は、昭和2（1927）年に燃焼物と不燃焼物に区分した調査を実施したのに引続き、昭和3年にごみの性状について詳しい調査を行っています。

昭和3年の調査では、ごみを、紙屑類、布片類、藁縄筵《わらなわむしろ》類、護膜《ごむ》靴類、木竹製及其破片類、竹皮及芭蕉皮類及び其他塵芥の燃やすことのできる燃焼物と、硝子《ガラス》類、果物及青物類、陶器及瓦礫類、金属類、土砂類の燃えない不燃焼物に分けて、その排出量を調査しています。

調査結果は表5のとおりで、不燃焼物が50・38%、燃焼物が49・62%と、やや不燃焼物が多い状況です。不燃焼物のなかでは、土砂類が24・37%、金属類が14・76%で、この二つで、全体のごみ排出量の4割近くを占めています。また、燃焼物では、其他塵芥が41・22%と全体の4割を超え、次に多いのは紙屑類の6・10%です。

この性状調査には、工場等から排出される産業系のごみも含まれていますので、現代のごみの性状と単純に比較するのは少し問題はあるかもしれませんが、平成26

（2014）年度の家庭ごみの組成は、水分41・95％を除くと、紙類等が30・83％と一番多く、次いでプラスチック類15・08％、厨芥類9・28％、金属類1・31％、ガラス0・49％です（尼崎市環境部資料）。昭和の初期は不燃物が多かったことがわかりますが、これは、当時のエネルギー源が、現在のガスや重油等と違って炭等の個体燃料が多く、土砂類はその灰と考えられます。また、其他塵芥は、現在でいえば厨芥類です。

土砂類等の不燃焼物が多いごみの性状であったため、昭和2年の『兵庫県尼崎市事務報告書』は、「塵芥処理上、特ニ一般ノ注意ヲ望ム所タリ」とし、ごみの処理を進める上で、市民の協力を求めています。

汚物掃除法施行規則の改正とごみ焼却施設の建設

尼崎市が、ごみ焼却施設の建設になかなか踏み切れないなか、国においては、昭和5（1930）年5月に、「汚物掃除法施行規則」が改正され、ごみの焼却が市に義務付けられました。昭和5年11月29日と12月7日に、兵庫県の主催で、尼崎市を含む4市助役会議・5市衛生課長会議が開催され、「汚物掃除法施行規則」の改正に対する兵庫県の考え方が示されています。会議の詳細はわかりませんが、ごみの焼却を促すものであったと思われ、尼崎市としても、いよいよごみ焼却施設の建設に取り組む必要に迫られたのです。なお、4市助役会議は、姫路市・尼崎市・明石市・西宮市で、5市衛生課長会議は、前記4市に神戸市がメンバーです。

さらに尼崎市は、昭和7年になると、近隣の神戸市・大阪市・岸和田市・奈良市をはじめ、東京市・横浜市等について、焼却施設の調査を行っていますが、調査先の横浜市では、昭和6年に竣工した滝頭塵芥処理所でごみ発電に取り組まれていました。その影響もあってか、焼却方式については、ごみの生産的な処分方法、発電を兼用した焼却施設を検討し、横浜市とたびたび情報交換を行っています。また、ごみの焼却・乾留による発電について、調査・研究・実験を行っていた大阪市立衛生試験所の専門家からも意見を聴取していますが、最終的には、焼却炉の規模もあり、ごみ発電は採算がとれないと判断して、断念しています。

その後、昭和9年の尼崎市議会で、神崎川河口にある東高洲町（現在の尼崎市クリーンセンターの場所）に焼却施設の建設予算が認められ、昭和11年5月に焼却炉本体の建設に着工、同年12月に完成し、翌年7月には火入れを行い、焼却を始めています（『大阪毎日新聞（阪神版）』昭和13年7月10日）。

「尼崎市塵芥焼却場」絵葉書

ごみ焼却施設の絵葉書ですが、焼却場全景と焼却炉前面の2枚の写真を組み合わせて作成されています。

焼却施設は、上部からごみを投入する自然通風式焼却炉で、高知市型とされています。高知市は、昭和5（1930）年3月に、自然通風式のごみ焼却炉6基を整備していますが、これに倣ったものと思われます。

焼却場全景の写真からはわかりにくいですが、大阪市木津川塵芥焼却場と同じように、建屋からホイスト2基が張り出しています。市内の収集拠点から船で運ばれてきたごみは、船溜まりからホイストで吊りあげられ、建屋内に搬入されて、焼却炉に投入されました。

焼却炉は、合資会社水庭工業所が炉の製造を行い、処理能力は焼却炉4基、10時間稼働で1日1万貫のごみを処理することができ、その建設予算は5万6000円で、現在の起債にあたる大蔵省と簡易保険局からの貸付金でまかなっています。

大庄《おおしょう》村ごみ焼却施設（炭化炉）

この焼却施設では、尼崎市全域から排出されるごみを焼却するには能力が足りず（昭和12年度のごみ搬出量1万1593貫／日）、市としては早い時期にもう少し規模の大きなごみ焼却施設を建設したい意向でした。

その後、尼崎市は、昭和17（1942）年に、近隣の大庄村、武庫村、立花村と合併していますが、大庄村は、人口の増加もあって、空地に投棄されていた塵芥を適正に処理するため、昭和16年11月にごみ焼却炉（図56）を完成させています。焼却炉は、自然通風式の岩本式炭化炉D型で、焼却能力は1日に6000貫のごみを焼却することができます。

岩本式のごみ焼却施設は炭化炉で、「焼却炉ノ改良ニシテ、衛生的処分ハ焼却ト異ラズ、又単ナル焼却モ出来ル、煙ハ焼却ノ半量以下、我国全塵芥ヨリ年額二億五千万貫ノ炭化物」（岩本工業資料）を得ることができる重宝な焼却炉です。大阪府貝塚町（当時、昭和7年12月完成）、甲府市（昭和13年6月完成）でも採用され、日本統治時代の台北市の大龍峒町焼却場（昭和7年10月竣工）、龍口町焼却場（昭和8年1月竣工）、大安焼却場（昭和8年4月竣工）でも各4炉、処理能力1日1万貫がそれぞれ稼働しています。

尼崎市は、この旧大庄村のごみ焼却施設（合併後、西塵芥焼却場）と昭和12年竣工のごみ焼却施設（同、東高洲塵芥焼却場）との2炉で、ごみの焼却を進めています。その後、戦争が激しくなるなかで、金属の回収運動や厨芥の養豚事業への利用が進められ、ごみ焼却は次第に減り、西塵芥焼却場は昭和17年度末で、東高洲塵芥焼却場は昭和19年度末で使用を中止しています。

図56　大庄村塵芥焼却場（西塵芥焼却場）（『大庄村誌』尼崎市立地域研究資料館所蔵）

第10章　里山に映えるごみ焼却施設　《「瀬戸市塵芥焼却場絵葉書」》

愛知県で4番目となる瀬戸市ごみ焼却施設

ごみ焼却施設の絵葉書で次に紹介するのは、愛知県瀬戸市の絵葉書です。

瀬戸は、名古屋市の北東にあり、やきものの原料となる良質の陶土に恵まれ、古くから瀬戸焼の町として知られています。「せともの」はやきもの代名詞として、世界的に有名です。

昭和４（１９２９）年10月に、愛知県の５番目の市として、瀬戸市が誕生していますが、ごみの処理を義務付ける「汚物掃除法」については、瀬戸町時代の大正４（１９１５）年に、額田郡岡崎町（現在の岡崎市）と知多郡半田町（現在の半田市）と同時に適用され、掃除監視吏員が設置されましたが、当時は、「汚物運搬人に請負はしめ、運搬夫は毎日順次各戸の汚物を運搬車に集積して各方面の投棄所に投棄」する状況でありました（『瀬戸町誌』）。

ごみ焼却施設の整備については、昭和4年に瀬戸市が誕生した時も、「（ロ）塵芥焼却場　従来埋立地ニ投棄シツ、在ルモ、人家稠密シ、保健衛生上甚ダ憂慮スヘキモノアレハ、設備費ヲ含ミ、建築総工費約二万七千円ヲ起債ニ求メ、設置スヘク準備ヲ進メツ、アリ」（瀬戸市行政文書『市制施行に関する書類綴』）とあり、起債に財源を求めて建設の準備を進めるとされていますが、財源難や建設用地の確保難もあったためか、なかなか進みません。

昭和7年3月の瀬戸市議会において、「塵芥焼却ニ依リ生スル灰ハ、陶器ノ釉薬ノ原料トシテ、試験ノ結果ノ甚ダ有理ナモノデアル為ニ、此ノ灰ヲ売却シテ財源トナサバ、本市ノ塵芥焼却場ハ容易ニ経営シ得ルト考フル」（『瀬戸市議会会議録』）と、ごみの焼却によって生ずる灰を、瀬戸焼の釉薬として利用し、少しでも財源を確保して建設することを、議員から提案されています。さらに、昭和9年3月の市議会では、「汚物焼却場ノ設置ニ関シテデ、現在汚物ヲ今村方面ニ棄テ、居ルガ、汚物焼却場ヲ設置セラレン事ヲ望ミマスガ、市ノ意見ハ如何」（同前）と質問がありました。市長は、「汚物焼却場設置ニ付テハ、人口ノ増加ト共ニ汚物ハ益々増加シ、之レカ処分ニハ御互ニ困却スル処デアル」（同前）とし、「市トシテ財源ヲ得次第、汚物焼却場ヲ設ケ度イト思ヒマス」（同前）と、その必要性を認めながら、財源の確保が課題と答えています。

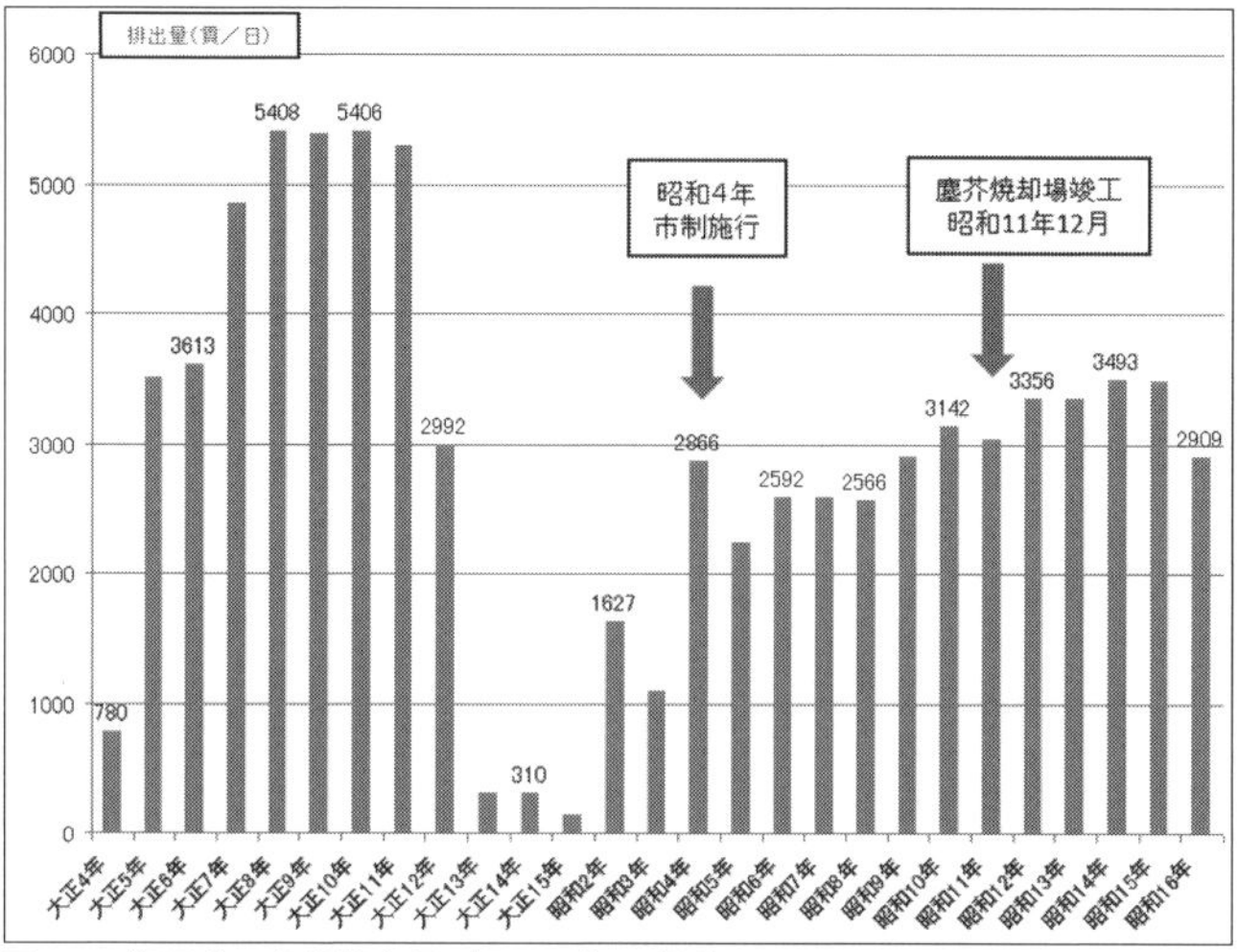

図57　瀬戸市の塵芥搬出量（貫／日）の推移
（出典）『愛知県統計書』から筆者作成

結局、ごみ焼却施設は、市制施行から6年を経過した昭和10年7月の市議会に、「塵芥焼却場用地買収ノ件」と、起債を財源とする2万500円の建設予算が提案され、翌年12月に、愛知県では、名古屋市、一宮市、豊橋市に次いで、4番目となるごみ焼却施設が完成しています。

焼却施設は、瀬戸市に隣接する愛知郡幡山村大字本地字山ノ田（現在の瀬戸市山の田）の幡山村有地に設置されていま

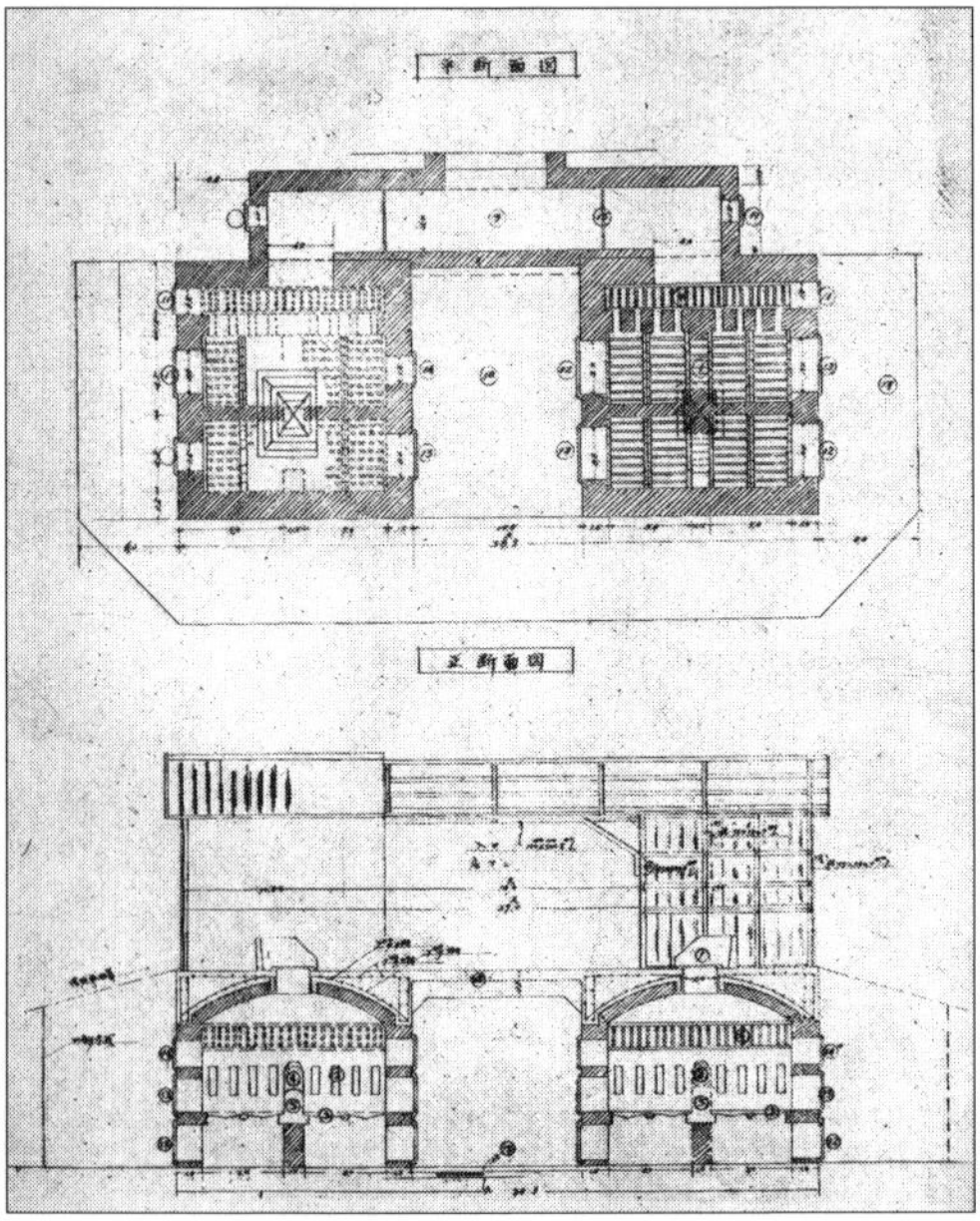

す。瀬戸市内に設けられなかった理由はわかりませんが、現在であれば、他都市のごみ焼却施設が計画されれば、住民の反対運動は必ずといっていいほど生まれています。幡山村では、特に反対の動きはなかったようです。

「汚物掃除法」が適用された大正4年以降の瀬戸町（市）のごみ搬出量の推移をたどってみると、図57のとおりです。市制が施行された昭和3年以前の搬出量は、かなりバラツキがあります。地場産業系のごみが含まれている可能性もありますが、瀬戸町時代は、ごみ処理体制が十分確立されておらず、その搬出先も特定されていなかったこともあって、搬出量の把握がなかなか難しかったのではないかと考えています。

「瀬戸市塵芥焼却場絵葉書」

瀬戸市は、「瀬戸市塵芥焼却場全景」（図58）、「瀬戸市塵芥焼却場焼却炉」（図59）、「平断面図・正断面図」（図60）の３枚組で構成される「瀬戸市塵芥焼却場絵葉書」を発行しています。

絵葉書は、「瀬戸市塵芥焼却場絵葉書　瀬戸市役所」と印刷され、シルバーで縁取りされた、洒落た袋に入っています。袋の裏面には、「伊里写真館撮影」とあり、現在でも、瀬戸市で写真館を開業しているフォトスタジオ伊里が撮影したと思われます。

幡山村は、昭和30（１９５５）年２月に瀬戸市と合併し、ごみ焼却施設があった山の田周辺は開発が進み、現在では工業団地となっています。「自然の叡智」をメインテーマに、里山の自然を極力残す形で２００５年に国際博覧会が開催された愛・地球博記念公園の近くです。林のなかにたたずむ焼却施設を写した「瀬戸市塵芥焼却場全景」の絵葉書は、昭和初期の名古屋丘陵や瀬戸市の里山状況がよくわかる貴重な史料です。また、「瀬戸市塵芥焼却場焼却炉」と「平断面図・正断面図」の絵葉書から、ごみ焼却施設は、自然通風式、上部投入型の焼却炉で、２連２基の計４基で構成されていることがわかります。絵葉書以外に、ごみ焼却施設の資料が見つかりませんので、施設能力はわかりませんが、処理量から考えて、１日４０００貫程度ではなかったと思われます。

「瀬戸市塵芥焼却場絵葉書」が発行された理由ですが、絵葉書にごみ焼却施設の図面を使ったのは、一宮市の竣工記念資料『塵芥焼却新築記念』の例はありますが、他都市の絵葉書では見当たりません。このあたりからも、一宮市や名古屋市の絵葉書の発行に刺激され、ごみ焼却施設の竣工を記念して、瀬戸市役所が発行したものと考えています。瀬戸市塵芥焼却場は、昭和35年の『菱野本地土地宝典』（瀬戸市役所所蔵）の地図に、「瀬戸市人塵焼却所」の書き込みがありますので、昭和41年に瀬戸市旭町衛生組合のごみ焼却施設が新設されるまで、稼働し

右ページ
上図58 「瀬戸市塵芥焼却場全景」絵葉書
中図59 「瀬戸市塵芥焼却場焼却炉焼却炉」絵葉書
下図60 「平断面図・正断面図」絵葉書

たと思われます。

ごみ焼却施設の絵葉書をふりかえって

ここまで9㎝×14㎝の小さな絵葉書の空間から、当時発行された新聞記事、行政文書、統計資料、要覧や議会の議事録等を使って、当時のごみ処理事情を読み解くことを試みました。

昭和4（1929）年竣工の大阪市木津川塵芥焼却場の「第三焼芥場　上屋『ホヰスト』及び爐投入口」絵葉書には、クレーンから「ホヰスト」へのごみの吊り上げ技術の進歩を見ることができます（第3章）。また、大阪市の「塵芥運搬船曳航（第二保健丸）」絵葉書は、近代大阪を象徴する大阪市役所・日本銀行大阪支店の前の土佐堀川を、ごみを満載したごみ船が曳航されるという巧みの構図により、当時のごみ処理における船運の重要性を強く印象付けています（第5章）。

東京市の初めてのごみ焼却施設である、昭和4年の深川塵芥処理工場は、「ごみの単なる焼却」から脱して、「ごみの資源化」を試みる、新しいタイプの「塵芥処理工場」で、「竣功記念絵端書」では、一般の工場のような外観を有する塵芥処理工場の「全景」と、ベルトコンベヤーによる有価物の「撰別設備」が取り上げられています（第6章）。また、大正14（1925）年の「京都市塵芥焼却場新築記念」絵葉書では、塵芥焼却場階上運搬道の遠くに、東寺の五重塔と梅小路機関車庫（現在の鉄道博物館）の扇形車庫が浮かびあがり、当時の京都の景観を知ることができます。

改めて、明治から大正、昭和にかけて、1戸当りの1日の塵芥搬出量（全国平均）の推移（図61）をみてみると、日本経済の発展を反映して、明治末頃から次第に増えはじめ、大正後期にひとつのピークを迎えます。これに対して、ごみ焼却施設は、焼却を義務付けた昭和5年の「汚物掃除法施行規則」の改正もあって、少し遅れて、

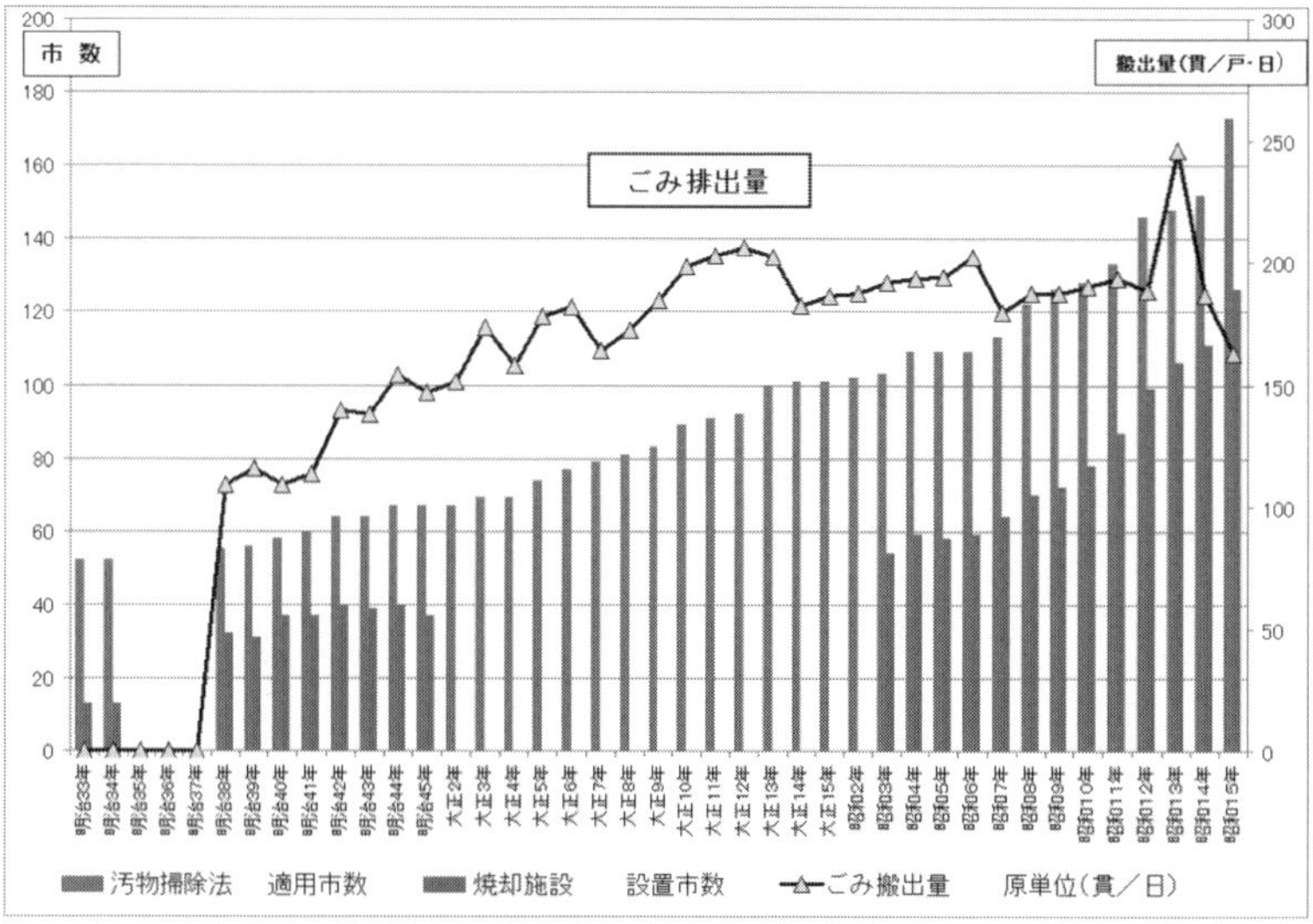

図61　汚物掃除法適用市数・焼却施設設置数・ごみ搬出量の推移
（出典）『内務省衛生局年報』に基づき筆者作成

昭和初期に、多くの都市で建設が進められています。ごみ焼却施設の絵葉書も、その流れのなかで発行されたと思いますが、その後、戦争が次第に深刻化し、敗戦の色が濃くなるにつれて、家庭からの金属や、肥料としての灰の回収、さらには厨芥類の養豚飼料への活用など進められ、焼却施設の役割は低下し、相次いで休止に追い込まれています。

今、家庭ごみのなかで一番多いのは、動植物性残渣、いわゆる生ごみです。現代の飽食社会を反映していますが、ごみは、人間社会のあり方と深く結びつき、歴史の流れのなかで大きく変化してきました。

歴史の流れや当時の社会諸相と関連付けて、絵葉書により各都市の当時のごみ処理事情を読み取ることに努めましたが、改めてごみを生み出す社会の構造等に目を向ける契機になれば幸いです。

《史料紹介》「長崎市野牛島《やぎじま》汚物焼却場」絵葉書

絵葉書発行年　探索の旅

月刊誌『都市と廃棄物』で、「絵葉書にみる大正・昭和のごみ焼却施設」の連載終了後、「長崎市野牛島汚物焼却場」絵葉書（図62）が、長崎市歴史文化博物館に所蔵されていることがわかりました。

絵葉書は1枚だけで、袋もありません。絵葉書の様式から、大正7（1918）年から昭和7（1932）年の間に発行されたことは推定できますが、絵葉書は未使用ですから、消印等、刊行年を推定できる手がかりは、何一つもありません。『長崎市制五十年誌』によれば、長崎市野牛島汚物焼却場が大正9年に使用開始されたことはわかりましたが、この絵葉書がどんな経過で作成され、いつ発行されたのか、皆目検討がつきませんでした。

図62　「長崎市野牛島汚物焼却場絵葉書」

長崎県立長崎図書館に、汚物焼却場が稼働を開始した大正9年当時、長崎市で発行されていた『東洋日の出新聞』を所蔵していることがわかりました。同館の協力を得て、新聞記事を丹念に調べてみました。その結果、大正9年11月6・7日の両日、第二次水道拡張と港湾改修の二大事業の起工式と、隣接する上長崎村と浦上山里村の長崎市への編入を祝う両村編入報告祭と市民大祝賀会が、市内の諏訪公園で開催され、この絵葉書は、その時の記念品として、市民に配布された絵葉書の1枚であることがわかりました。

ごみ焼却施設の絵葉書では、これまでは、大正14年発行の「京都市塵芥焼却場新築記念」絵葉書がもっとも古いものでしたが、「長崎市野牛島汚物焼却場」絵葉書は、大正9年11月ですから、現時点では、京都市を抜いて一番古い時期に発行された絵葉書であることが確認されたのです。

『東洋日の出新聞』の記事等を中心に、長崎市野牛島汚物焼却場の建設の経緯と概要、絵葉書の発行にいたる経過をみてみることにします。

野焼・埋立からごみ焼却施設の建設へ

長崎では、街路の不掃除等を戒め、毎月決まった日に、定められた捨場に塵芥を捨てるよう命じた明和3（1766）年の町触にみえるように、近世後期からごみ問題が生まれています。また、開港場で、外国人が居留していたこともあって、明治維新前から、道路や民有地の掃除等に取り組まれていました。明治33（1900）年の「汚物掃除法」の施行後も、ごみは、請負業者により、簡単な焼却施設や埋立等により処理されてきました。

しかし、処理場所ではごみが堆積し、蠅がたかるなど、不衛生な状況も生まれています。また、ごみ処理の請負金額が他市に比べて高額なところから、大正6（1917）年の長崎市会で、「汚物搬出竝河川溝渠掃除直営ニ関スル建議案」が可決され、「大正7年度以降ニ於テ、市ハ適当ノ位置ヲ相シテ、焼却場ヲ施設シ、且必要ナル器具ヲ準備シ、以テ右両事業ヲ直営トスルノ必要ヲ認ム」と、市営による焼却処理が決定されたのです。

また、長崎市会は、ごみ焼却施設の建設を市と連携して円滑に進めるため、大正7年に市会内に「臨時汚物処分調査会」を設置しています。

長崎湾内の孤島　野牛島に汚物焼却場を建設

ごみ焼却施設の建設場所については、大正7（1918）年7月に、長崎市街地から南西へ約7キロ離れた長崎湾内の孤島、深堀村大字深堀字野牛島の山林を、塵芥焼却場の用地として買収する「汚物焼却場敷地買収ノ件」が市会で可決されています（図63）。

その後、用地の買収も済み、順調に進むかと思われましたが、大正7年12月の市会において、「臨時汚物処分調査会」の一部の委員から、「既に焼却場予定地として購入せる野牛島以外、さらに適当なる候補地あり、本日市当局に対し何等かの申出ありしと聞く、而して該地に変更せば、設備費に於ても経常費に於ても著しき減額を来すべき」（『東洋日の出新聞』大正7年12月11日）と、建設場所に異論が出されたのです。このため、新しい建設候補地、中淵神社奥谷合、四郎ヶ島、さらに小榊《こさかき》村観音崎を、汚物処分調査委員で実施踏査しています。その結果、小榊村の観音崎は、すでに「三菱の塵芥投棄場」で市の汚物焼却滓を貰うことは歓迎するが、完成後、土地を地権者から譲ってもらうことは出来ないとわかり、最終的には、当初の予定通り、野牛島にごみ焼却施設を建設することに決まったのです。

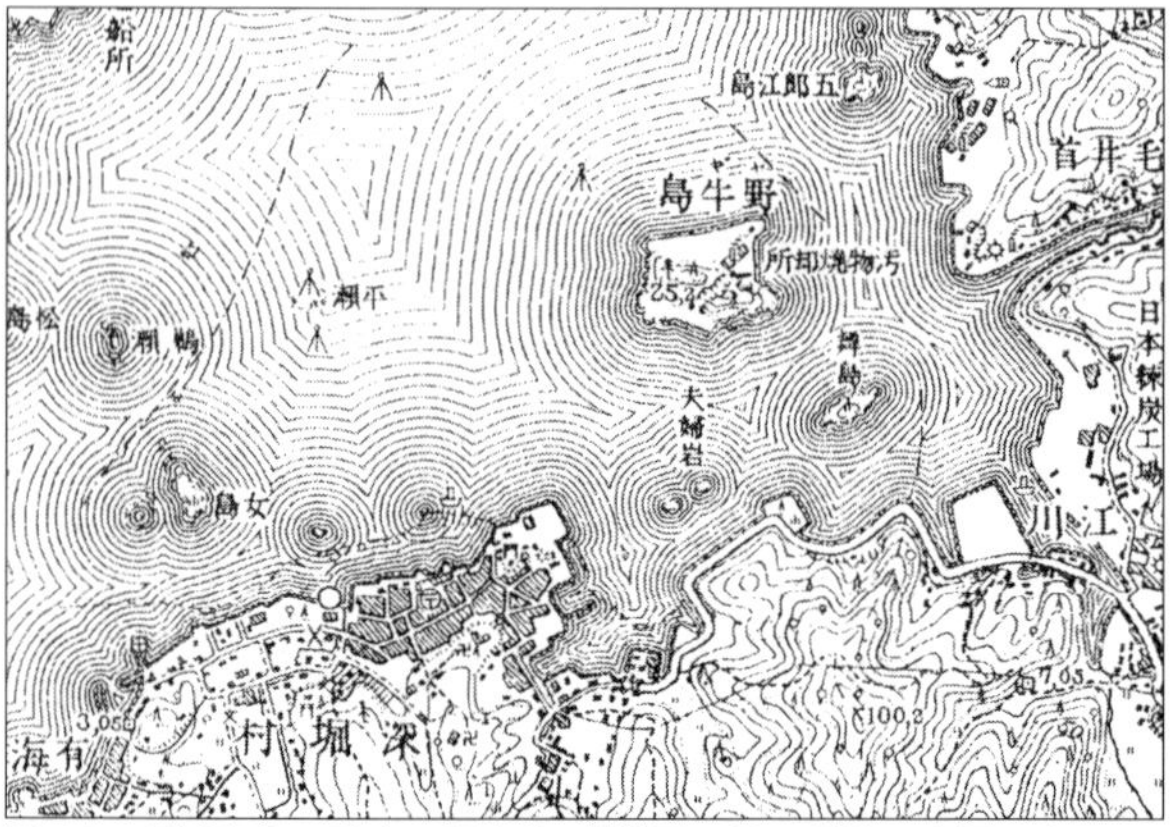

図63　長崎湾内の孤島・野牛島（『地図で見る長崎の変遷　大正13年頃（2万5000分の1）』日本地図センター発行、長崎県立長崎図書館所蔵）

その後、焼却竈については、大正8年1月25日に、「焼却竈不足と認むる場合は、設備の増加を命ずる事あるべし」などの条件は付せられましたが、長崎県の許可もおりました。またごみを揚陸するクレーンや附属ボイラーの製作業者も決まり、今度こそ順調に進むと期待されましたが、野牛島埋立やごみ焼却施設建設の財源問題が新たに浮上したのです。

長崎市は、野牛島汚物焼却場等の建設費を、港湾費から借用することを考えていたのですが、許可権のある内務省は、長崎市の財政を乱す元になるので、他に財源を求むべきとの意見で、対立したのです。結局、「市当局に於ては種々考慮の結果、該経営は依然港湾会計よりするの有利なるを認め、其旨渡邉知事へ陳情したるに、同知事も之を諒とし、其旨内務省へ進達したる」（『東洋日の出新聞』大正8年6月11日）とのことで、やっと建設の見通しがついたのです。

大正8年度に完成を予定した焼却炉の建設は大幅に遅れ、野牛島で暫定的にごみを野焼きをせざるを得ない事態も生まれ、地元から苦情も寄せられました。その後、焼却炉の完成時期は、大正9年4月中とされましたが、6月中と延び、さらに護岸工事を切り離して、焼却炉は漸く大正9年8月に完成しています。なお、『新長崎市史』等では、完成時期を大正9年4月とされていますが、「長崎市営野牛島汚物焼却場火入式は、来る十七日挙行に決せり」（『東洋日の出新聞』大正9年8月15日）とありますので、実際には8月17日に焼却炉の火入れ式が行われ、焼却が始まっています。

長崎市野牛島汚物焼却場

野牛島塵芥焼却場の概要については、『明治維新以後の長崎』が、次のように簡潔にまとめています。「本市は、大正七年度より五ヶ年継続事業として汚物焼却場設置を計画し、同八年西彼杵郡深堀村字野牛島の地に、三千六百坪を買収、直に新築工事に着手し、大正九年八月竣工す、焼却炉四個、起重機一台、岸壁三十三間、焼却炉上屋及倉庫一棟、人夫住宅・機関手住宅各一棟、其の他附属建物三棟、此の総工費拾六万五千五拾三円なり」。

焼却炉は、自然通風式で4炉です。『東洋日の出新聞』によれば、1炉で1400貫、4炉全体で6400貫のごみが焼却することができます。大正10年の長崎市の1日のごみの排出量は、1万8600貫ですから、不燃物が含まれてるとしても、能力的に果たして十分であったのか、疑問は残ります。

焼却場までの運搬ですが、市内5ヶ所（旭町、梁瀬町、大黒町、出島町、大浦川）に設けた船への積込場所まで持ち込まれたごみは、団平船によって野牛島まで運ばれます。野牛島では、起重機によってごみを船から運び揚げ、焼却炉に投入され、焼却場から生じた焼却滓は、不燃物と一緒に野牛島の海面に埋立されています。

「長崎市野牛島汚物焼却場」絵葉書

「長崎野牛島汚物焼却場」絵葉書ですが、大正9（1920）年10月5日の『東洋日の出新聞』は次のように報じています。

「各祝賀会日割」という見出しで、「長崎市の増設水道、港湾改修の二大事業起工式並に両村編入祝賀会は、（中略）第一日は増設水源地に於いて、小ヶ倉村村会議員、市会議員等約二百名を招き、地鎮祭を執行（中略）、式後は小蒸汽船にて野牛島なる汚物焼却場の視察を行ふ由、第二日は午前中出島に於て地鎮祭を執行の後、諏訪公園に到り、両村編入報告祭を行ふと同時に（中略）、同公園丸馬場に於ては、約七百名の市民を招きて祝賀会を催し、瓶酒折詰の外、記念として五枚一組（増設水道、野牛島焼却場、港湾改修工事、両村編入等）の絵端書を配附する計画」（図64）。

長崎市は、隣接の上長崎村と浦上山里村の編入によって大長崎市を実現し、中島鋭治博士の指導を得て、念願であった水道の第二次拡張事業、さらに長崎市と長崎県が財源のほとんどを寄付した内務省による港湾修築事業もようやく起工の運びとなりました。多年の懸案であった塵芥焼却場も完成したので、これらの事業の起工等を祝い、市の将来の発展を願う意味もあって、市民挙げての祝賀行事が催されたのです。

11月6日には、小ヶ倉村の水源予定地での増設水道の起工式後、野牛島に渡り、ごみの焼却状況を視察しながら、

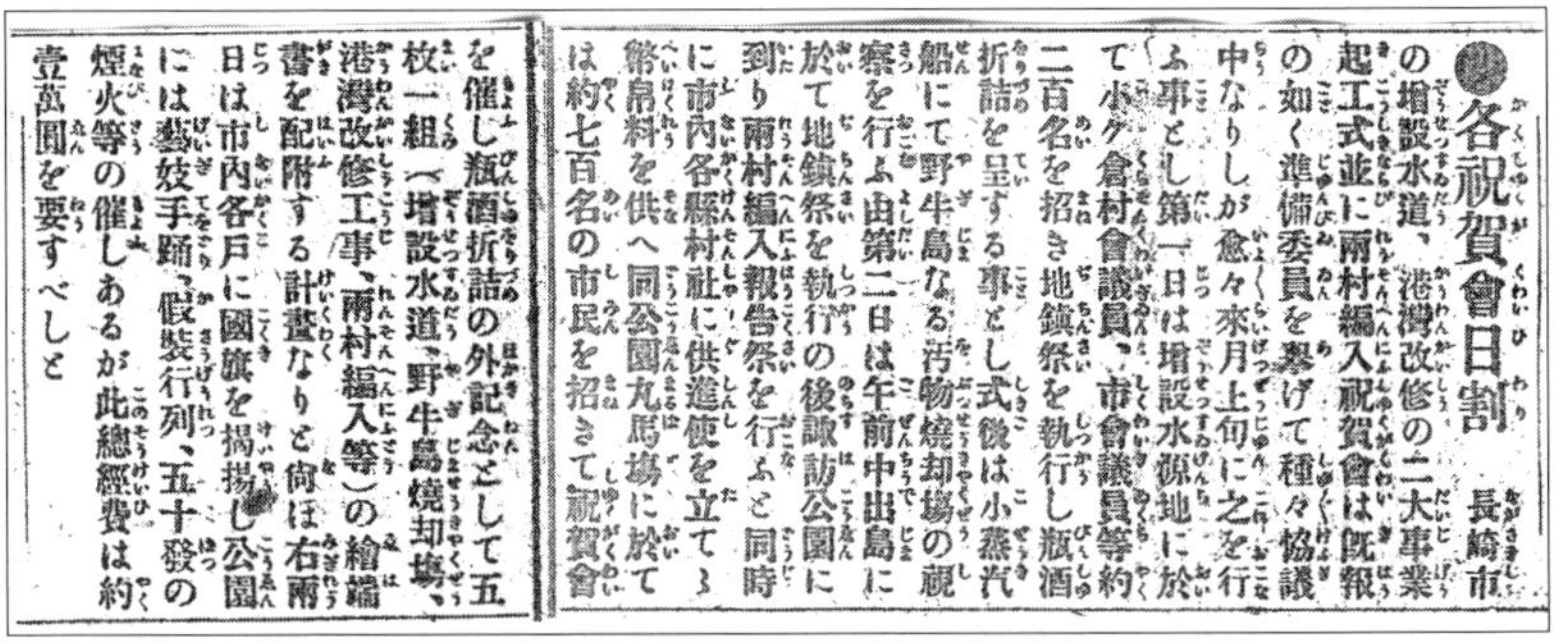

各祝賀會日割　長崎市

の増設水道、港灣改修の二大事業起工式並に兩村編入祝賀會は既報の如く準備委員を擧げて種々協議中なりしが愈々來月上旬に之を行ふ事とし第一日は増設水源地に於て小ケ倉村會議員、市會議員等約二百名を招き地鎭祭を執行し瓶酒折詰を呈する事とし式後は小蒸汽船にて野牛島なる汚物燒却場の觀察を行ふ由第二日は午前中出島に於て地鎭祭を執行の後諏訪公園に到り兩村編入報告祭を行ふと同時に市內各縣村社に供進使を立てゝ幣帛料を供へ同公園丸馬場に於て約七百名の市民を招きて祝賀會を催し瓶酒折詰の外記念として五枚一組(増設水道、野牛島燒却場、港灣改修工事、兩村編入等)の繪端書を配附する計畫なりと尙ほ右兩日は市內各戶に國旗を揭揚し公園には藝妓手踊、假裝行列、五十發の煙火等の催しあるが此總經費は約壹萬圓を要すべしと

図64　野牛島汚物焼却場の絵葉書の発行を報ずる『東洋日の出新聞』大正９年10月５日（長崎県立長崎図書館所蔵）。10月29日の同紙にも､「記念絵端書等を配布」の記事がみえる。当時、長崎では、明治35年に福島県出身の鈴木天眼によって創刊された『東洋日の出新聞』のほか、『長崎新聞』、『長崎日日新聞』が刊行。『東洋日の出新聞』のみ現存

汚物焼却場の落成式を行っています。翌７日には、床次《とこなみ》竹次郎内務大臣が揮毫《きごう》した基石《きせき》の沈下等、出島で港湾定礎式を行った後、アーチが設けられ、町旗が林立する諏訪公園に会場を移して、両村編入報告祭と市民大祝賀会が開催されています。この日は、各戸に国旗が掲げられ、また、夜の仮装行列、花街の芸妓の踊りや花火の打ち上げなど、市民を揚げてお祝い行事が行われています。

「長崎市野牛島汚物焼却場」絵葉書は、この市民大祝賀会において、瓶酒・折詰等と一緒に配布された５枚１組の絵葉書の１枚です。

絵葉書は、増設水道、野牛島焼却場、港湾改修工事、両村編入等の５枚です。野牛島汚物焼却場以外の絵葉書は､様式の類似性等も考えて､『長崎市立博物館資料目録補遺Ⅰ』に、掲載されている「長崎市増設水道貯水池予定地」と「長崎市増設水道浄水場予定地」の絵葉書と思われます。残念ながら、「港湾改修工事」と「両村編入等」の絵葉書は、現時点では確認できていません。

第Ⅱ部　トイレの近代誌

扉図２　「此處小便無用」絵葉書

第11章　女性の立小便《「野路のゆばり」絵葉書》

思わず微笑むトイレの絵葉書

これまで紹介してきたごみに関する絵葉書は、ごみ焼却施設の絵葉書がほとんどで、その多くは施設を建設した地方公共団体が、完成を記念して発行したものです。絵葉書の題材が焼却施設や設備等に限定され、また、地域も限られることもあって、少々面白味に欠け、地味だったかもしれません。

私たちの生活のなかで、必ず家の外に捨てねばならぬものに、毎日排泄する屎尿があります。現在は、清潔な排泄な空間が確保され、屎尿は下水道等で、衛生的に処理されています。

排泄は、人間の存在に係わる重要な問題なのですが、その性格上なかなか表には出にくく、女性のなかには、話題にすることさえ嫌う人もいます。

しかし、排泄やトイレ等に関する絵葉書は、昔から多数発行され、また、ごみ焼却施設とは違って、当時の世相を反映して、ユーモアとペソースに富むものもあり、思わず微笑む絵葉書もあります。明治から大正・昭和にかけて、立小便、有料便所、現在の屎尿浄化槽の前身にあたる水槽便所、洋式大便器、さらには大阪で発行された滑稽新聞のトイレ等の絵葉書や新聞広告を取り上げ、昔のトイレ事情を考察し、当時の社会世相を読み解くことができればと思います。

「野路のゆばり」絵葉書

トイレや排泄に関する絵葉書で、最初に紹介するのは、「野路のゆばり」絵葉書（口絵Ⅰ）です。「ゆばり」とは、ゆまり、ゆはり、いばり（溲、溺）ともいい、小便のことです。この絵葉書の詞書に、「野小便　地蔵しばらく　傘の番」とあるように、野道の地蔵に傘を預けて、野小便する女性の姿を描いた絵葉書です。この絵葉書は、稀代の反骨ジャーナリストであった宮武外骨《みやたけがいこつ》が編集人であった『滑稽新聞』が、その定期増刊として刊行された『絵葉書世界』第18集（明治41（１９０８）年10月５日）の絵葉書30枚のうちの1枚です。

現代では、小用は、男性は立って、女性は座ってするのが一般的です。最近は、男性に少し変化があるようですが、女性も立って用を足す時代もあったと言っても、若い女性方には信じてもらえるでしょうか。

立小便、特に女性の立小便の話をすると、女性読者に嫌われるかもしれません。でも、作家太宰治は、『斜陽』のなかで、萩の花のなかで、おしっこをする母親の姿を可愛いと思い、ルイ王朝の貴婦人に重ねて、ほんものの貴婦人の最後のひとりであると感動する主人公を、さりげないタッチで表現しています。太宰治のペンの冴えを感じます。一度読んでみられたらと思います。

また、作家五木寛之は、戦後の九州で、ご婦人が立ったままおしっこするのをしばしば見たと、『週刊現代』連載の「新・風に吹かれて」（第１７４回）に書いています。五木寛之は、健康的で、すがすがしい光景と書き、読者からは東北でも見られた風景であったとの話も紹介しています。

また、映画『顔役』等の制作に携わった映像作家辻光明は、現代風俗研究会によせた葉書「排便風俗雑記」のなかで、「敗戦後、成人してくる娘たちの間から、立ち小便の姿はじょじょに消えていったが、昭和29年、私が京都へ移住するころも、成人の間で可なり一般的であった」と書き、太平洋戦争後も京都でよく見かけたと証言しています（『現代風俗通信'77〜'86』）。

この絵葉書のように、今から半世紀前までは、路上での女性の立小便は見慣れた光景で、日本のどこにでも、女性も立って用を足した人がいたのです。

男性も座り小便

ところで、劇作家別役実は、男性の立小便は善悪を超えて天に対する一種の示威行為で、的を見定めて集中することが大事であると書いています。
「『散らしション』と言って、シャワーのようにあたり一面まき散らすのは、最も嫌われる。嫌われるだけではない、それでは立小便をすることの、意味が失われるのだ。（中略）どうしても公衆便所を使えと言うのなら、その便器のそれらしい場所に、的となるべきものを描き、便器ひとつひとつに、「天」を指すアンテナをつけるべきであろう。」（「正しい立小便の仕方」『トイレの穴』）
男性用小便器は、近年住宅事情からほとんどの家庭から消え、一つの大便器で大便と小便を兼用しています。男性が大便器で小用を足す時も、的をはずして便器の縁やその周辺にこぼしがちです。衛生陶器を中心とした総合住宅設備メーカーのＴＯＴＯの調査によれば、掃除を担当する女性からの意見もあって、洋式の大便器に坐って小便する男性が年齢が上がるに従って増え、平成13（２００１）年の約15％から、21年には3割を超えました。
また、平成27年6月に、ＳＵＵＭＯジャーナルが、20代から50代の男性に対し、小便の排泄スタイルについて、アンケート調査を実施していますが、座って小便をする人が55％と多数を占め、特に、既婚者は、独身男性38・3％に対して、６０・６％と多くなっています。排泄スタイルを選んだ理由ですが、座ってする人は、「汚れるのが嫌いだから」が７１・４％、「掃除が大変だから」と「そのスタイルが楽だから」がそれぞれ２６・２％で、

「家族に言われたから」が11・9%です（表6）。前述のTOTOの調査でも明らかになりましたが、トイレの掃除を担当する女性の意見が、男性の排泄スタイルを決める大きな要因になっています。

　近い将来、男性も坐って小便をする時代は、確実にやって来そうです。

九州型と東北型　女性の立小便

　国際経済が専門で関東短期大学元教授の手塚正夫は、昭和34（1959）年に『臍下《せいか》たんでん』（光源社）を刊行しています。「臍下たんでん」とは、臍の下の下腹部にあたる所のことです。手塚正夫はこれを「譚伝《たんでん》」と理解し、いろいろな文献を渉猟して屁（おなら）、トイレットやおとし紙等、臍の下、人間の下半身に関するさまざまな話をとりあげて論考していますが、女性の立小便のスタイルについても、詳しく考察しています。

　手塚正夫によれば、女性は、便器に対して後向きになって後方に尿を放ちますが、その姿勢は、着物との関係から、「九州型」と「東北型」の二つに分かれるとしています。「九州型」は、着物を少し尻のうえにたくし上げ、前かがみになって両手を膝の上におき、体を支えながら放ちます。「東北型」は、尻の着物を片手で持ち上げ、そのままの姿勢で放つ方法です。また、南国と北国の気候では、着物を身につける量の多い、少ないの違いによるとしていますが、「九州型」といっても、関西でも広く行われている姿

表6　家庭での男性の小用スタイル

自宅トイレでの小用スタイル　（単位：%）

区　分		未　婚	既　婚
洋　式	立ってする	59	38
	座ってする	38	60
和　式		3	2

小用のスタイルの理由（複数回答）（単位：%）

洋　式	そういうものだと思っているから	そのスタイルが楽だから	汚れるのが嫌いだから	掃除が大変だから	家族に言われたから
立ってする	68.7	49.5	1.0	0.0	0.0
座ってする	12.7	26.2	71.4	26.2	11.9

（出典）『SUUMO ジャーナル』平成27年6月に実施した、首都圏・中京圏・近畿圏在住の20歳～59歳までの男性を対象に行ったインターネット調査

勢で、東と西の違いとも述べ、また、都会では、小便桶のような大きな便器がなく、女性の尿器の構造もあって、こぼさないようにしゃがんですると述べています。

地域によって女性の立小便の姿が異なることを、分かりやすく図解で示したのが、明治41（1908）年4月5日の『滑稽新聞』です。女性の立小便の姿を、東北、東京、関西に分けて、「日本婦人の小便仕方」（図65）と名付けて紹介していますが、手塚正夫の分類と全く同じです。なお、最初に紹介した「野路のゆばり」絵葉書の立小便は、「九州型」です。

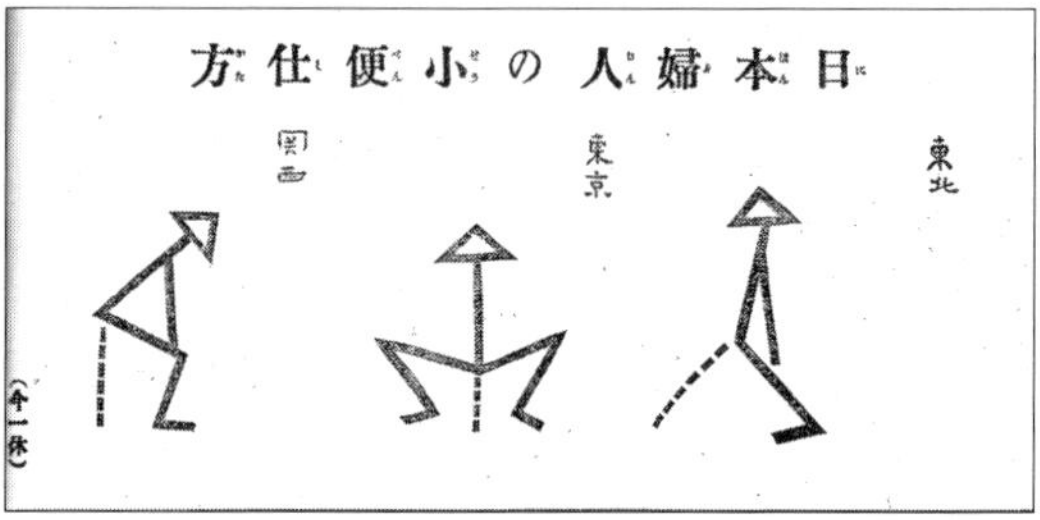

図65　日本婦人の小便仕方（『滑稽新聞』第160号。明治41年4月5日）

郷土人形「土佐のつればり」

排泄や性器を題材として、「笑い物」と呼ばれた土人形が、伏見や近江の小幡等、各地にありましたが、女性の立小便を題材にした郷土人形としては、「土佐のつればり」人形（口絵J）が有名です。

人の尿は「しと」とか「ゆばり」といいますが、南国土佐では、「誰カ人ガ小用ヲスル時ニ、私モト云ツテ、同時ニ同行者ノ幾人カガ、道端ニ（又ハ共同便所ナドニ）並ンデ放尿スル習慣」（『土佐方言集』を、「つればり」といったようです。

「土佐のつればり」人形は、日本髪を結った三人の女性がつればりする姿を、素焼きで焼き、赤・青・黄色等で彩色した郷土人形です。太平洋戦争によって大阪で戦災にあい、ふるさとと土佐に帰った日本画家山本香泉が、土佐の風俗つればりを題材にして、戦後作り始めた創作人形です。山本香泉が亡くなってからも、娘の二代目山本香泉は、滋賀県信楽に移り住み、日本髪の女性が五人に増えますが、その構図は変わらないまま、つればり人形も作り続けられました。

大変ユーモアな郷土人形で、現在でも売られていますが、現物を手にとってみるとわかりますが、女性の尻に、大事なところが誇張して描かれ、少し猥褻な印象もあって、店頭には、なかなか並びにくそうです。また、女性の大切なところを大胆に描いているので、この人形を見る人には、「まんなおし」(「漁をさしてくれたら女性の大切なところを全部みせる」という、土佐に伝わる習俗)を連想させますが、山本香泉がそこまで意識していたかは不明です。

「土佐のつればり」人形は、気候を反映してか、着物をからげて、お尻を突き出して、気持ちよさそうに放尿する「九州型」です。

『川口遊里図屏風』

近世初頭に、大坂の木津川河口の三軒屋にあった遊里等を描いた『川口遊里図屏風』(口絵G)がありますが、そのなかにも、立小便姿をみることができます。尻を少し後ろに突き出して放尿する遊女の姿は、これも「九州型」です。

「東北型」がなかなか見つからないのが残念ですが、絵葉書をはじめ、屏風や絵巻物等の絵画史料を丹念に探していくと、文献では残らない当時の風俗の実相が分かって楽しくなります。

手塚正夫は、昭和30年代後半頃には、女性の立小便姿が次第に見受けられなくなったと述べ、その原因は、小学校における婦人便所の普及にあるとしています。それも一因かもしれませんが、むしろ前を開くことのできる和服の腰巻きから、下に降ろさなければならない洋服の下着への変化が大きかったと思います。

有名となった京女の立小便

さて、現代の京都の女性が聞いたらビックリしますが、近世において、女性の立小便が有名になったのは、京女です。

『南総里見八犬伝』の著者で有名な曲亭（滝沢）馬琴は、享和２（１８０２）年に、京・大坂に旅し、その時の印象を、「羇旅漫録《きりょまんろく》」として著しています。そのなかで、馬琴は、京女の立小便については、恥じることなく、また周囲も笑う人がいないと、「女児の立小便」のなかで、次のように紹介しています。

「京の家々厠の前に小便担桶ありて、女もそれへ小便をする故に、富家の女房も小便は悉く立て居てするなり。但良賤とも紙を用ず。妓女ばかりふところがみをもちて、便所へゆくなり〔割注〕月々六斎ほどづゝ、この小便桶をくみに来るなり、或は供二、三人つれたる女、道ばたの小便たごへ立ながら尻の方をむけて小便をするに、耻るいろなく笑ふ人なし。」（『羇旅漫録』）

路上の小便桶（たご）は、大坂や金沢（石川県立歴史博物館所蔵の『金沢城下屏風』に、小便桶に立小便する姿がみえる）でも確認できますが、当時、京都には、町の出入り口の木戸門の脇に、塵溜とあわせて小便桶が置かれていたのです。

「京女立てッたれるが少しきず」（『柳多留《やなぎたる》六篇』）や「富士額田子へまたがる京の娵《よめ》」（『柳多留一一六篇』）など、「花の都」の路傍の小便桶に、立小便する京女の姿を謳った名（迷）句も、この時期に生まれています。

また、『東海道中膝栗毛』のなかでも描かれていますが、小便桶に溜まった小便は、野菜等と交換されて、食卓にあがります。その様子も、「かみがたの小便朝のおつけの実」（『柳多留篇九十篇』）や「小便が野菜と化ける京の町」（『柳多留三七篇』）と、巧みに表現されています。

大坂の女の立小便　『皇都午睡《みやこのごすい》』

京都の女性のために弁解しておきますが、「蹲《うずくま》りてすることは今にては江戸のみにや　其外は大方立てする也」と、『嬉遊笑覧《きゆうしょうらん》』にあるように、立小便は、京女の専売特許ばかりではありません。

19世紀半ばに、大坂で活躍した「狂言筋立」者の西沢一鳳《いっぽう》は、「三都にて朝寝、昼寝、宵惑に聞たる種々の話」を、『皇都午睡』（明治16（1883）年）にまとめていますが、「厠便所」のなかで、大坂の婦人の立小便についても、次のように書いています。

「大坂にても、適々往来の小便桶へ婦人の小便する事、老婆幼稚の者は人目も恥ねど、若き女の小便するふりは、余り見るべき姿にあらず、江戸は下女に至る迄も小便たごなけねば、よん所なくかはしらねど、皆厠へ行ゆへ、是だけは東都の女の方勝公事也、京にても浪華にても、芸子閨婦が、送り迎ひの下男下女を待せて、往来で小便せぬは、余程色気を含みしゆへ也、老若といわず往来の小便所に、女遠慮あるべき事也、上州信州在の女は、立はだかつて腰を突出してするがおかしくて、泊りし宿にてそれをい丶出し笑へば、此辺でしやがんで、上方にてつくばる事也、小便すると縁付が遅ひとて嫌らへりと云」（『皇都午睡』三編中の巻）

西沢一鳳は、大坂では、老婆幼稚の婦人は、人目を憚りながら往来の小便桶へ立小便するが、若き女の小便姿は見かけないとしています。また、江戸では、小便たごが路上に置かれていないので、仕方がなく、下女に至るまで厠へ行くとあります。上州や信州の女性はまだしも、京女が往還で立小便することは、遠慮するべきと断じていますが、曲亭馬琴にしても、西沢一鳳にしても、そこには、京女に対する憧れが隠れていないように思えるのですが。

天神祭に共同便所舟

図66　天神祭の共同便所船（『滑稽新聞』第169号、明治41年8月20日）。共同便所船は、7月25日の本宮船渡御をみるために仕立てられた

明治になり、文明開化の声が聞こえても、大阪での立小便はなかなか止まりません。『滑稽新聞』によれば、女の立小便は上方名物で、京の祇園祭、江戸の神田祭と並んで、日本の三大祭りの一つである大阪の天満天神祭で、奇なる立小便を見たとして、小舟で立小便している女性の姿を挿絵（図66）につけて、次のように報じています。

「二十五日天神の神輿渡御《みこしとぎょ》の際、堂島川へ方々から集まって来た多くの拝観者が、岸にも舟にも人山を築いて居た中に、紡績会社などは大舟に数十名の工女を乗せて早くから陣取って居たが、婦人は男子と違って船端からジャァ小便も出来ないから、数時間の見物中用便に困るだろうといふ見込みで、一隻の小舟が其中へ小便桶を据え、それに筵を蔽ふて工女の乗船間近く漕ぎ寄せ、頻りに「姉さん小便は如何です」といつて、幾許かの賃銭を取って小便をさせて居た、こんな奇観は恐らく大阪の外では見られない図であろう」（『滑稽新聞』明治41（1908）年8月20日）。

しかし、船を利用した有料便所は、東京の隅田川の川開きでも設けられ、紅白を張った大天馬船で1回2銭を徴収しましたが、これは明治40年3月に開催された東京勧業博覧会の有料便所がヒントであったようです（『東京朝日新聞』明治40年8月5日）。

外国人に「恥」　路傍での立小便を禁止

現在は、「軽犯罪法」により、男性も女性も、「街路又は公園その他公衆の集合する場所で、たんつばを吐き、又は大小便をし、若しくはこれをさせた者」は、拘留又は科料に処せられます。

では、路上等での立小便が問題視され、法律等で取り締まられるようになるのは、いつ頃のことだったのでしょうか。開国によって多数の外国人が日本に入ってくる明治からで、初めて禁止されたのは、外国人の居留地があった横浜です。立小便は不作法で、外国人に対して「恥」であるとして、明治元年9月に禁止されています。

日本最初の新聞といわれる『横浜毎日新聞』には、外国人の目を意識していたのか、立小便に関する記事が多数掲載されています。そのなかでも出色なのは、弥次さん・喜太八さんの孫を主人公とした『西洋道中膝栗毛』の作者である仮名垣魯文《かながきろぶん》が、横浜で立小便をして、邏卒《らそつ》（現在の警察官）に見咎められたことを報じた記事です。

「頃日、仮名垣魯文子要用ありて当港へ来り、本町辺にて風《ふう》と小便致し、邏卒の尤《とが》めに遇し風聞あり、近頃子が著す處の西洋膝栗毛の趣巧最面白く、右腹痛を少しく遺漏せし思ひある歟　仮名がきハ　文の林の道しるべ　魯を出る水の　音に知れけり」（『横浜毎日新聞』明治5年4月22日）

『西洋道中膝栗毛』のなかには、弥次郎兵衛と喜多八さんがエジプトと旅行した時、通事（通辞）が小用で急にお腹が痛くなり、喜多さんに立小便を進める場面があります。「外国じゃア　往来で立小べんなぞをするものは、人間の様にはいはねへそうだから」と断り、弥次さんが「我国の恥になツちやア、外聞がわりイ」と書いた魯文です（『西洋道中膝栗毛下巻九編』）。仮名垣は、どんな気持ちで立小便したのでしょうか。

なお、開港地神戸では、「小便制止の達に曰く、道路溝洫《こうきょく》へ小便を為す者、庶人は壱朱、判任官は貳朱、奉任官は参朱の罰金を科す」（『神戸開港三十年史』）とあり、法を守るべき役人に厳しく、また「宿屋営業者に対しては、旅人に対し道路に小便するの禁制あるを告げざる時は、落度として処分する所あるべし」（同前）とされ、取り締まられています。

立小便の取締は邏卒（警察官）の仕事

横浜が日本の玄関であれば、天皇が東京に移ったといえ、京都は王城の地で、日本の客間にあたります。京都においても、風儀を慎む意味で、明治5（1872）年に、裸体での外出、猥褻図画の頒布等と併せて、市街道路等での立小便を禁止し、便所があるところでするように触れています（『京都新聞』第24号明治5年4月）。

また明治5年10月には、京都府は、現在の警察官にあたる邏卒の職務等を定めた「邏卒規則」を改正していますが、そのなかで、市中の便所以外の場所で立小便をみつけた時は邏卒に制止するように指示し、市民もその旨を心得ておくように触れています。

また、「当府下ハ、市街各町ニ小便所」があり、王城の地でもあり、京都での立小便の取締は大変の厳しかったようで、「西京（京都）御車道広小路上ル辺ニテ、旅人と覚敷モノ、道路ノ溝へ小便ヲセントスルヲ、通行ノ人之レニ語テ云　警固方《ポリス》（警察官）ノ之ヲ見ルトキ、必ス咎メント」と、『滋賀新聞』第1号（明治5年10月）は伝えています。

図67　「京都府違式註違条例」第十四条（『改正違式註違図解』明治11年12月発行）。明治11年12月改正の「京都府違式註違条例」をわかりやすく図解したもの。「市中往来筋に於て便所に非ざる場所に大小便する者」は、5～70銭の科料または半日～4日の拘留

立小便の禁止が、全国的に法制化されたのは、庶民の生活の細部まで規制した明治初期の「違式註違《いっしきかいい》条例」（図67）の制定からです。この条例については、有料便所とからめた、面白い絵葉書があります。次章で紹介しましょう。

第12章 「有料便所」絵葉書と「違式註違条例《いっしきかいいい》」、「違警罪《いけいい》」、「警察犯処罰令」

「有料便所」絵葉書

立小便の規制と有料便所との関係をユーモアな形で絵葉書にしたのが、「有料便所」絵葉書（図68）です。最初に、絵葉書に書かれている詞書を見てみましょう。上京した父を案内中の書生が、「お父うさん、其の便所へ入ると、二銭料金を取られますよ」と注意し、それに対して父は、「ソレハ安い、此前来た時は、溷《どぶ》へやって五十銭とられたよ」と答えています。これだけではなぞなぞ問答のようで、読者の皆さんには何が何だかわからないと思います。

図68 「有料便所」絵葉書

二人の会話を理解するには、明治末に新橋駅や上野駅等に設けられ、2銭の使用料が必要な有料便所の存在と、市中の路上で小便したことが警察官に見つかれば、20円以下の罰金を取られる「警察犯処罰令」があったことを理解する必要があります。「警察犯処罰令」は、第11章で紹介した「違式註違条例」が、「違警罪」を経て、明治41（１９０８）年に改正されたもので、その内容は、現在の「軽犯罪法」に受け継がれています。

有料トイレ「オアシス＠ａｋｉｂａ」

有料トイレは、アイドルグループＡＫＢ48の本拠地、東京の秋葉原駅前にある、多目的有料トイレ「オアシス＠ａｋｉｂａ」が知られています。

東京都千代田区は平成18（２００６）年、ワンコイン（１００円）で利用できる有料トイレを設置しました。タウン情報コーナーや喫煙スペースも併設され、平成27年度は1日平均で２４２人、女性も33人（男性２０１人、子ども等の無料８人）が利用しています。土曜日の夕方等は待たなければ利用することはできないほど、繁盛（？）しています。

これ以外に、東京駅八重洲口のキッチンストリート（使用料１００円）や軽井沢の観光会館（同１００円）にも有料トイレがあります。名古屋の名駅地下街サンロードの有料トイレは使用料10円のため、料金を投入する人はほとんどみかけません。最近では、ＪＲ大阪駅や三宮駅に、トイレだけでなく、ハーブティも用意され、メイクができる女性専用の有料化粧室「アンジェルブ」（天使の花束）も生まれています。大阪駅の「アンジェルブ」では、土・日曜日等の朝・夕の利用は待つこともあるようです。

日本における有料トイレの歴史

日本の有料トイレは、いつごろから生まれたのでしょうか。

江戸落語の『開帳の雪隠《せっちん》』や上方落語の『雪隠の競争』は、花見の名所等で他人の貸雪隠（トイレ）に一日中入って、自分の貸雪隠にお客を導き、儲ける臭い話です。この近世の貸雪隠を除けば、明治36（１９０３）年に大阪天王寺と堺で開催された第５回内国勧業博覧会の高等便所が、日本で最初に設置された有料の公衆トイレです。

内国勧業博覧会は、明治10年に東京の上野において初めて開かれました。当時の内務卿大久保利通が、ウィーン万国博覧会を参考に、生産物や製品等の優劣を競うことにより、出品者の技能を奨励し、農林水産業や工業等の振興を図るために開催されたといわれています。その後は概ね5年ごとに開催されることになり、第2回内国勧業博覧会が明治14年に、第3回が23年に東京で開催され、第4回は、平安遷都千百年の記念事業として、28年に京都の岡崎で開かれています。

表7　内国勧業博覧会の開催状況

	開催年	開催場所	期間・日数	出品点数	観覧者数
第1回	明治10年	東京 上野	8月21日～11月30日 102日	8万点	45万人
第2回	明治14年	東京 上野	3月1日～6月30日 122日	33万点	82万人
第3回	明治23年	東京 上野	4月1日～7月31日 122日	17万点	102万人
第4回	明治28年	京都 岡崎	4月1日～7月31日 122日	17万点	114万人
第5回	明治36年	大阪 天王寺・堺	3月1日～7月31日 153日	28万点	435万人

（出典）資料に基づき、筆者作成

第5回内国勧業博覧会は、当初、明治33年に開催される予定でしたが、この年にパリで万国博覧会があるため、36年に延期されています。明治維新以降、大きなイベントを誘致できていない大阪が、東京と厳しく競った結果、その開催にこぎ着けました。このようなことから博覧会の成功にかける大阪の意気込みは高く、会場には、天王寺（現在の天王寺公園・動物園、通天閣を含む「新世界」の周辺）と堺（第2会場・水族館）が準備され、開催期間も前回の京都に比べて1ヶ月も長い、3月1日から7月31日まで予定されています（表7）。

また、第5回内国勧業博覧会は、出品の優劣を競うよりも、むしろ「祭り」としての色彩を強め、動物の生態を見せる余興動物園、さらに珍しいウォーターシュートやメリーゴランドなども設けられ、規模や出品数等、その内容から、日本で初めての万国博覧会といわれています（口絵K）。博覧会には多数の入場者が予想され、会場の諸設備はもちろん、伝染病予防の点から、汚物処理等、特に観覧者が排泄する屎尿の処理については十分注意を払う必要がありました。

博覧会の公衆トイレといえば、嘉永4（1851）年に開催されたロンドン万国博覧会では、男子用22ヶ所、女子用47ヶ所の有料の水洗公衆トイレが初めて設置され、大好評でした（『水晶宮物語』）。第5回内国勧業博覧会でも、高等・中等・上等の有料便所が、日本で初めて登場しています。高等便所は洋式で、使用料は男子10銭、女子15銭です。内国勧業博覧会の入場料（平日5銭）ですから、かなり高額で、便所というよりは、むしろ便所付き化粧室の色合いが強いと思います。

博覧会は有料便所がお好き

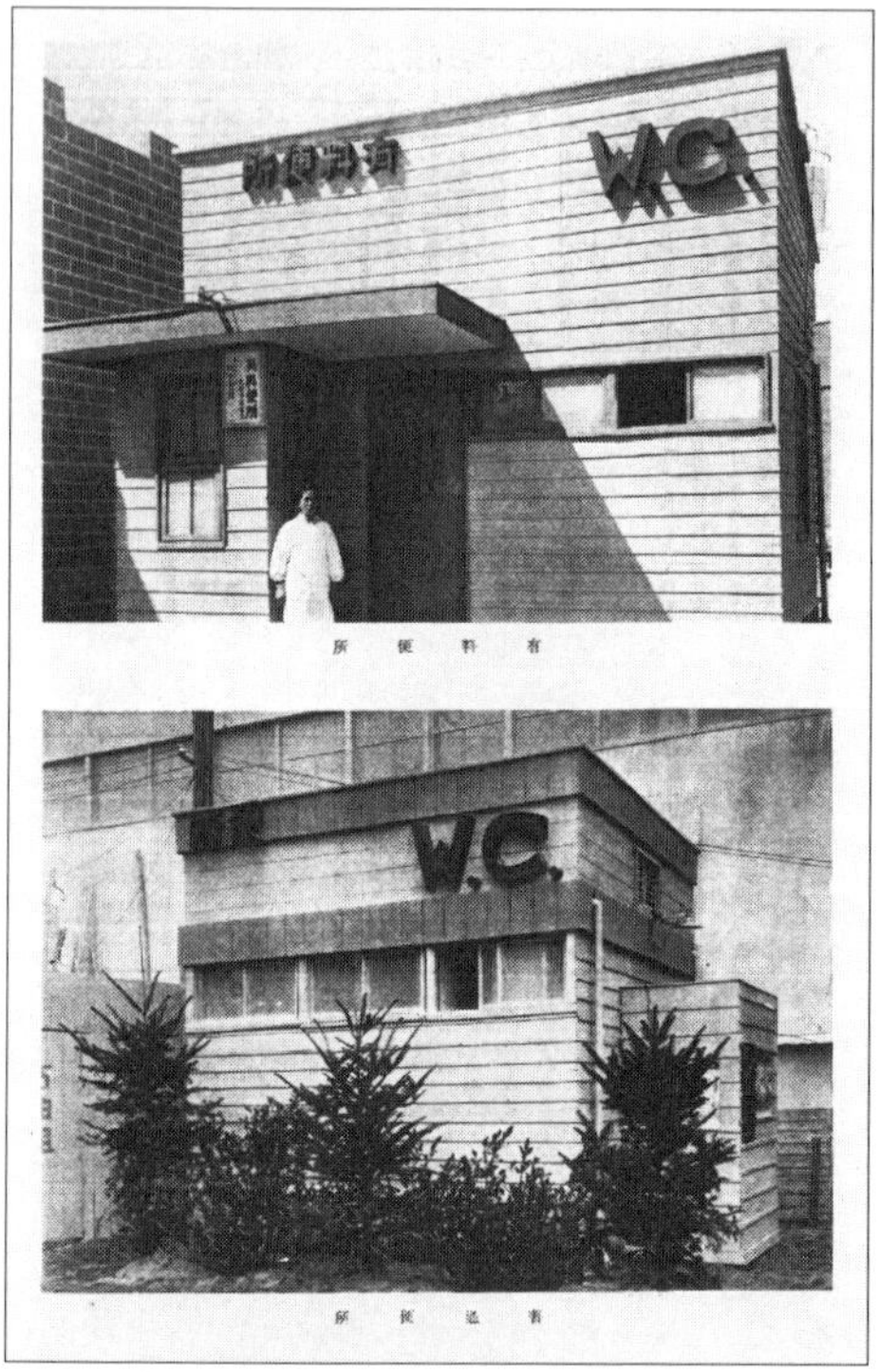

図69　名古屋汎太平洋平和博覧会有料便所（『名古屋汎太平洋平和博覧会会誌』愛知県立図書館所蔵）

第5回内国勧業博覧会で初めて設置された有料トイレですが、博覧会は有料トイレが大好きなようです。明治40（1907）年に東京上野で開催された東京勧業博覧会に続いて、同年に三重県津で開催された第9回関西府県連合共進会、43年に名古屋の鶴舞公園で開催された第10回関西府県連合共進会においても、高等便所（有料便所）が設けられています。さらに、明治44年に神戸の湊川公園で開かれた貿製産品共進会、大正4（1915）年に京城（現在のソウル）で開催の始政五年記念朝鮮物産共進会、昭和12（1937）年に名古屋で開催された名古屋汎太平洋平和博覧会でも、高等便所が設けられています（図69）。博覧会や規模の大きな共進会で有料便所が設けられていないのは、大正3年に、大正天皇の即位の奉祝を記念して開催された東京大正博覧会です。これは、その直前に開かれた東京勧業博覧会において、有料便所の乱立もあって営業不振に陥ったことが遠因と思われますが、それでも、東京大正博覧会の一環として陸軍飛行機の展示や試験飛行が行われた青山飛行場では、有料便所が設けられています。

その後、有料便所は、大阪の第5回内国勧業博覧会の影響もあってか、明治39年に東京の浅草橋に高等便所が設置され、その後43年に新橋駅、44年に上野駅、さらに少し遅れて45年に京都駅に、高等便所が設けられています。

図70　新橋駅の有料化粧室（『グラヒック』第2巻第6号、国立国会図書館所蔵）

西洋式もあった新橋駅の高等便所

新橋駅の高等便所（図70）は、当時の内閣鉄道院総裁の後藤新平（後に内務大臣・東京市長等を歴任）の特命により、明治43（1910）年に駅の東隅に設置されています。3月10日から使用開始されていますが、開設当日には50名のお客があったと、明治43年3月11日の『読売新聞』は、次のように報じています。

「十日から開始した新橋の高等便所は、同日既に五十名のお客があった相だ、新設便所は普通便所の左方にある、化粧室も便所も料金二銭で、銅貨を入れるとチリンと音がして扉が開く便所なれば、

『使用中』と云ふ札が現はれ、夜は同時に電灯が点く、但し間違つて他の銭を入れても、コロリと再び手元へ戻つて来るから、之は先ず安心である、化粧室の方が姿見其他一切の道具が揃つて、鉢植の二つ三つは置いてある、便所は西洋式が五つ、日本式が三つで、帽子掛荷物棚あり、又丁寧に用便紙も揃えてある、便器を洗ふ為の用水もある」

高等便所には、「西洋式」の便器が五つ、「日本式」の便器が三つあり、帽子掛けや荷物棚も備えられていました。また、「丁寧に用便紙も備へて」とありますので、公衆トイレでは、日本で初めてトイレットペーパーが備えられていた可能性もあります。さらに便器を洗浄できるとありますので、当時としては大変珍しかった「水洗式」の便所です。

高等便所の使用料は、東京市が設置した浅草橋は1銭ですが、新橋駅の場合、「扉の横手の穴に二銭銅貨を入れると、自然と扉が開いて、閉めるとチリンの上の鈴が鳴る、そこで黒制服の美人が鍵でと〆《しめ》る（中　略）。化粧室も又二銭、投入は二銭銅貨に限る」（『グラヒック』第2巻第6号）とあり、使用料は2銭です。

上野駅の高等便所

上野駅の高等便所は、新橋駅よりも約1年遅れて、明治44（1911）年4月19日から使用開始していますが、同日付けの『都新聞』は、「上野駅の化粧室と高等便所」の見出しで、その様子を次のように伝えています。

「化粧室は一間半に一間にて、入口左は料金挿入口あり、之に二銭銅貨を投入すれば戸は自然に開く装置あり、もし二銭銅貨以外の金を入れる時は、さらに左にある盃形の容器に吐出する様になり居り、室内は左一間の姿見あり、前には盆栽数鉢を陳列し右は湯水、石鹸等の備付あり、天井は全部花模様の板硝子を張り詰めある瀟洒《しょうしゃ》たる装飾なり、又た便所は大小便所に別たれ、大便所にはさらに外国人用と日本人用とあり、入口の装置は化粧室と異ならず、用を達したる後天井より下りある綱を曳けば、装置あるタンク内の一定量の水が噴出して、汚物を流し去る仕掛けとなり居り、使用中には戸の外部に使用中の文字顕はる、仕掛もありて、看守には海老茶袴のハイカラの妙齢の婦人を附したり」

使用料は2銭、大便所は外国人用と日本人用とありますので、洋式便器と和式便器の両方が備え付けられていたと考えられます。また、天井よりの綱を曳けば水が流れるとありますので、サイホンの原理を使ったハイタンク式の洗浄装置を備えた水洗便所であったと思われます。また、使用中であれば「使用中」の札が現われる仕組みです。

化粧室には、姿見があり、盆栽も置かれています。また、湯も出て、石鹸も備え付けてあり、花模様の板ガラスが張り詰めてあるということですから、現代の洒落たトイレ以上に豪華な便所でありました。

冒頭に紹介した絵葉書の有料便所の所在地ですが、「上京した父を案内していること」や「使用料金が2銭」、さらに、和服の看視婦人が描かれていますので、新橋駅か上野駅の高等便所と思われます。

風俗の規制　違式《いっしき》詿違《かいい》条例の制定

絵葉書によれば、以前に上京した父親は、立小便をしているところを、警察官に見咎められ、50銭の科料を徴収されました。

路上での立小便は外国人から野卑の象徴とみなされ、日本人の「恥」とも受け取られ、横浜で初めて禁止されましたが、法制化されたのは、明治初期に制定された「違式詿違条例」からです。

「違式・詿違」の言葉は、現代の私たちに全く馴染みのない言葉です。『人民心得違式詿違条例』（明治9（1876）年9月）には、「違式・詿違」には「おもきつみ・かろきつみ」とルビがふられています。「違式」は「規則に背くこと」、「詿違」は「心得えちがい」の意味で、故意または過失により、規制項目に違反した場合に罰するというものです。現代の「軽犯罪法」のルーツに当たります。文明開化を進める明治政府が、旧来の風俗や習慣を陋習とみなし、民衆の風俗を矯正するとともに、社会の安寧を図る目的で、条例を制定したのです。

違式詿違条例は、明治5年11月に制定された「東京違式詿違条例」が初めてで、その後、広島県や岡山県等で設けられました。さらに、明治6年7月には、府県で条例を定める場合に準拠すべきものとして「地方違式詿違条例」が制定され、太政官から、府県に対して同様の条例を設けるように通知がありました。

条例は、①裸体や入墨、男女混浴や春画の販売等、野卑とみなされた風習等の禁止項目と、②用水や魚簗《やな》の妨害、楽書《らくがき》の禁止、贋造《がんぞう》飲食物の販売等、社会秩序の維持の項目に分けられ、庶民生活の細かな点まで規制しています。

廃棄物関係では、①河川等へのごみの投棄、②禽獣《きんじゅう》・汚穢物《おわいぶつ》の往来への投棄、③人に対する汚穢物の投棄、④田畑への瓦・礫《れき》・竹木等の投棄、⑤道路における汚物の堆積を禁じています。また、屎尿に関しては、多くの府県で、「蓋ナキ糞桶ヲ以テ搬送」を禁止し、神奈川県、新潟県、京都府、大阪府では、糞桶の運搬時間にも制限を加え、罰則を課しています。さらに京都府では、明治8年3月の「屎尿運搬規則」で、病毒を媒介すると考えられていた屎尿の臭いの発散を防ぐため、防臭薬の使用まで義務付け、これに違反する場合も、「京都府違式詿違条例」で罰せられています。

立小便の規制の判断は、路上の便所の把握から

ところで、府県での条例制定の準則ともいえる「地方違式詿違条例」には、立小便の禁止は盛り込まれていません。これは、路上での立小便が、当時は常態化し、市街地での公衆便所が十分整備されていないこともあって、府県の実情に応じて規制することが、適当と判断されたからと思われます。

実際、京都府では、明治6（1873）年10月に「違式詿違条例」の中に立小便の禁止を盛り込むべく、国の警保寮《けいほ》（のちの内務省警保局）に問い合わせていますが、「市中便所ハ何ヶ所設ヶ有之哉」と、まず市街地における便所の設置状況について照会がありました。京都府は、現在の京都市長に当たる総区長に調査を指示し、総区長は、「各区道路ニ有之大便所并小便所、至急ニ御取調」と、各区長に調査を依頼しています。その結果、「市街六十四区合、大便所二百五ヶ所、小便所四百八十五ヶ所」の690箇所と回答し、国は市街地における公衆便所が十分整備されていると判断されたのか、「立小便の禁止」を条例に盛り込むことを認めています（『明治九年五月公文録内務省之部付録全』国立公文書館所蔵）。

平成26（2014）年現在、京都市内の公衆トイレは、公園も含めて99ヶ所ですから、当時の便所の多さにびっくりします（「京都市の公衆トイレMAP」平成28年3月、京都市ホームページ「京都市情報館」）。これは、近世京都では各町の木戸の横に塵溜と小便桶が置かれていましたが、その名残りです。

明治25年6月23日付の『京都日出新聞』の「竹窓静譚」によれば、文政8（1825）年に、「三千五百三ヶ所の辻便所あり、甚臭気はいか斗《はか》りなりけん、聞くにも嘔吐の心地せり、然し乍ら是も亦往還頻繁四民群衆の一証」とあります。「竹窓静譚」に書かれている京都の人口は約49万人で、『京都の歴史』によれば、文政5年の山城の人口が約48万人ですから、この記事にある3500ヶ所の辻便所は、あながち誇張とも言えません。近世の京都には、街角にいかに便所が多く、屎尿の臭いが溢れていたことがわかります。

なお、これらの小便桶は、明治5年11月に、本格的な両便所（大便所・小便所）を建てるよう、京都府から指示があり、撤去・建替等が行われましたが、まだ、690ヶ所の便所が街路にあったのです。

府県によって規制が異なる立小便の禁止

表８「違式詿違条例」により、市街等での立小便の禁止が確認できる府県

項　目	立小便の禁止			幼稚の者に立小便をさせることを禁止		
条文例（新潟県）	市中往来筋ニ於テ便所ニ非サル場所ヘ小便セシムル者			店先ニ於テ往来ニ向ヒ幼稚ニ大小便ヲセシムル者		
府県名	24府県			18府県		
	青森県	岩手県	宮城県	青森県	岩手県	福島県
	山形県	栃木県	埼玉県	栃木県	埼玉県	東京府
	群馬県	東京府	神奈川県	神奈川県	新潟県	富山県
	山梨県	浜松県	新潟県	山梨県	岐阜県	浜松県
	岐阜県	富山県	京都府	兵庫県	岡山県	広島県
	大阪府	堺　県	兵庫県	高知県	大分県	熊本県
	和歌山県	広島県	島根県			
	愛媛県	高知県	熊本県			
対象行為	大小便　10府県 大　便　1県 小　便　13府県			大小便　18府県		
禁止区域	市街往来又は市中往来筋　18府県 便所ノ設アル地　青森県・岩手県 輻輳ノ市街　群馬県　　宿町等　埼玉県 市街地を指定　堺県　市中並ニ接近村落ノ往来　山梨県 市街小路共便所ノ外　熊本県					

（出典）資料により筆者作成
（注１）「違式詿違条例」の改正等により、これと異なる県もありえる。
（注２）現在の都道府県になるのは、明治23年。「地方違式詿違条例」の公布時点（明治６年）では、３府72県。

東京では、立小便の取締は、「市中往来筋において、便所でない場所での小便の禁止」（立小便の禁止）と、「店先で往来に向いて、幼稚の者に大小便をさせることの禁止」（幼児等の大小便禁止）が、規制の対象とされています。

各府県の違式詿違条例の内容が、史料で確認できる範囲では、立小便の禁止は24府県、幼児等の大小便禁止は18府県で規制されています（表８）。

また、立小便の禁止区域は、府県によって異なり、「市街又ハ市中往来筋」が、東京府・京都府・新潟県・神奈川県・岐阜県・兵庫県・広島県等の18府県と最も多く、「便所ノ設アル地」が青森県・岩手県、「輻輳ノ市街」が群馬県、「宿町等」が埼玉県、「市中並ニ接近村落ノ往来」が山梨県で、現在の奈良県と大阪府の一部にあたる堺県では、堺・奈良・五條・郡山・岸和田・貝塚・枚方の市中往来筋と、具体的な地名を挙げて禁止しています。

なお、鳥取県では、明治5年9月に「野卑ノ風俗ノ戒メ」として、「道路ニ於テ糞尿致スヘカラス、但近日糞尿場所相設ヘハ、必ス其所ニ限ルヘシ、小児ト雖トモ同断ノ事」を、千葉県では、明治7年8月12日に、人民の心得として「市街便所ニ非ル地ニ尿《いば》リスル者」と「店先等ヨリ往来ニ向ヒ小児ニ尿《いば》リサスル者」を禁止しています。

府県の実情に任せ、「地方違式詿違条例」に盛り込まれなかった立小便の禁止ですが、実際には多くの府県で、市街地を中心に取り締まられていたのです。

描かれた立小便　『違式詿違条例図解』

「違式詿違条例」は、名称も庶民には難しく、なかなか理解しにくい上、今まで当たり前のように行われたことが、ある日突然許されなくなったのですから、国民に条例を浸透させるには、大変な苦労があったに違いありません。

このため、「文字読難ガタキ幼童《こども》、或ハ義理《わけ》絵得《えとく》セザル婦女子《をんな》」（『京都府違式詿違条例註解画図入』明治9（1876）年12月）に対しては、「本文ヲ片《カタ》カキニテ註《とき》解シ、読ミヤスク、解シ易」くした「違式詿違条例」の図解が、東京、京都や大阪をはじめ、各府県で発行されています。

図71　描かれた立小便（『大阪府御布令之譯』明治9年12月）

図解は「大阪府違式詿違条例」を絵解した前田徳平編集、前田喜兵衛出版による『違式詿違御布令之譯』のような冊子と、浦谷義春註解、真部武助出版による『大阪府御布令之譯　違式詿違条例六ヶ条　罪目七十ヶ条　図解』のような1枚ものの二つの種類に分けられます。条例を常から暗記しておけば、規制項目を犯すことはないとし、冊子は座右に置き、1枚ものは家屋内等に張っておくことを念頭に、作成・販売されたものです。

これらの図解には、条文とその規則内容を説明した挿し絵が描かれ、当時の世相がよくわかり、明治初期の社会風俗を研究する上からも、大変貴重な資料です。

立小便の図解ですが、男性が塀等にむかって立小便をしている姿（図71）がほとんどですが、『京都府違式註違条例註解画図入』には、幼児に小便をさせている女性の姿が書き添えられています。このことから、条文上は明記されていませんが、京都府でも、幼児等の大小便禁止も実際には取り締まられていたと思われます。

また大阪府では、大変珍しい扇形で2枚組の『御布令之訳　違式詿違条例九十ヶ條図解』（本書の表紙）が刊行され、塀に向かって立小便する男性とともに、子どもに放尿させる女性の姿が描かれています。

立小便の取締

立小便の取締状況ですが、京都府では、明治９（１８７６）年10月に公布・施行の「京都府違式詿違条例」で、「市中往来筋ニ於テ、便所ニ非サル場所へ大小便スル者」（第61条）は、５銭から70銭の罰金、または半日から７日の拘留に処せられることになりました。『明治14年京都府統計書』によれば、便所でないところへ大小便した２４５人が処罰され、科料24円55銭が徴収されています。蓋なしの肥桶で糞尿を運搬した場合も「違式詿違条例」で罰せられますが、その違反者が４８３人で、科料が24円15銭ですから、確信犯である立小便には、厳しい罰金で臨んでいることがわかります。

また、東京での取締状況ですが、明治10年には、女性11名も含めて４１９９名が立小便で検挙されています。なかには、所定の罰金を払えず、懇願して減額してもらった者もおり、多くは叱りおく「呵責《かしゃく》」で済まされていますが、実刑を受けた者もいます。立小便の検挙数は、違式・詿違の罪目全体の約40％近くを占め、警察の厳しく取り締りにも拘わらず、東京でも立小便が常態化している様子がうかがえます。

違警罪の制定と違警罪図解

「地方違式詿違条例」は、明治13（１８８０）年7月に「違警罪」に改正されましたが、立小便の規制は「地方違式詿違条例」同様、盛り込まれていません。しかし「刑法」第４３０条の「必要によっては、地方において適宜違警罪を定めることできる」とされ、京都府では、「違警罪」第４条第３項において、「市街ニ於テ、便所ニ非ラサル所ニ大小便ヲ為シ、又ハ幼稚ニセシム者」は、５銭から50銭の科料に処せられることになりました。

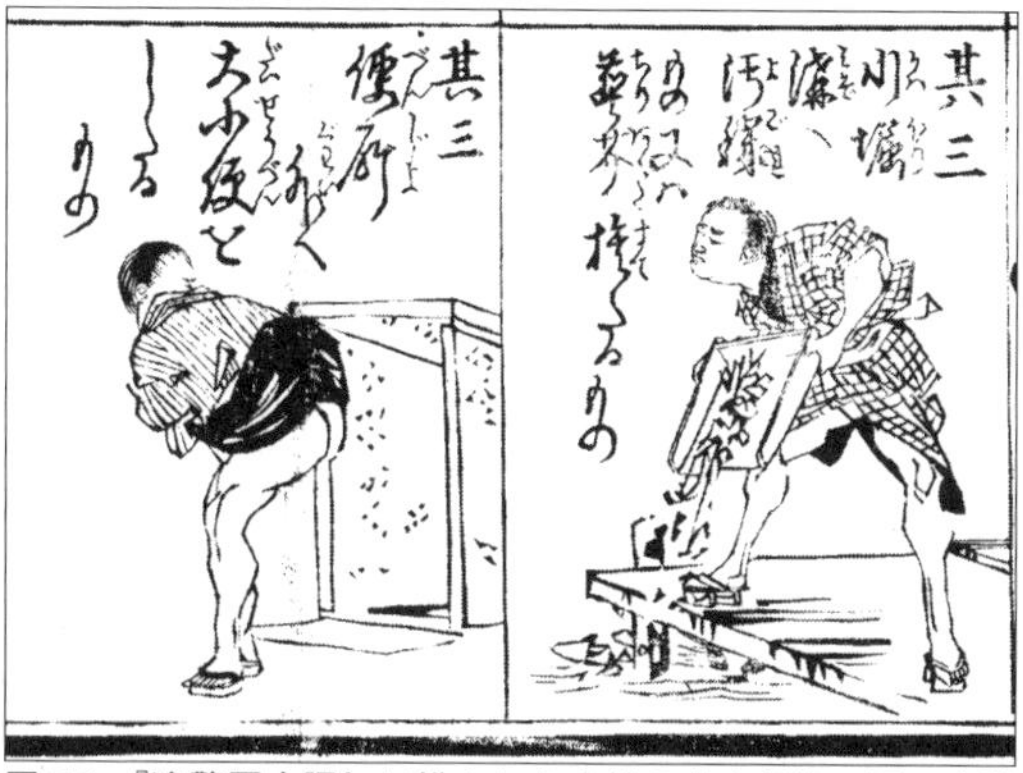

図73 『違警罪之譯』に描かれた女性の立小便姿。囲いを設けられた路上の小便桶（小便所）に、立小便をする女性

京都府では、明治16年に、女性30名も含めて３８３名が立小便で科料に処され、「違警罪」に占める立小便違反者の割合は、７・３％で多くない印象を受けます。しかし、立小便の違反者は、全体としては４番目ですから、市街地で立小便がなかなか止まず、市中での裸体の横行とともに、取締を担当する邏卒（警察官）の手を煩わしたと思います。

また、違警罪についても、市民に解りやすいように、図解が作成されています。京都府では、明治14年3月に、高木磐太郎が編集した『今度心得刑法中違警罪図解』、大阪府では、明治15年に伴源平が編集した、彩色された『違警罪図解』や、明治14年に八尾徳蔵が編集・出版した『違警罪之譯』（図72）が刊行されています。この八尾徳蔵が発行した『違警罪之譯』には、女性の立小便が描かれていますが（図73）、その姿は、第11章で紹介した着物を尻のうえにたくし上げ、前かがみになって放つ「九州型」です。

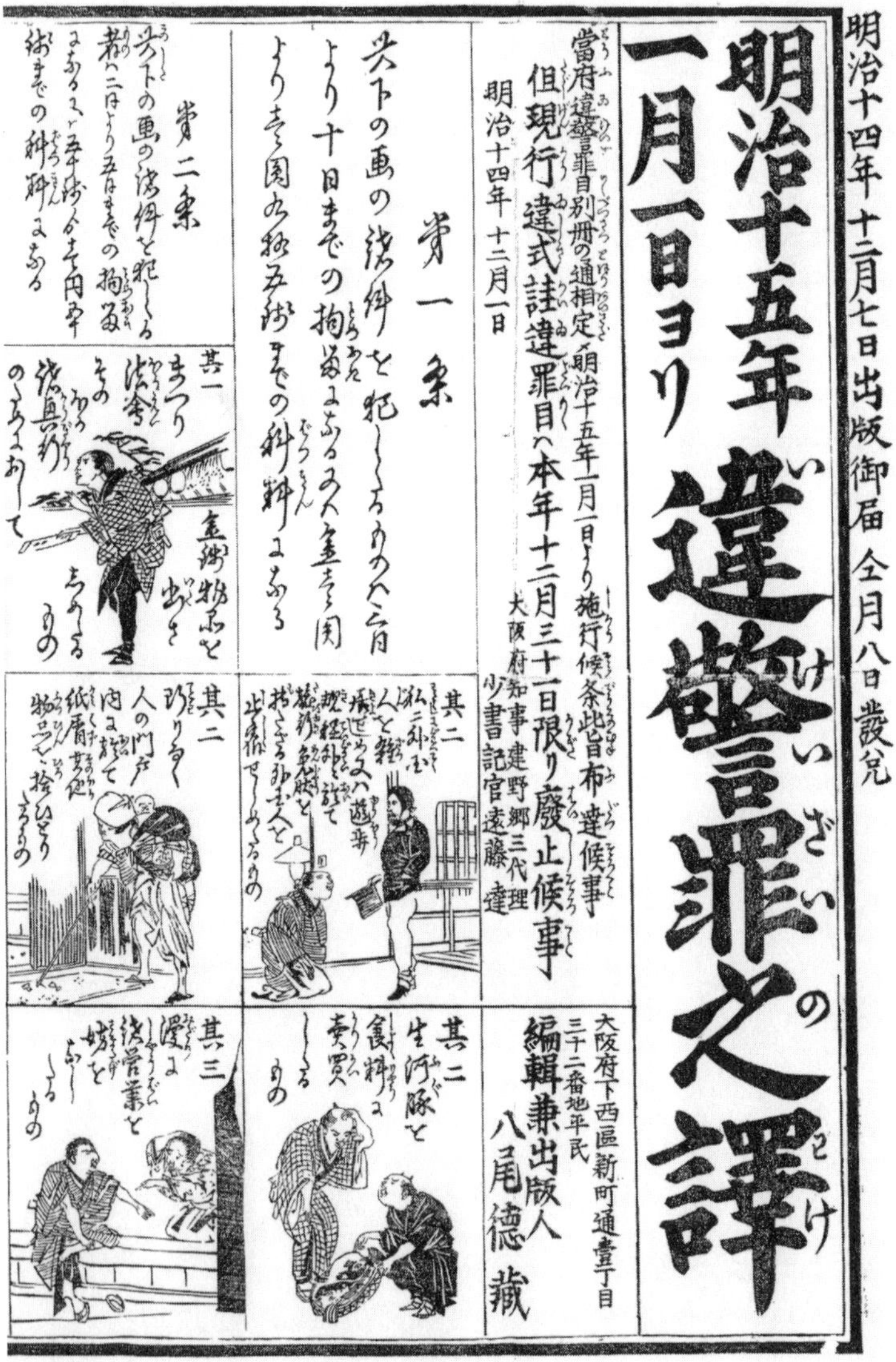
明治十四年十二月七日出版御届　仝月八日發兌

明治十五年一月一日ヨリ　違《い》警《けい》罪《ざい》之《の》譯《わけ》

當府違警罪目別冊の通相定メ明治十五年一月一日より施行候条此旨布達候事
但現行違式詿違罪目ハ本年十二月三十一日限り廢止候事
明治十四年十二月一日
大阪府知事建野郷三代理
少書記官遠藤達

大阪府下西區新町通壹丁目三十二番地平民
編輯兼出版人　八ヨ尾德藏

第一条
此下の画の條件を犯したるものハ二日より十日までの拘留に處するか又ハ壹圓より壹圓九十五錢までの科料に處する

第二条
此下の画の條件を犯したる者ハ一日より五日までの拘留又ハ五十錢より壹圓五十錢までの科料に處する

図 72『違警罪之譯』（明治 14 年 12 月、定価 3 銭 5 厘）

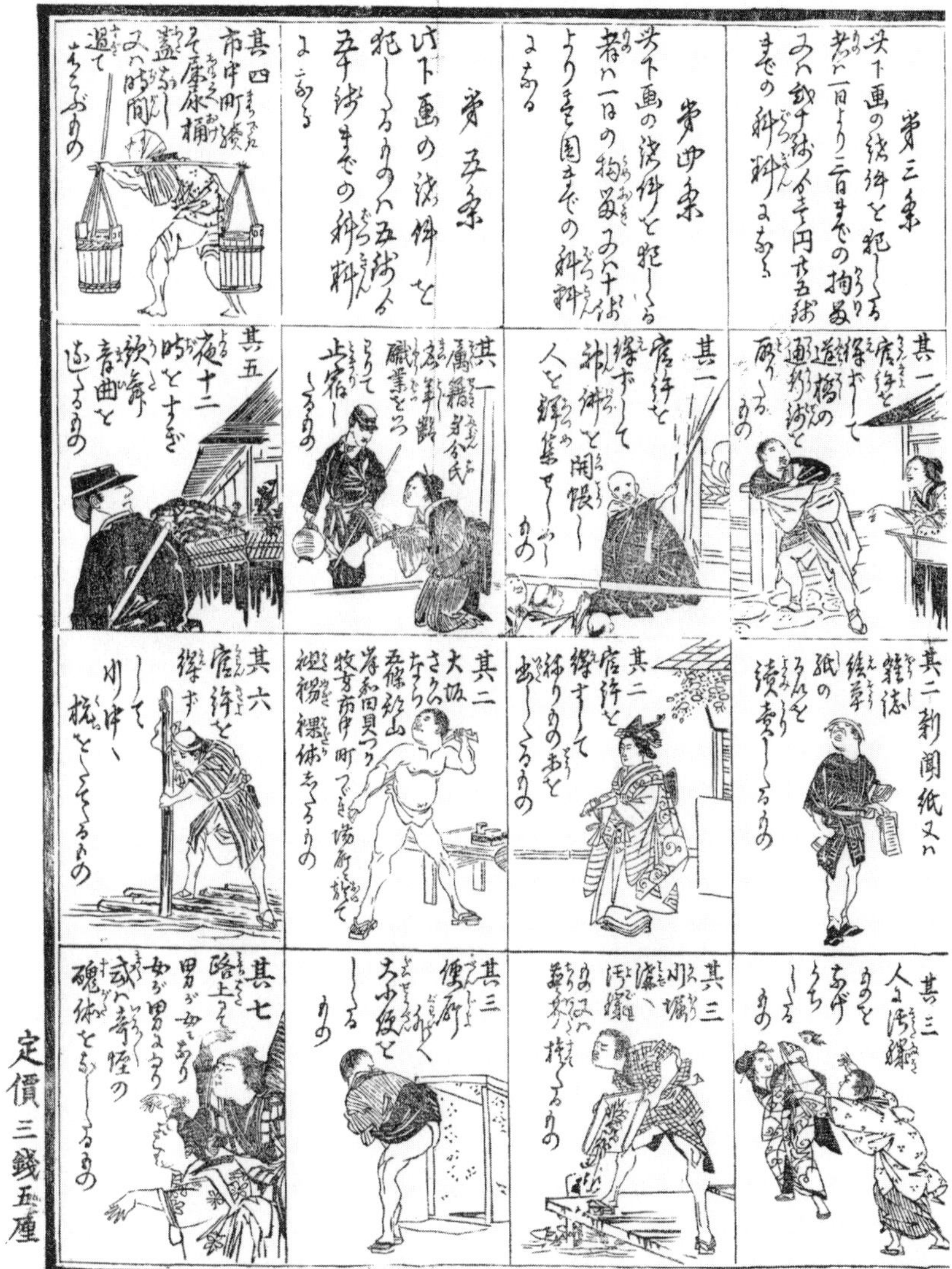
第三条
第四条
第五条
其一
其二
其三
其四
其五
其六
其七
定價三錢五厘

警察犯処罰令による取締

各府県で制定されていた「違警罪」は、明治41年（1908）9月に「警察犯処罰令」に改正され、「街路ニ於テ屎尿ヲ為シ、又ハ為サシメタル者」（第3条第3項）は、全国一律に罰せられることになります。

「有料便所」絵葉書に登場した父親も、この「警察犯処罰令」で、50銭の罰金がとられたのです。

警察犯処罰令による取締状況ですが、警視庁管内では、明治43年に、街路に立小便した者は4120名（男4102名、女18名）、街路に立小便をさせた者は195名（男97名、女98名）です（表9）。その多くは、絵葉書の父親のように、1円未満の科料が課せられていますが、立小便の違反は、「警察犯処罰令」全体の約12％ですから、依然として、依然として高い割合です。

この「警察犯処罰令」の立小便の規制については、『東京朝日新聞』（明治41年10月6日）によれば、衆議院書記官長（現在の事務総長）や司法次官（現在の法務大臣）等を勤め、衆議院議員でもあった山田奠南《てんなん》は、東京の公衆便所が極めて少なく、また不潔で到底入ることができないため、立小便が多いと厳しく批判しています。路上での立小便を止めるには、山田奠南が指摘するように、誰でも利用できる公衆トイレが求められたのです。

『3ちゃんの軽犯罪法解説』

太平洋戦争後の昭和23（1948）年8月に、「警察犯処罰令」は「軽犯罪法」に全面的に改正され、街路等における立小便は、「たんつばを吐いたもの」への取締と併せて条文化され、現在に至っています。

また、「軽犯罪法」の解説書も、日本感激新聞社から漫画による平易な解説書『3ちゃんの軽犯罪法解説』（図74）が刊行され、京都市・大阪市・神戸市の公安委員会の推薦を受けています。昭和22年に、手塚治虫のデビュー作である『新宝島』が発刊され、漫画がブームになりつつあったこともあって、『3ちゃんの軽犯罪法解説』は、

表9　警視庁管内における立小便の取締状況(明治43年・44年)

年		明治43年(1910)						明治44年(1911)					
項　目		街路ニ於テ屎尿ヲ為ス		街路ニ於テ屎尿ヲ為サシム		警察犯処罰令全体		街路ニ於テ屎尿ヲ為ス		街路ニ於テ屎尿ヲ為サシム		警察犯処罰令全体	
		男	女	男	女	男	女	男	女	男	女	男	女
被告人員		4,102	18	97	98	33,802	2,667	3,725	25	249	44	33,284	3,310
(割合%)		12.3	0.5	0.3	3.0	100.0	100.0	11.2	0.8	0.7	1.3	100.0	100.0
拘　留		0	0	0	0	10,737	1,878	0	0	0	0	9,708	1,990
科料	10円以上	0	0	0	0	12	3	0	0	0	0	36	2
	5円以上	1	0	0	0	46	12	0	0	0	0	93	19
	2円以上	25	0	0	0	320	112	8	0	0	0	432	248
	1円以上	225	4	2	4	1,656	213	175	2	62	0	2,027	686
	1円未満	3,851	14	95	94	21,031	448	3,542	23	187	44	20,988	365
	計	4,102	18	97	98	23,065	789	3,725	25	249	44	23,576	1,320
免　除		9	0	0	0	44	0	4	0	0	0	45	6

（出典）警視庁統計書

漫画を使って、庶民にわかりやすい形で、「軽犯罪法」の条文を説明する工夫がこらされています。

「有料便所」絵葉書を読み解くと、そこには社会の隠れた一面が浮き彫りになってきます。絵葉書は、調べれば調べるほど、奥が深い史料です。

図74　『3ちゃんの軽犯罪法解説』（昭和23年、日本感激新聞社発行）

第13章　『滑稽新聞』が描くトイレの世界

滑稽新聞

『滑稽新聞』は、稀代の反骨ジャーナリストで、東京大学の明治新聞文庫を創設した宮武外骨《みやたけがいこつ》が、明治34（1901）年1月25日に創刊した雑誌形態の新聞です。官吏の汚職や会社の誇大広告をはじめ、社会に潜む不合理を、巧妙な方法で滑稽化して記事にしたため、発禁の処分をたびたび受けています。当時、代表的な文芸誌であった『文藝倶楽部』（明治28年1月創刊）の発行部数が5万部程度であったのに対し、『滑稽新聞』は、最盛期には約8万部であることからわかるように、社会から根強い支持がありました。

絵葉書は、明治33年9月に発行が公式に認められましたが、『滑稽新聞』は、その創刊当初から強い関心を寄せています。「昨年十月私製はがきが許されてより、之を製造販売する者少なからず、其種類既に数千に達せり、然れども一として図案の巧妙なるものなく、孰れも子児の玩弄用に過ぎざるなり、東洋美術国の絵葉書にして斯くの如きは、是に実に恥づべき事ならずや」（創刊号）と嘆き、批判的精神を如何なく発揮して、『滑稽新聞』版の私製絵葉書を作り、その図柄に応じて使う用途を示して、新聞に掲載するとしています。

その後、『滑稽新聞』には、思わず笑いがこみ上げるような絵葉書が次々に登場しています。また、「絵はかき界」の欄を設けて、絵はがき展覧会や交換会の開催情報をはじめ、各地・各界で発行された絵葉書の紹介と批評、を行うとともに、6枚物に綴られた絵葉書は通信の本義に背く等、絵葉書に対する意見等を開陳しています。しかし、『滑稽新聞』は、絵葉書に関する情報を提供するだけでは飽きたらなかったのでしょう。明治40年5月に、『滑稽新聞』としては初めての増刊号となる『絵葉書世界』（口絵H）を刊行し、批判的な精神に富み、ユーモアに溢れる絵葉書の発行に踏み切っています。

『絵葉書世界』が描いた排泄・トイレの世界

『絵葉書世界』は、石版刷りの彩色絵葉書30枚を、4枚1ページにまとめたものです。旅行中の汽車・汽船のなかで、「意匠珍画」の画集として、気晴らしに眺めてもよく、また、はさみを旅宿で借りて、一枚一枚切り離し、実際に葉書として出すことでも愉しんでもらえるとしています。

『絵葉書世界』の定価は1部14銭で、停車場（駅）、書肆《しょし》（書店）、新聞・雑誌店や絵端書《えはがき》店で販売されています。『滑稽新聞』は7銭ですので、倍の値段ですが、大阪市内では『滑稽新聞』の3倍以上、名古屋や京都では2倍以上売れ、大変な評判を呼びました。一人で『絵葉書世界』を5部・10部と注文して、友人に配る者も生まれ、また、激賞の投書がおおよそ300通、『滑稽新聞』に寄せられています。同社としては、紙質や製版技術の向上を図るとともに、揮毫家として有名な大阪の画伯や、東京美術学校で意匠家として著名な青年画伯に依頼して、意匠に一層工夫を凝らすとしています。

「着想奇抜　意匠斬新　印刷鮮明」の『絵葉書世界』は、明治42（1909）年6月の終刊までに第26集・780枚の絵葉書を刊行していますが、粗悪な印刷で、他の図案を真似た絵葉書が多かったなかで、大歓迎されたのです。

今、『絵葉書世界』を見ると、真鯉《まごい》と緋鯉《ひごい》が空中で絡む様子を「中天の情事」と名付けた絵葉書（図75）をはじめ、

図75 「中天の情事」絵葉書（『絵葉書世界』第25集　明治42年6月1日　国際日本文化研究センター所蔵）

洒落っ気があり、また微笑ましく、自然と笑いを誘い、現代でも十分通用するような名品ばかりです。

『滑稽新聞』は、「大阪婦人の立小便と裸体」、「有料便所論」、「大小便左旋の原理」や「新放屁論」等、立小便をはじめ、トイレや排泄について異常なほどに関心を寄せ、新聞紙上でたびたび話題にして、社会批評を展開しています。『絵葉書世界』でも、トイレや排泄を題材にした絵葉書を多く発行し、第11章の女性の立小便で紹介した「野路のゆばり」絵葉書も、『絵葉書世界』の1枚です。これ以外にも、「女学校便所」、「親の恩」、「寝小便を直す呪《まじない》」、「三番叟　大阪方言」、「廃物の排泄」と名付けられたトイレと排泄に関する絵葉書があります。これらの絵葉書を紹介しながら、明治末の排泄とトイレ事情を見てみることにします。

「女学校便所」絵葉書

最初に紹介するのは、「女学校便所」絵葉書（口絵B）で、明治40（1907）年7月5日に発行された『絵葉書世界』第3集のなかの1枚です。

『絵葉書世界』は、正月の風俗をはじめ、発行月にちなんで題材を求めていますが、大阪や東京で流行した当時の社会風俗や、種痘医や天気予報等、新しく生まれた社会事象、さらには男女の愛と別れ、女子判任官等の女性の活躍について、洒落と皮肉を交えて取り上げています。なかでも女学生がたびたび登場しますが、これは、明治32年の「高等女学校令」により、高等女学校が次々に創設され、さらに35年に雑誌『少女界』の創刊、36年に

『読売新聞』の新聞小説への女学生の登場等、女学校に対する社会的関心が高まったことも背景にありました。

ＮＨＫの朝の連続ドラマ『あさが来た』は、明治34年の日本女子大学の創設に関わった広岡浅子が主人公ですが、ドラマのなかでも、「御転婆《おてんば》」な女学生の姿が登場しています。『絵葉書世界』でも、逆立ちした女学生を描く「姫獅子（女学校運動）」、馬跳びする女学生の「背飛び運動」や、窓から「阿《あ》ま酒」をつりあげて、買う姿を描く「女学校の寄宿舎」（口絵Ｍ）など、女学生の生態を、ひと味もふた味も違った視点で絵葉書にしています。「女学校便所」絵葉書はその一つで、便所の格子の窓に、気張っている女学生が映っている構図です。現代でもなかなか思い付かない、少々刺激が強いですが、面白い構図の絵葉書です。

現代の男性にとって、トイレは単なる排泄の場所に過ぎないようですが、女性は、用を足す以外に会話や交流の場で、ストレスの解消をはじめ、おしゃべりや着替え、さらには化粧もできるなど、多様な使途を求めているようです。

明治末期の女学校の便所も、現代と同じように、化粧等、多様な使い方があったようです。「女学校便所」絵葉書の発行時期から少し遅れて、明治43年8月1日に発行された『大阪滑稽新聞』（明治41年10月に廃刊した『滑稽新聞』の後続紙、同年11月に創刊）には、「便所で化粧する女学生」という見出しで、「東京の女学生社会では、此頃テコ変《（ママ）》なことが流行って居る、女学生は毎日懐中鏡と白粉を所持して登校し、体操課業等の終わった際などは、先を争って便所に入り、便所の中で隠れ化粧をするさうである、誰かゞ女のタシナミを忘れない所がエライよと褒めて居たけれど、こんな流行は余り感心しないね（略）」と、便所で化粧するのが女学生の流行と報じています。

また、『滑稽新聞』第117号（明治39年6月20日）には、『読売新聞』に連載された小栗風葉著の小説『青春』をはじめ、プロマイド、「落第証書」や「対校証書」、さらには「子おろし薬」まで入った「女学生の机の引出」

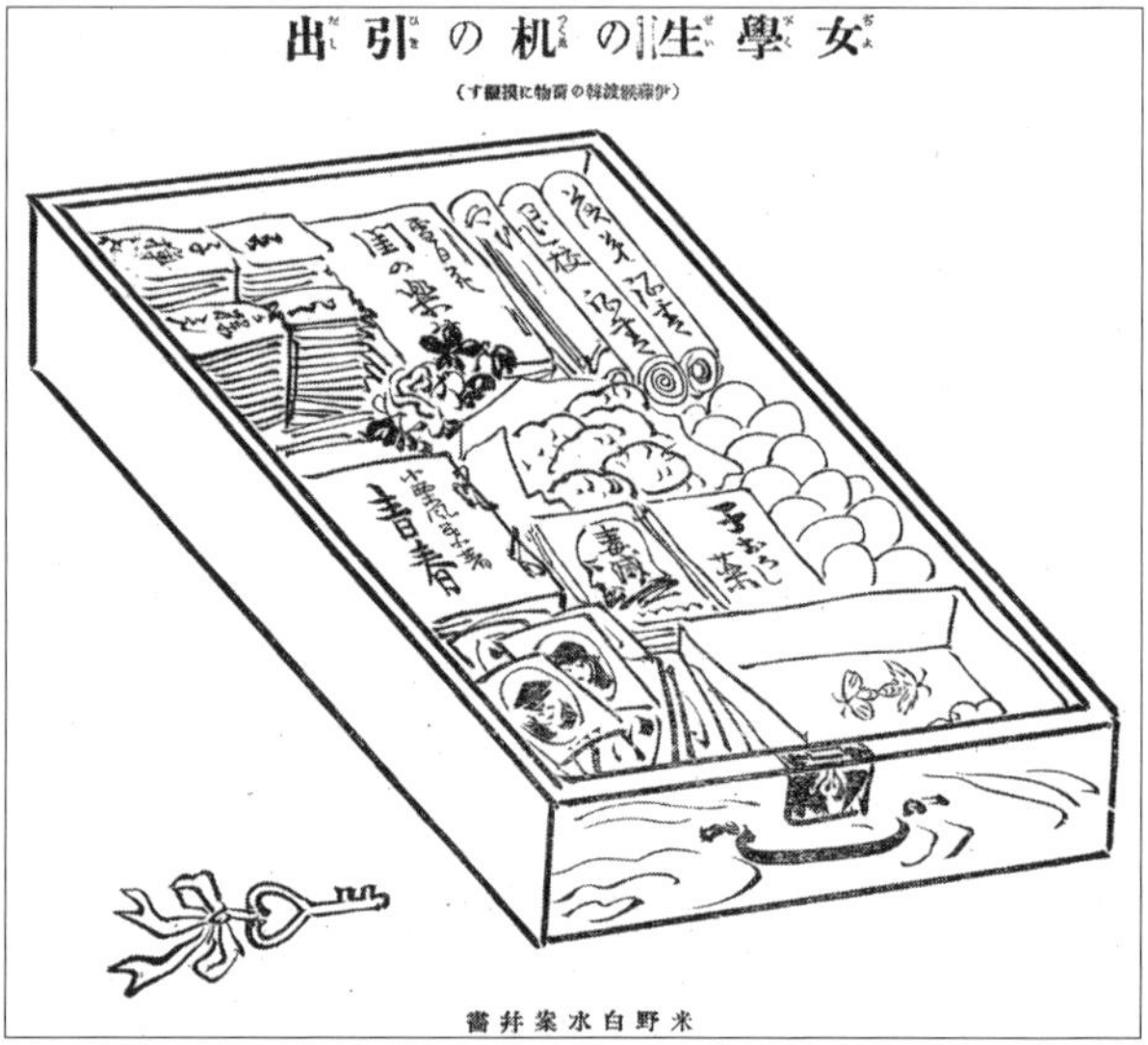

図76　女学生の机の引出（『滑稽新聞』第117号、明治39（1906）年6月20日　京都府立図書館所蔵）

の挿絵（図76）がみられます。『滑稽新聞』は、「女学校便所」絵葉書に、堕落しがちな女学生を揶揄する気持ちを託したです。

「親の恩」絵葉書　釈迦、達磨、小野小町、秀吉もおなじ

『絵葉書世界』第7集の1枚である「親の恩」絵葉書（口絵L）は、母親が幼児に小便させている構図です。少し前までは、どこでも見かけた、微笑ましい光景ですが、『絵葉書世界』が光を放つのは、この絵葉書を「親の恩」と名付けていることです。

誰でも小さい時の記憶はおぼろげで、自分が親に助けてもらって排泄した記憶はほとんどありません。また、子どもの排泄姿をみて、自分にもそんな時代があったことには、なかなか思い付かないものです。

明治40（1907）年4月5日の滑稽新聞は、小さい時に、親に排泄の面倒をみてもらったのは、「釈迦も達磨も小野小町も秀吉も」変わらないとして、子どもの釈迦が親に抱かれて排泄する姿を挿絵で紹介しています。当時、親を大切にしなくなった風潮が次第に目立つようになったのでしょうか。社会の風向きに、警鐘をならす意味もあって、この絵葉書を「親の恩」と名付けられたのでしょう。今、日本は65歳以上の高齢者が26％を超

え、親の排泄の面倒を子どもがみる時代となりました。『絵葉書世界』であれば、現代の超高齢者社会の排泄事情について、どんな構図の絵葉書を描くのでしょうか、大変興味深いです。

「寝小便を直す呪《まじない》」絵葉書

寝小便は、誰でも子どものころに一度は経験していると思いますが、あの快楽は忘れ難いものです。しかしその半面恥ずかしかった記憶もあり、寝小便が常習化すると困ります。

「寝小便を直す呪」絵葉書（図77）は、明治41（1908）年11月1日に発行された『絵葉書世界』第19集の1枚です。寝小便を粗相した女性に、私は寝小便をしましたと言わせる形で、濡れた布団を担って、歩かされている構図です。明治27年2月の『読売新聞』、同年4月の『東京朝日新聞』に、「ふしぎにきく　ね小便の薬　必効

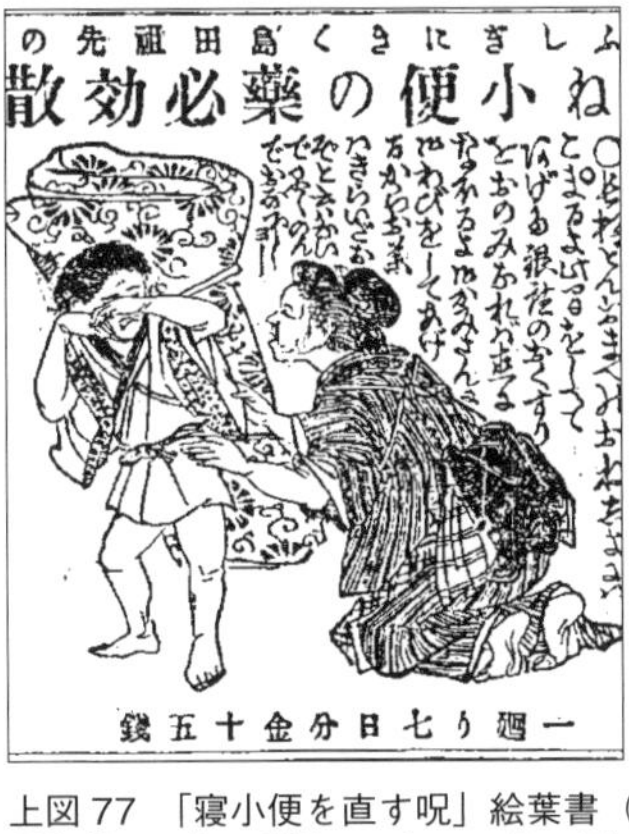

上図77　「寝小便を直す呪」絵葉書（『絵葉書世界』第19集、明治41年11月1日）
下図78　「ね小便の薬必効散」広告（『読売新聞』明治27年2月24日）。『東京朝日新聞』にも同じ広告が掲載されている

散」の広告（図78）が掲載されていますが、この絵葉書と同じ構図で、男の子が目をこすりながら、濡れた布団を担うイラストです。昔から、寝小便を垂れた場合には、濡れた布団を表にして担がされ、家の周りを歩かされたようです。「呪《まじな》い」というよりは、むしろ懲罰的な色合いが強かったのではないでしょうか。

寝小便は、生理的な要因もありますが、心理的な面や環境も見過ごすことはできません。当時は今と違って、小学校を卒業し、すぐに他家で働く人も多く、冬ともなれば、暖房機器がなく、夜中に尿意を催すことも少なくありません。働く人が利用できるのは、多くは建物から離れた場所にある外便所。そこは暗くて怖く、お化けも出るかもしれないとすれば、夜遅く尿意を催しても、便所に行くには大変勇気がいります。寝小便がなかなか直らないのは、そんな労働環境やトイレ事情も大きく左右していたと思われます。

「三番叟　大阪方言」絵葉書　三番叟は女性の立小便の隠語？

図79　「三番叟　大阪方言」絵葉書（『絵葉書世界』第2集　明治40年6月1日）

次に紹介するのは、「三番叟　大阪方言」絵葉書（図79）です。三番叟は、五穀豊穣を祈るため、いろんな場面で演じられる日本の伝統芸能です。

絵葉書は、明治40（1907）年6月1日に発行された『絵葉書世界』第2集の1枚ですが、最初に見つけたとき、三番叟とついたての横にある桶との関係が全くわかりませんでした。しかし、調べていくうちに、江戸末期に大阪で刊行され、明治20年代まで版を重ねた滑稽な噺本『諺《ことわざ》臍《へそ》の宿替』のなかに、小便桶に立小便をしている女性の三番叟の姿を発見しました。絵葉書には、大阪方言と付記されていることもあって、『諺臍の宿替』の「小便たごの三番叟」を題材にして作成されたと思われます。『諺臍の宿替』に描かれた三番叟の図柄は、女性が股を開いて立小便している姿で、あまりにも品がありません。『滑稽新聞』は、ついたての横に小便桶を置き、排泄した後に、何もなかったように、さりげなく立ち去る三番叟の姿を、絵葉書にしたと思われます。

この絵葉書は、三角動人によるものですが、『滑稽新聞』には、三番叟がたびたび登場しています。絵葉書と同じ図柄の横に「三番叟の女は小便臭い」（第84号）、「上方の台所には下方の用を足す立小便の桶を置いてある、三番叟式の女も多いが」（第118号）、「今日上方の婦人が、所謂三番叟式の立小便」（第159号）のように、三番叟の女といえば、立小便する女の代名詞として、使われていたのです。

「廃物の排泄」絵葉書

図80 「廃物の排泄」絵葉書（『絵葉書世界』第8集 明治40年12月5日）

「廃物の排泄」絵葉書（図80）は、少し昔の人であれば、誰でもわかるとおもいますが、絵葉書に描かれている世界は、典型的な汲取便所で、開口部からしゃがんで排泄する姿が見えます。換気扇がある今のトイレでは考えられませんが、開口部は、臭気を抜くための通気口の役割を果たし、壁の節穴とあわせて、しばしば覗きの手助けともなりました。

便所の側には、臭気よけや便所を隠すために萩が植えられていましたが、冬になって枯れてしまったのです。「萩かれて　雪隠見ゆる　寒さかなし」の横井也有《よこいやゆう》の句が添えられています。

也有は近世中期の俳人で、徳川尾張家に仕え、寺社奉行等を勤めましたが、病により辞職。その後、俳諧、狂歌等に親しみ、也有の「鶉衣《うずらころも》」がなければ、国文学史上俳文は消えていたといわれるほど高く評価されています。添えられた句は、明和期に出された『蘿葉集《らようしゅう》』二篇の冬部におさめられたもので、也有は、「糞とりか来て颪よこす涼かな」など、便所を題材とした俳句を読んでいます。

この絵葉書は、也有の句にヒントを得て、作成されたのではないかと思っています。なお、この絵葉書は、明治40（1907）年12月5日に発行された『絵葉書世界』第8集の1枚です。

石野馬城と「此處小便無用」絵葉書

滑稽新聞の絵葉書世界ではありませんが、明治末期から大正初期に、可愛らしい子どもの立小便姿の絵葉書があります。「此處小便無用」の看板を見ながら、「コンナ字ガボクダチニヨメルモンカ」といいながら、立小便する坊主頭の男の子と女の子を描いた絵葉書（第Ⅱ部「トイレの近代誌」の扉図2）です。

「此處小便無用」については、「今古賢豪学者の性行逸事や文壇の珍事逸話」をまとめた「今古雅談」（堀誠之著）のなかに面白い話があります。赤穂事件の討ち入りの口述書を添削したとされる、書と篆刻《てんこく》の大家細井広拓は、新吉原で貸座敷の主人に無理に揮毫を求められ、「此處小便無用」と書いて渡したそうです。主人は、当然これを悦びませんでしたが、赤穂義士の一人大高源吾と親しかった俳諧師宝井其角が、その下に「花の山」と書き足し、二絶の雅品を得たと伝えられています。赤穂事件に関わった広拓と其角、少し話が出来すぎる印象がありますが。

塀等に立小便をさせないためには、広拓の名筆をまねた難しい「此處小便無用」の字よりも、大切なところを切り取る「はさみ」や、神の聖域をあらわす「鳥居」の絵が現在でもよく使われています。こちらのほうが、効果がありそうです。

絵葉書は、「馬」の署名から、明治末期から大正期にかけて活躍した石野馬城が描いた絵葉書とわかります。神戸市の絵葉書資料館にも、同じようなタッチの絵葉書が残っています。馬城は、子どもがいたずらして、遊ぶ風景を描くことを得意とした画家で、活動写真・雑誌記者の天野忠義氏が書いた『俳優の内緒話　さしむかひ』のなかに、石野馬城の名前の活動弁士が登場します。多分同一人物と考えられ、石野馬城は、映画の活動弁士をしながら、ほのぼのとした子どもの絵葉書を描く、特異の画家でした。

平城京の木簡「此所不得小便」

「此處小便無用」で面白いことは、平城京の時代から、立小便を禁止するため、このような語句が用いられていたことです。

平城京の中枢部分である、第一次大極殿南面回廊に建つ西楼等の楼閣建物跡の発掘調査から、この語句とほぼ同じ言い回しの「此所不得小便」の木簡が発見されました。

木簡は、文書木簡（文書・記録）、付札木簡（荷札・付札）、その他の木簡に分けられるようですが、この木簡の解析を担当した奈良文化財研究所の馬場基主任研究員によれば、建物を壊した穴から出土したことや、簡単で大胆に削ってある木簡の加工状況から、建物の解体工事現場（長岡京への遷都に伴う解体か）での立小便スポットに、実際に立て札として置かれていたと推定されるとのことでした。

また、この木簡の小便と書かれた辺りは腐植が進んでいます。結論は出ていませんが、この看板に立腹した人々が実際に小便をする時に標的にしたため、腐敗がおきたのではないかと推論しているようです。周囲にこぼさないように、現代のビル等のトイレの小便器に付けられている標的マークを思いおこします。

「蛙に小便」の絵葉書と土製風俗人形

図81　「蛙に小便」絵葉書

石野馬城の描いた絵葉書には、男の子二人が「蛙に小便」をかけている絵葉書（図81）もあります。「蛙の面に小便」という諺があります。蛙が外部の温度に適応しやすい変温動物であることから、どんな目にあわされても、どんなことを言われても、いっこうに気にせず、平気でいることをたとえたもので、「蛙の面に水」ともいい、「馬に念仏」と同じ意味です。

馬城の絵葉書は、この諺を説く意図で製作されたのではなく、蛙に小便をかけて、無邪気に遊んでいる子どもの様子が面白くて、絵葉書にしたと思われます。

面白いことに、この絵葉書と全く同じ構図の土製人形、2体があります（図82）。土製人形は、土をこねて、型に入れ、素焼きにしたものを胡粉で塗り、彩色して仕上げた人形で、古い歴史を持っています。近世になって三月・五月の節句が流行するのに伴い、伏見を源流として、全国各地で製作されたようになり、伏見人形、博多人形、仙台の堤人形、長崎の古賀人形等が知られています。

坊主頭の子どもが、着物の前を開いて蛙に小便をかけている土製人形ですが、郷土人形というよりも、当時の社会風俗を題材にした風俗人形と考えるのが適当なのかもしれません。使われた絵の具や描かれた絣の着物から、

図82　土製風俗人形「蛙に小便」

大正から昭和にかけて製作されたものと思われます。当時、小沢一蛙が、雑誌『蛙宝』を発行するなど、蛙に対する関心は高く、子どもたちの間に、蛙に小便をかける遊びが流行していたのでしょう。土製人形の製造時期が、石野馬城が活躍した時期とも重なりますので、馬城の絵葉書をヒントに、土製人形が作られたと考えると面白いですが。

なお、二つの人形は、大きさは少し違いますが、着物の前を手で揚げている構図、絣の着物、背中で絞めている帯の結び形や履いている草履等が酷似していますので、同じ窯元で製作されたものと考えられます。

第14章　新聞広告に登場した水槽便所

温水洗浄便座のテレビＣＭ

温水洗浄便座は、平成27（２０１５）年３月の内閣府の調査によれば、７７・５％の家庭で使われており、特に、足腰の弱い高齢者や病人のおられる家庭では必需品となっています。また、オフィスビル、ホテル・旅館、デパート・飲食店・コンビニ、駅・空港、病院や福祉施設等、公共的・商業的な空間におけるトイレでも、温水洗浄便座が備え付けられ、おしりを洗う文化が、すっかり日本に定着しました。

日本機械学会は、新しいトイレ習慣を創造し、質の高い国民生活の向上に貢献したとして、温水洗浄便座の歴史的価値を認め、平成24年には「機械遺産」として登録しています。

温水洗浄便座は、昭和39（１９６４）年に、東洋陶器（現在のＴＯＴＯ）がアメリカから、伊奈製陶（現在のＬＩＸＩＬ）がスイスから輸入し、その後、42年には、伊奈製陶が国産の温水洗浄便座を初めて販売しています。

温水洗浄便座が社会的に認知されるきっかけとなったのは、「おしりだって洗ってほしい」のテレビコマーシャルです。東洋陶器が、昭和57年にテレビ業界のタブーを打ち破って、食事時間のゴールデンタイムに若手のタレント戸川純を起用して、温水洗浄便座のテレビコマーシャルを放映したのです。

温水洗浄便座が日本で大流行した理由について、インターネットサイトのマダムリリーは、①清潔好きな国民性、②日本人の財布の紐が緩かったバブル時期に販売、③日本の恵まれた水事情に加えて、このテレビコマーシャルが家庭で大きな話題となり、普及を図る上できっかけとなったとしています。

ＴＯＴＯのウォシュレットは、そのネーミングの良さもあって、先行販売していた他社の製品を追い抜いただけでなく、一般家庭での普及率に貢献したことです。温水洗浄便座の普及率は、消費動向調査に加えられた平成４年には１４・２％でしたが、下水道の普及にあわせて急速に伸び、15年には50％を超えました。27年現在では７７・５％となり、ほとんどの家庭で使われています。

温水洗浄便座の普及は、テレビのＣＭが流行を生み出した事例の一つで、改めて広告の威力を認識させられましたが、テレビはもちろん、ラジオの試験放送が始まったばかりで（大正14（１９２５）年３月）、新聞しか広報媒体がなかった大正15年６月に、現在の屎尿浄化槽のルーツにあたる水槽便所の全面広告が『京都日日新聞』（現在の『京都新聞』）に掲載され、大きな反響を呼んだのです。

『京都日日新聞』に水槽便所の全面広告を掲載

水洗便所の設置に伴って生ずる汚水を衛生的に処理する水槽便所については、警視庁が大正10（１９２１）年に「水槽便所取締規則」を初めて制定しています。その後、兵庫県が大正11年、愛知県が13年に同様の規則を設け、京都府では、15年６月１日に「水槽便所取締規則」を制定・公布しています。京都府の規則が公布された翌日、須賀商会・西原衛生工業所・富永製作所・松田商会（桐田商会京都代理店）・城口研究所・棚橋商会（神戸市）・神野信次郎（日本水道衛生工事株式会社京都出張所）の７社が、『京都日日新聞』の４面の全面を使って、「汚水浄化装置府令（六月一日ヨリ実施）公布と斯界の権威」の見出しで、水槽便所を図解入りで説明した広告を掲載したのです（図83）。

当時、水槽便所はその名前さえも市民にほとんど知られておらず、市民に水槽便所を宣伝する上で、新聞広告

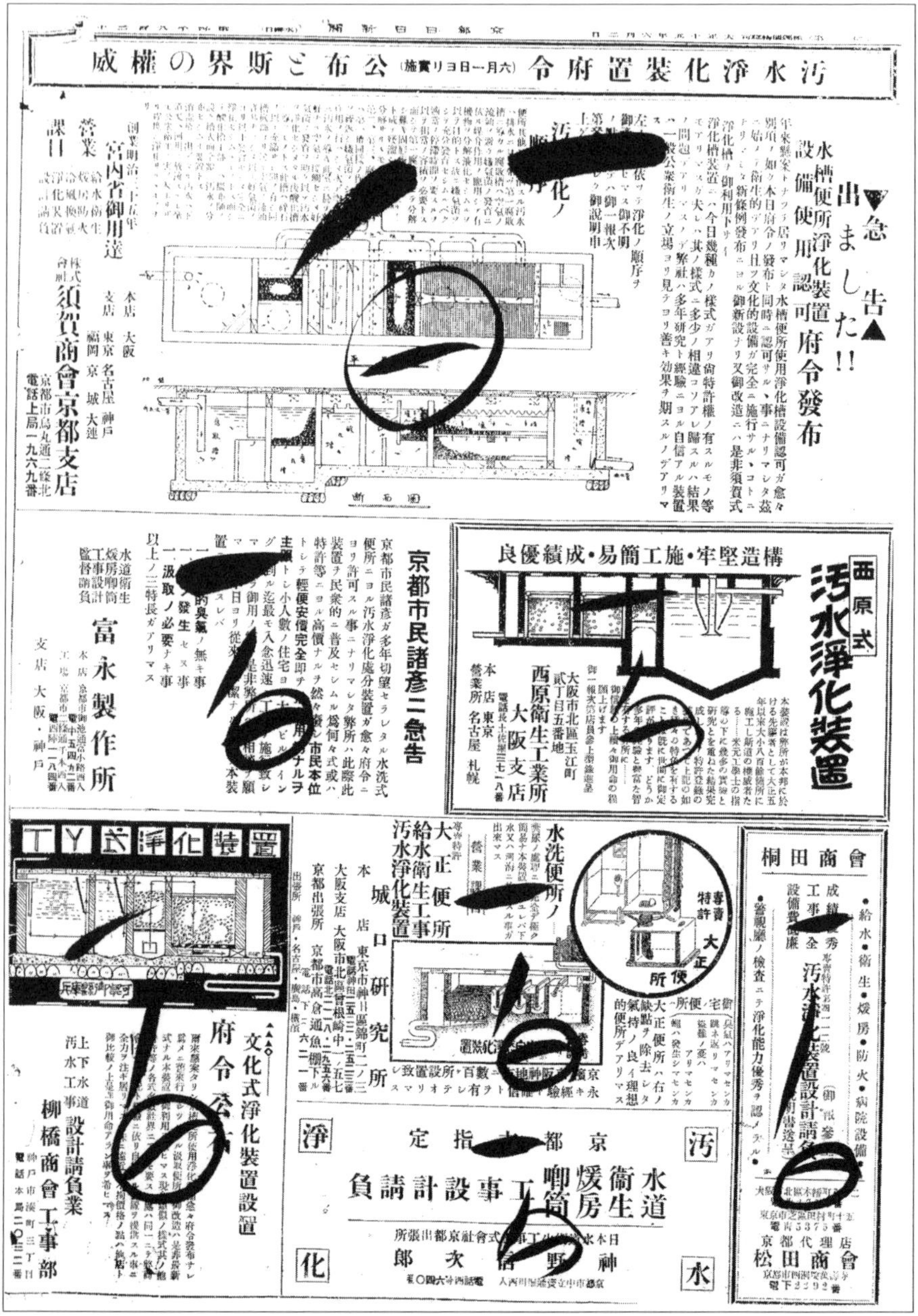
汚水淨化裝置府令（六月一日ヨリ實施）公布と斷界の權威

▼急告▲
出ました!!
水槽便所淨化裝置設備使用認可府令發布

京都日日新聞

宮内省御用達
株式會社 須賀商會京都支店
本店 大阪
支店 東京 名古屋 神戸 福岡 京城 大連
京都市烏丸通二條北
電話上局一九六九番

京都市民諸彥ニ急告

富永製作所
水道衞生 煖房衞生 工事設計 監督請負
支店 大阪・神戸

構造堅牢・施工簡易・成績優良
西原式 汚水淨化裝置
西原衞生工業所 大阪支店
大阪市北區玉江町
營業所 東京 名古屋 札幌

TY式淨化裝置
文化式淨化裝置設置
府令公布
上下水道 汚水工事 設計請負業
柳橋商會工事部

大正便所
給水衞生工事
汚水淨化裝置
城口研究所
本店 東京市神田區
大阪支店 大阪市北區
京都出張所 京都市高倉通

水洗便所ノ
專賣特許 大正便所

桐田商會
●給水●衞生●煖房●防火●病院設備●
成績優秀 工事完全 設備費低廉
汚水淨化裝置設計請負
東京市芝區
京都代理店 松田商會

京都指定
汚 淨 化 水
水道 衞生 煖房 喞筒 工事設計請負
神野信次郎

図83 『京都日日新聞』（大正15年6月2日）に掲載された水槽便所広告

は絶好の機会でした。日本の衛生工業界を代表する7社が、連名で掲載した図解入りの水槽便所の全面広告は、市民の度肝を抜いたことでしょう。

『京都日日新聞』は発刊してから日が浅く、発行部数も少なく、経営的に厳しかったと思われます。この年が、新聞を創立して15年目にあたるところから、地元の銀行をはじめ、企業や商店が連名で、祝賀の全面広告を数回にわたり掲載しています。『京都日日新聞』は、発行部数の多かった『大阪朝日新聞』、『大阪毎日新聞』や『京都日出新聞』に対抗するため、広告にも力を入れていたと思われ、水槽便所の新聞広告もその一環と考えられます。

便器等の衛生設備に関する新聞広告は、これまでほとんどみられませんでしたが、関一大阪市長等によって創設された大阪都市協会の機関誌『大大阪』の創刊号（大正14年12月1日）に、城口研究所、須賀商会と西原衛生工業大阪支店が、社名広告を出稿し、改良便所等について宣伝しています。『大大阪』の広告は図解入りではありませんが、『京都日日新聞』は、この辺りを参考に広告を企画したのかもしれません。その後、『大阪朝日新聞（京都版）』や『京都日出新聞』が、紙面で取り扱う大きさは違いますが、『京都日日新聞』に対抗する形で、水槽便所の広告を相次いで掲載していますから、その衝撃の大きさがわかると思います。

汲取便所から改良便所、さらに水洗便所・水槽便所に変わっていく大正から昭和初期のトイレ事情を、改めてみていくことにしましょう。

消化器系伝染病や寄生虫病の温床　汲取便所

現在、私たちが毎日排泄する屎尿は、水洗トイレを通じて、下水道等で処理されていますが、全国の下水道普及率が50％を超えたのは平成6（１９９４）年ですから、便所が水洗化されたのは近年のことです。屎尿浄化槽もありましたが、昔の便所は、現代の清潔な水洗トイレからは想像もできません。屎尿がプンプンと臭い、排泄

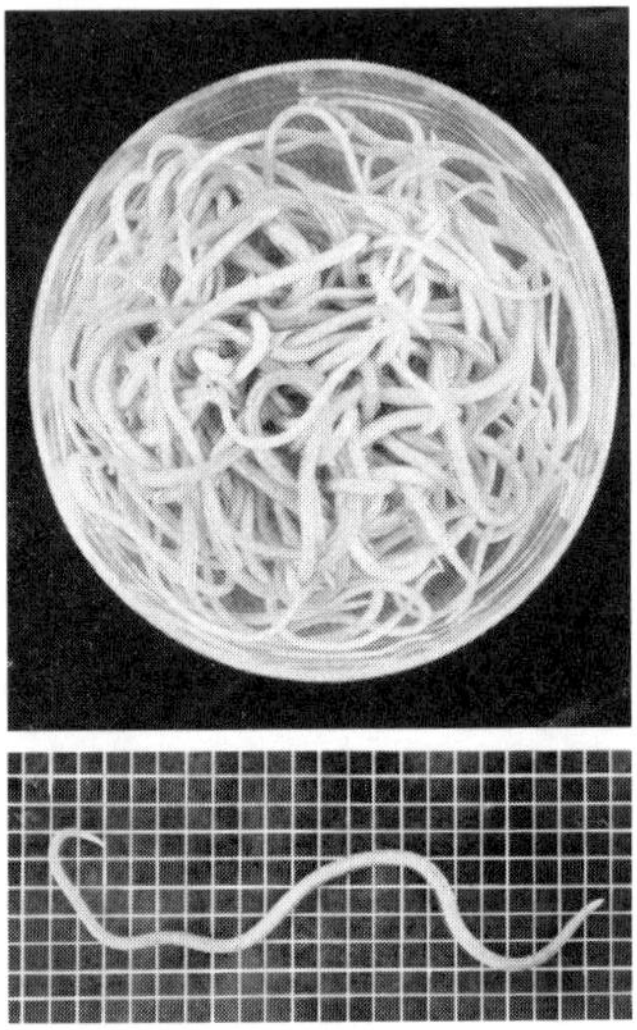

図84　蛔虫（岩波写真文庫44『蛔虫』岩波書店、1951年）

すると溜まっていた屎尿のなかに落ちて、ポットンと音がするところから、ポットン便所とも呼ばれていた貯留式の汲取便所が主流でした（口絵A）。

汲取便所は、注意して排泄しないと、屎尿が跳ね返り、お尻を汚すなど大変なことになりますが、これは、近世以来、肥料として利用されていた屎尿を便壺等に貯留してきたためです。

汲取便所は、たまっている屎尿の臭気が室内に侵入するばかりではありません。その不完全な構造から屎尿が周囲に漏出し、当時主な飲料水源であった井戸を汚し、コレラ等の消化器系伝染病の流行の原因となるなど、その改善がしばしば問題となっています。また、屎尿は蔬菜《そさい》等の栽培の肥料として利用されていましたので、屎尿に含まれる蛔虫《かいちゅう》の卵等が野菜等に付着し、これを人が食することによって体内に取り込み、寄生虫病の蔓延の原因ともなっていたのです。

今の時代、寄生虫病といっても実感がわかないかもしれません。内務省と地方庁が、大正13（1924）年から昭和5（1930）年までに行った国民の糞便調査によれば、72・0％の国民が寄生虫を保有し、特に蛔虫が最も多く、59・4％の人が罹患しています（図84）。また、京都市内では、寄生虫の卵を有している児童が50％近くの学校もあり、児童が発育に大きな障害をもたらしたのです（『京都市立衛生試験所第十一回試験報告（昭和五年）』）。

公衆衛生に関心が次第に深まるにつれて、伝染病予防や寄生虫病の撲滅にむけて、大正便所や内務省式改良便所等、新しい便所がいろいろと考案されています。

改良便所のはしり　大正便所

大正便所は、医師である城口権三が発明した改良便所です。城口権三は、日本が世界の文明国よりも屎尿の処分が等閑に付され、十二指腸虫病の罹患率が高い状況を憂い、アメリカのケンタキー便所を参考に、大正期に改良便所を考案したのです。「城口式大正便所」とも呼ばれ、大便器の排便管を便槽内部に没入して、下部で開口したもので、これによって、便槽内に屎尿が落ちても跳ね返らず、また、便槽内の空気が排便管を通じて室内に上がらないため、屎尿の嫌な臭いが室内に流れることも防ぐことができます。さらに、貯便槽が密閉状態となって、空気との接触を断つことにより、屎尿が嫌気性の状態におかれ、嫌気性菌の働きで、寄生虫卵等を容易に死滅させることができると考案されたのです。便槽内に隔壁を設けて、屎尿をなるべく長く滞留させ、隔壁を越えたものを汲み取る工夫もされていますが、工事費が比較的高く、時には屎尿が液化せずに固まってしまい、しばしば便槽が詰まる欠点もありました。

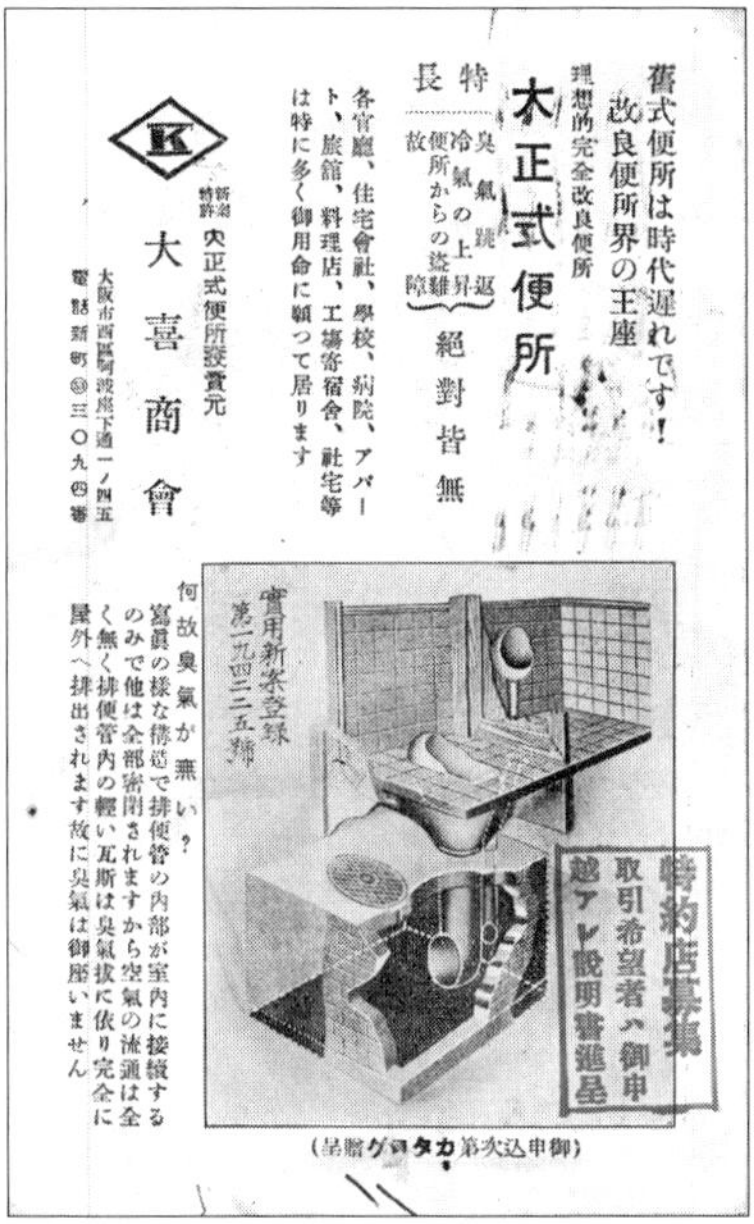

図85 「大正式便所」絵葉書

　また、最近になって入手したのですが、普及・宣伝を図るため、「大正便所」絵葉書（図85）が発行されています。新しい広告手段として絵葉書が着目され、大正式便所発売元である大阪の大喜商会から、神奈川県国府津《こうづ》町の建材店に出されたPR用の絵葉書です。「旧式便所は時台遅れです！　改良便所界の王座　理想的完全改良便所　大正式便所」を推奨しています。なお、この絵葉書が投函されたのは、葉書の様式、消印、2銭切手から昭和12（1937）年7月です。

内務省式改良便所

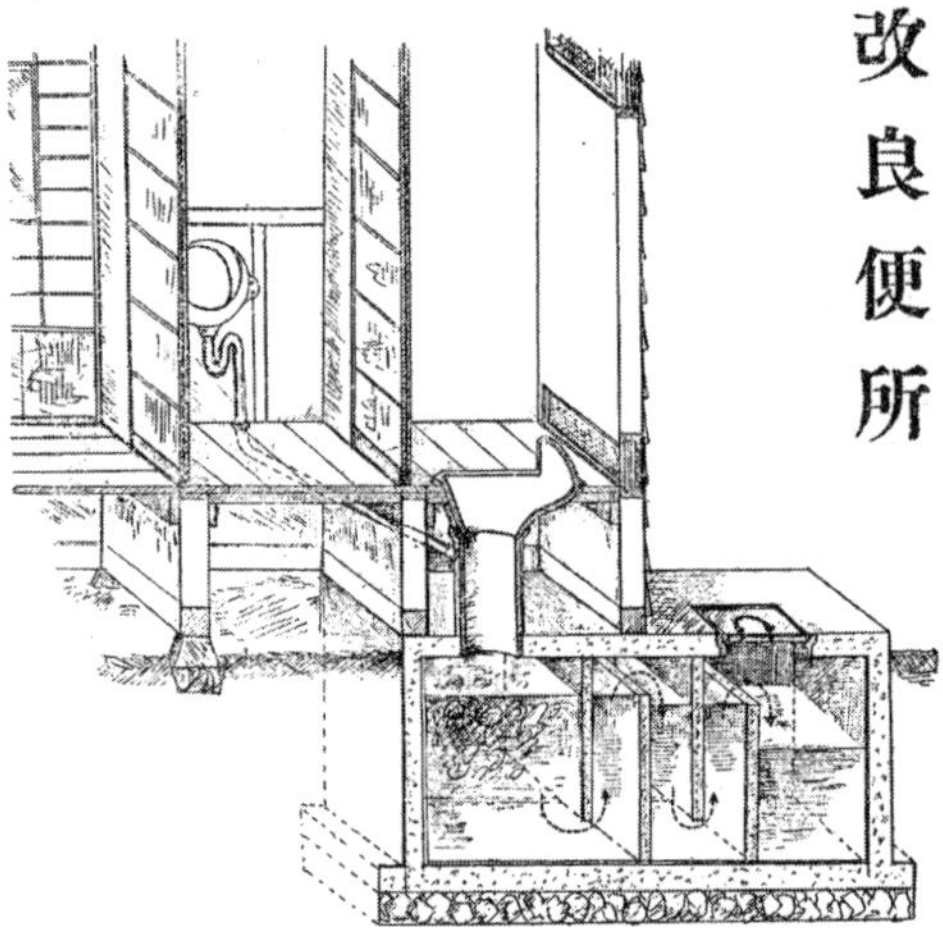

図86　内務省式改良便所

当時、衛生行政を所管していた内務省衛生局は、消化器系伝染病や蛔虫等の寄生虫病の予防・撲滅のため、屎尿の衛生的な処分の研究に取り組み、昭和2（1927）年4月に発表したのが、内務省式改良便所です（図86）。

内務省は、消化器系伝染病や寄生虫病が日本に多いのは、屎尿をそのまま農作物に肥料として使用することにあると考えたのです。このため、大宮伝染病研究所において調査・研究を進めたところ、屎尿のなかにある伝染病菌・寄生虫卵は、密閉した嫌気性状態で100日以上放置すれば、腐敗・発酵によって死滅し、施肥したとしてもほとんど安全であるとの結果が得られました。

内務省式改良便所は、便槽を4枚の隔壁によって5室に分け（警視庁は隔壁2枚で区切った3槽式可）、屎尿が長い時間（120日から150日）かけて便槽を通過することにより、その腐敗・発酵を促し、病原菌や寄生虫卵を死滅させる仕組みです。腐熟した屎尿を、新しく排泄された屎尿と混合することなく、最後に塾肥の状態で汲み出し、施肥する多槽式便所です。しかし、水分が足りない場合には、第一槽の腐熟作用が進まず、次槽への潜入口をふさいで、汚物が溢れ、隔壁を破壊した例もありました。内務省は、『内務省実験所考案　改良便所』の小冊子を作成して、設置を奨励するとともに、富山県では『改良便所の話』、山梨県では『改良便所のこしらへ方　附便所改良補助規程』、さらに東京の警視庁は『内務省考案　多槽式便所解説』の小冊子が配布して普及に努めています。また、内務省式改良便所は、通常の汲取便所に比べて高額なところから、山梨県では、工事費の3分の1を補助する補助制度を設けています（図87）。

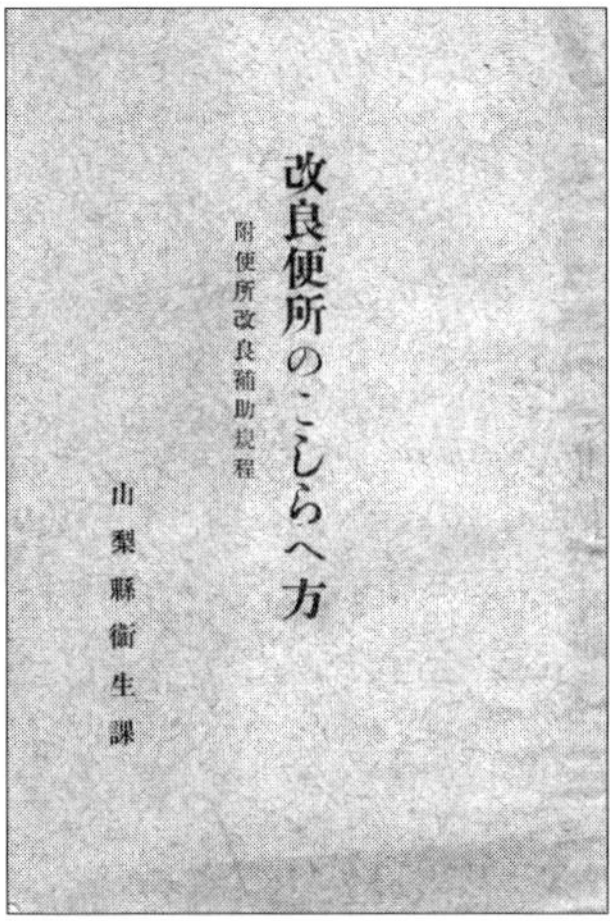

図87『改良便所のこしらへ方　附便所改良補助規程』（山梨県）

しかし、内務省式改良便所は、床下に大きい槽を必要とし、都会では面積上の制約があります。また、密閉されているとはいえ、屎尿を3ヶ月以上貯留し、最終的には屎尿を汲み取って肥料にするため、在来の汲取便所と比べれば優れているものの、不衛生はまぬかれませんでした。

水洗便所の登場

明治末から大正にかけて、都市では洋風住宅や事務所・ホテル等の建築物が建てられ、また、明治18（1885）年に横浜で近代水道が起工されて以来、各地で水道工事が進められようになりました。明治末には計画ベースで8・4％であった水道普及率も、大正末には20・7％と飛躍的に伸び、都市部で水道が次第に普及するに伴って、従来のポットン便所に代わって、屎尿を水で洗い流す水洗便所が増えるようになりました。

水洗便所は、汚物を水の勢いで押し流す方法で、汲取便所に比べて、清潔で臭気もなく衛生的ですが、水を多量に使用するところから、設置できる地域が限られています。

また、水で薄められた屎尿は、生屎尿とは違って肥料的価値が低く、搬出先であった農家は、なかなか引き取ってくれません。現代のように、下水道が整備されていれば汚水を流すことが出来ますが、そのまま放流すれば、新たな水質汚染を引き起こします。

大阪の中之島にある大阪府立図書館（当時）や住友銀行本店は河岸に面していましたから、水洗便所の汚水を排水口に横付けされた船によって、かろうじて搬出できました。しかし、東京の数寄屋橋の外濠では、「東京駅などの洋式便所の産物を水分が多いとて（中略）濠中へ投棄する」ため、夏季等には悪臭が甚だしいとして、大正5（1916）年8月3日付けの『東京朝日新聞』のコラム欄「青鉛筆」（現在でも、朝刊のコラムとして健筆を振るう）で指摘されるほど、水洗便所の汚水が問題となったのです。

なお、汚水を処理する下水道ですが、明治期に大阪、神戸、大正期には仙台、東京、横浜、名古屋、明石、広島、松山、若松（現在の北九州市）の11市で、管路を中心に都市中心部でやっと工事が終わった段階でありました。

屎尿浄化槽のルーツ　水槽便所の登場

このため、会社や学校、工場等では、水洗便所の汚水を処理するため水槽便所が考案され、各地で整備されるようになりました。水槽便所は私たちには馴染みがない言葉ですが、現在の屎尿浄化槽や小規模な下水処理施設（コミニティプラント）の前身に当たり、微生物の働きにより屎尿や汚水を腐敗・酸化して浄化し、消毒の上で放流する仕組みです。

ところが、この水槽便所の構造や管理が十分でないため、新たな水質汚染問題を引き起こしたのです。大正14（1925）年の新聞記事ですが、6月25日の『東京朝日新聞（夕刊）』は、「驚き入ったる上流の不衛生一流の料理店からホテルや学校　厳重なチフス予防の注意」の見出しで、警視庁衛生部が、管内の上流階級の建物や大建築物の水槽便所1千ヶ所を調査したところ、設備が不完全な水槽便所が333ヶ所、構造が不備な水槽便所が233ヶ所、取り扱いが不備な水槽便所が128ヶ所で、違反事実が甚だしい505名に対して厳重説諭を加えたと報じています。説諭を受けたなかには、上野の精養軒、花月、帝国ホテル、帝劇、住友銀行麹町支店、安田銀行、興業銀行、村井銀行、早大、立大、青山学院同女学院、東京家政学院等、当時としては超一流の会社等も多かったのです。

「水槽便所取締規則」の制定

警視庁は、水槽便所の設置とそれによる水質汚濁を防止するため、大正10（1921）年6月2日に、日本で初めて「水槽便所取締規則」を制定し、水槽便所の設置や構造・維持管理等に規制を加えています。

警視庁の「水槽便所取締規則」は、13条から構成され、第1条では、「汲取便所ニ非サル便所ヲ設置セムトスル者ハ、水槽便所ノ構造ト為スヘシ」と規制対象を明確にしています。さらに、①水槽便所の所轄警察官署の設置許可、②落成届出と許可後の使用、③水槽便所の浄化装置の基準、④水槽便所を構成する腐敗槽、酸化槽、消毒槽の構造、⑤排出汚水の標準と基準適合、⑥水槽便所使用人員に対する水使用量の基準、⑦警察による水質検査の実施と不適合の水槽便所の放流禁止、⑧腐敗槽の年1回以上の掃除、⑨「市街地建築物法」との関係、⑩その他経由機関、⑪罰則　等を定め、水槽便所の設置と構造・管理等について厳しい制限を加えたのです。

警視庁の「水槽便所取締規則」の制定をうけて、各府県でも水槽便所に関する規則を設けています。

香川県は、大正11年1月に「便所設置規則」を設け、水槽便所の設置は知事、それ以外の便所は所轄警察署の許可、また、水槽便所の浄化装置とそれ以外の便所の基準を定めるなど、規制を加えています。さらに、兵庫県が大正

11年5月25日に、愛知県が13年2月8日に、「水槽便所取締規則」をそれぞれ制定しています。続いて、広島県が大正13年6月11日に「水槽便所取締ニ関スル規則」を設けて、その後も、昭和初期にかけて、多くの府県で「水槽便所取締規則」、またはそれに準じた規則の制定、あるいは塵芥や屎尿等の取り扱いを定めた「汚物掃除法施

表10 水槽便所に関する規則の制定

規則等制定年		水槽便所取締規則	水槽便所取締規則に準じた規則等	汚物掃除法施行細則
大正10年	1921	警視庁（6/2）		
大正11年	1922	兵庫県（5/25）	香川県（1/-）（便所設置規則）	
大正12年	1923			
大正13年	1924	愛知県（2/8）	広島県（6/11）（水槽便所取締ニ関スル件）	
大正14年	1925			
大正15年	1926	京都府（6/1）		
昭和2年	1927	静岡県（6/25） 宮城県（2/7）		
昭和3年	1928	神奈川県（3/16）		
昭和4年	1929	石川県（2/2） 徳島県（3/10）	大阪府（2/28）（汚物処理槽取締規則）	
昭和5年	1930	福島県（3/27） 岩手県（11/24）		
昭和6年	1931	岐阜県（4/1） 奈良県（6/24） 富山県（12/18）		熊本県（2/26） 鹿児島県（6/25）
昭和7年	1932	群馬県（6/7）	長崎県（9/9）（水槽便所改良便所設置規則）	青森県（2/4） 山形県（7/-）
昭和8年	1933		山口県（11/28）（水槽便所取締令）	大分県（1/24） 北海道（7/25）
昭和9年	1934	三重県（5/7）		
昭和10年	1935	和歌山県（3/30）		
昭和11年	1936	岡山県（7/18） 千葉県（2/7）		
昭和12年	1936			
昭和13年	1937	滋賀県（3/30）		
制定年月日不明			福岡県（汚物処理槽設置要項） 栃木県（水槽便所ノ構造設備ノ制限）	

（出典）『衛生工業協会雑誌』等に基づき筆者作成

行細則」の改正によって、水槽便所に対する規制を加えています（表10）。なお、各府県の規制内容は、警視庁の内容とほぼ同じです。

「京都府水槽便所取締規則」

京都市内でも、大正末頃になると、屎尿汲取で認可を得ていた四条通の大丸呉服店が、溝渠に屎尿を排出する事例をはじめ（『京都日日新聞』大正14（1925）年3月16日他）、不完全な便所が周辺井戸の汚染、さらには屎尿や汚水が加茂川や高瀬川等に流れ込むなど、市民の保健衛生上、また遊覧都市京都としての市の体面上ゆゆしき問題が生まれています。

このため、京都府では、「水槽便所取締規則」の制定や屎尿試験所の設置を検討し、さらに専属の技師等を配置して、水洗便所のみならず、屎尿の科学的な処分の研究を始めています。当時、水槽便所の浄化装置は、西原式、須賀式、城口式、文化式等、約20種類ありましたが、京都府は、腐敗槽、酸化槽、消毒槽で構成される水槽便所で、屎尿を処理できると考え、最も簡便で完全な浄化装置を選定する考えでした。

しかし、京都の場合、水槽便所で処理された汚水は、大阪の飲料水として利用されていた淀川に流れ、大阪府からも、水槽便所の「浄化装置を少し入念な方法でやって欲しい」との要望もありました（『京都日日新聞』大正15年5月26日）。京都府は大阪府と事前に協議し、警視庁、兵庫県、愛知県に続いて、大正15年6月1日に「水槽便所取締規則」を制定しています。

京都府の規制内容は、条項は違っても、警視庁、兵庫県や他県とほぼ同じですが、京都疏水が京都市民の水道水源であることを考慮して、「京都水道施設ニ至ル第一疏水、第二疏水、疏水放流及疏水支流」に通ずる水路へ放流する水槽便所の設置を禁止しています（第2条）。また、高瀬川との合流地点より上流の鴨川や高野川より

３００ｍ以内の水路に汚水を放流する水槽便所は、酸化槽は1槽を追加して3槽とするなど（第5条）、他県に較べて厳しい内容となっています。

『大阪朝日新聞（京都滋賀版）』、『京都日出新聞』にも水槽便所の新聞広告を掲載

最初に紹介したとおり、「京都府水槽便所取締規則」が公布された大正15（１９２６）年6月2日の『京都日日新聞（夕刊）』4面に水槽便所の全面広告が掲載されました。『大阪朝日新聞（京都滋賀版）』は、これに対抗して、同年6月4日の1面に4段抜きで、須賀商会京都支店の「水槽便所浄化装置設備使用認可府令発布」の広告を掲載しています（図88）。須賀商会は、創業が明治３５（１９０２）年、宮内庁の御用達で早くから水道設備や衛生設備に取り組んできた業界のパイオニアです。新聞広告は、『京都日日新聞』と同様に、図解で水槽便所の浄化の仕組みを詳しく説明し、新設または改造の節は須賀式の浄化装置の採用を奨めるものでした。

遅れて6月11日の『京都日出新聞』の夕刊4面に、富永製作所・西原衛生工業所・城口研究所・神野信次郎の4社が、6段抜きの広告を掲載しています（図89）。西原衛生工業所は、大正6年に創業以来、東京、名古屋、大阪、京都、神戸等で、事務所、学校、病院や百貨店等の衛生工事を手広く施行していました。また、城口研究所も、同じく大正6年に城口汚物下水処理研究所を創設し、城口式大正便所の特許を取得するなど、水槽便所築造業界のトップ企業で、これら4社が連名で広告を掲載したのです。

京都で新聞を発行していた3紙が競って水槽便所の広告を掲載したのは、異例のことです。京都府より先んじて、大正11年5月に「水槽便所取締規則」を公布した兵庫県では、地元の『神戸又新日報』や『大阪朝日新聞（神戸付録）』には、汲取以外の便所は「水槽便所取締規則」の適用を受け、知事の許可を受ける等、規則の内容を簡単に報じられたのみで、水槽便所の広告は掲載されていません。また、『神戸新聞』は規則制定の記事すらあ

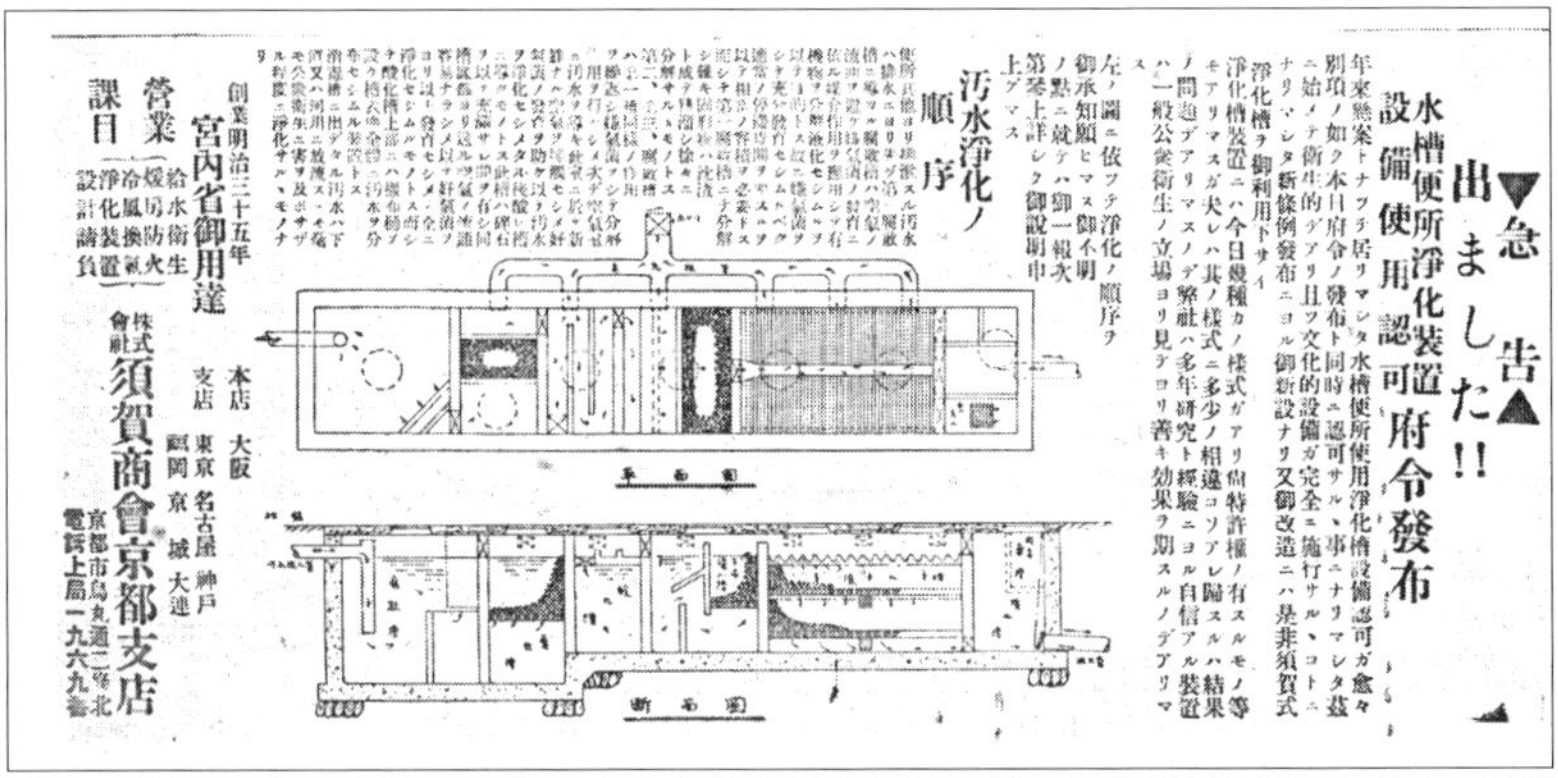

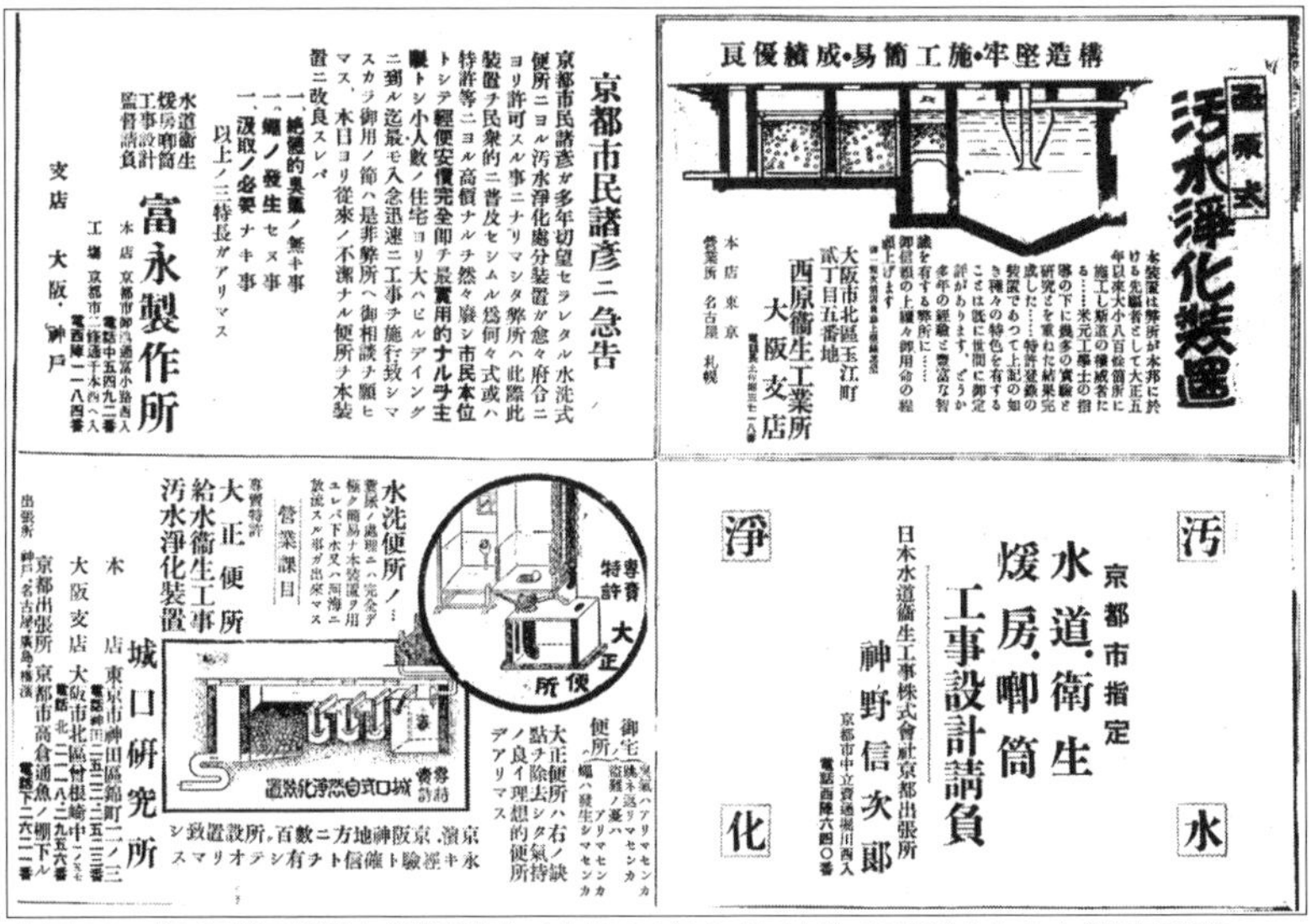

上図88　『大阪朝日新聞京都滋賀版』（大正15年6月4日）に掲載された水槽便所広告
下図89　『京都日出新聞』（大正15年6月11日）に掲載された水槽便所広告

りません。

　全国紙である『東京朝日新聞』は、『京都日日新聞』の広告に遅れること1ヶ月、大正15年7月29日の7面に2段抜きで、西原衛生工業所の「西原式水槽便所汚水浄化装置」の広告（図90）が見られる位です。この広告も、『大阪朝日新聞』には掲載されておらず、『読売新聞』や『朝日新聞』等の全国紙には、水槽便所の広告はほとんど見当たりません。

図 90 「西原式水槽便所　汚水浄化装置」(『東京朝日新聞』大正 15 年 7 月 29 日)

その後、京都では、「最も確実なる建築材料等業者案内」欄における水洗式便所浄化装置の請負広告、京都の中央市場における水槽便所の完成写真を掲載して、施行実績を宣伝する広告、さらには、「御大典と水道衛生工事」とした絵入りの広告が、『京都日出新聞』、『京都日日新聞』、『大阪朝日新聞（京都滋賀版）』の各紙に掲載されています。新聞広告で見る限り、水槽便所にとって、京都は特異の場所だったのです。

第15章　近代小学校トイレ小史《「京都市城巽《じょうそん》高等小学校浄化水槽」絵葉書》

水洗便所・水槽便所の絵葉書

京都市の城巽尋常小学校は、現在は廃校となりましたが、明治２（１８６９）年10月に、上京区第二十四番組の小学校として、京都市では34番目に創立された番組小学校です。

城巽尋常高等小学校（大正12年４月に高等科併設により校名変更）は、昭和４（１９２９）年２月に南校舎を新築しましたが、小学校では、当時としては大変珍しい水洗便所・水槽便所が、児童用便所として整備されています。また、校舎等の新築を記念して、「京都市城巽尋常高等小学校」絵葉書（袋入・５枚・概要付）が発行されていますが、５枚の絵葉書のうち２枚が浄化水槽便所（図91）ですから、その整備にかけた小学校の意気込みが大きかったことがわかります。

この絵葉書を紹介する前に、明治から昭和初期にかけての小学校のトイレの歴史について、簡単に振り返っておきましょう。

図91　「京都市城巽尋常高等小学校浄化水槽便所（四）」絵葉書。便所の入口に、「女児（手前）」と「男児」（奥）がみえる

全国に先駆けて小学校を建営　京都市の番組小学校

日本の近代教育は、明治5（1872）年8月に公布された「学制」にはじまるとされていますが、京都市では、全国に先駆けて上京・下京の各番組ごとに1ヶ所の小学校を設立することになりました。明治2年5月には、上京第二十七番組において、全国最初の小学校（後の柳池《りゅうち》尋常小学校）の開業式典が行われています。その後、同年12月までに、上京・下京のすべて番組で計64の小学校が開校して、小学校教育を始めています。

小学校の開校費用については、「市中組会所兼小学校之儀、建営入用ハ上ヨリ下ヶ遣シ」（『京都府史』）とあるように、京都府からの下賜金でまかない、「右下金之内半数ハ十年賦上納、半数ハ上納ニ不及」（同前）と、半分は返済を免除されました。これは、当時の小学校が単なる教育機関ではなく、町会所をはじめ現代の警察署・消防署・保健所、さらには京都府の行政機能も併せ持っていたからです。

その後、明治5・6年頃になると、就学生徒が増加し、京都では新校舎の建設が大きな課題となりました。明治10年頃にかけて校舎が新築されましたが、その費用は、区民の寄付金等でまかなわれました。このこともあって、京都では学区民の小学校への愛着は大変深いものがありました。

明治期の学校のトイレ　男女ヲ区別シテ

当時の小学校の校舎ですが、全国的には新築された例は少なく、多くは寺院や民家等を借りて開校されました。その後、次第に独自の校舎が建設されるようになり、文部省は、明治23（1890）年4月8日に「小学校設備準則」（文部省令第2号）を公布し、小学校の校舎の建築にあたっての基準を示しています。学校の便所に関しても、「小学校設備準則」第9条において、「校舎外ニ於テ、男女ヲ区別シテ備フルヲ要ス」と、男女を区別して便所を設けることとされました。なお、校舎設備の細かな事項は、文部省から権限を委ねられた地方長官（府県

表11　小学校便所に関する基準等の推移（明治期）

国（文　部　省）	参　　考（指針・通知）	府　　県（京都府）
明治23年4月8日　「小学校設備準則」（文部省令第2号） 第九条　便所ハ校舎外ニ於テ男女ヲ区別シテ備フルヲ要ス		
明治24年11月17日　「小学校設備準則」（文部省令第15号） 第九条　便所ハ校舎外ニ於テ男女ヲ区別シテ備フルヲ要ス	明治25年7月15日　「小学校々舎構造法説明概略」 校舎ノ構造ハ日水風ヲ用ヒ左ノ件々ニ仮準スヘシ（中　略） 一雪隠ハ上部ニ換気窓ヲ設ケ樋箱（使口）ハ従来ノモノヨリ細長クシ糞池ハ成ルヘク釉薬ヲ施シタル瓶類ヲ用ヒ且其周囲ハ成ルヘク「セメント」又ハ「タヽキ」仕上ニスヘシ 一小便所ノ便溝ハ深クスヘカラス且踏石ヨリ凡二尺五寸ノ高二横木ヲ設クヘシ 備　考 一雪隠ハ百人ニ付男生ハ大便所三個小便所四個女生ハ便所五個ノ比例ヲ以テ概テ其数ヲ算出シタリ 但成ルヘク校舎ヨリ遠隔スルモノトス	明治25年3月18日 「小学校設備規則」（府令第10号） 第十條　便所ハ成ルヘク校舎ノ北部ニ設ケ勉メテ相遠カリ必井戸ヲ距ルコト一丈二尺以上タルヘキヲ要ス 便所ハ男女ヲ区別シ成ルヘク相隔離スルヲ要ス
明治32年7月10日　「小学校設備準則」（文部省令第37号） 第九条　便所ハ別棟トシ夏季常風ノ方向ニ注意シ井ヲ距ルコト四間以上ノ位置ニ之ヲ設クヘシ 糞壺尿溝注壁等ハ不浸透物ヲ以テ之造ルヘシ 便所ハ男女ヲ区別シ男兒百名ニ付大便所二以上小便所四以上女兒百名ニ付五以上ノ割合ヲ以テ之ヲ設クヘシ	明治28年3月　「学校建築図説明及設計大要」 第一章　総説 （二十五）昇降口及便所ハ男女ヲ区別スヘシ 第二章小学校　（イ）概説 （七）便所ト生徒ノ割合左ノ如シ大便所男百人ニ付三女同五小便所男百人二付四 第三章尋常中学校及尋常師範学校 （イ）概説 便所　職員用并生徒用ニ区別シ凡生徒百人ニ付便所三個ノ割合ナルヲ要ス	明治32年10月6日　「小学校設備規則」（府令第107号） 第十条　便所ハ別棟トシ夏期常風ノ方向ニ注意シ其周囲ニハ塀牆ヲ設ケ又ハ樹木ヲ植エ井ヲ距ルコト四間以上タルヘシ 便所ハ男女ヲ区別シ男兒百名ニ付大便所二以上小便所四以上女兒百名ニ付五以上ノ割合ヲ以テ之ヲ設クヘシ
明治33年8月21日　「小学校令施行規則」（文部省令第14号） 第七十二条　便所ハ別棟トシ夏季常風ノ方向ニ注意シ又井ヲ距ルコト四間以上ノ位置ニ之ヲ設クヘシ 糞壺尿溝注壁等ハ不浸透物ヲ以テ之造ルヘシ 便所ハ男女ヲ区別シ男兒百人ニ付大便所二以上小便所四以上女兒百人ニ付五以上ノ割合ヲ以テ之ヲ設クルヲ常例トス	本條ハ便所ニ付規定シタリ 便所ハ教室ト空気ノ流通ニ注意シ其周囲ニハ塀牆ヲ設ケ又ハ樹木ヲ植エ臭気ノ発散ヲ防グヲ要ス又大便所ハ天井ヲ設ケス戸ハ上下ヲ透カシテ右開トナスヲ可トシ小便所ハ成ルヘク一人別トシ高六寸幅一尺以上ノ踏石ヲ設ケ踏石上凡二尺五寸ノ位置ニ横木ヲ附設スルヲ可トス（普通学務局長注意） （『小学校令並小学校令施行規則註解』）	明治33年9月20日　「小学校設備規則」（府令第84号） 第九条　便所ハ別棟トシ夏期常風ノ方向ニ注意シ其周囲ニハ塀牆ヲ設ケ又ハ樹木ヲ植エ井ヲ距ルコト四間以上タルヘシ 糞壺尿溝注壁等ハ不浸透物ヲ以テ之造ルヘシ 便所ハ男女ヲ区別シ男兒百人ニ付大便所二以上小便所四以上女兒百人ニ付五以上ノ割合ヲ以テ之ヲ設クルヲ常例トス
明治37年2月22日　「小学校令施行規則」（文部省令第1号） 明治33年文部省令第十四号小学校施行規則中左ノ通改正ス （第六十四條の改正・第七十二條の便所等、個別の設備基準に関する規定は削除）	明治42年2月　小学校建築図案 一便所溜壺ハ石造煉瓦造又ハ大形内部本焼瓶汲ミ出シ能ク伏セ込ミ周囲ハ漏斗形	明治37年4月29日　「小学校設備規則」（府令第21号） 明治33年9月　「京都府令」第八十四号小学校設備規則左ノ通改正ス （全面改正・便所の規定は削除される）

知事）が定めることになりました（表11）。

これを受けて、京都府では、明治25年3月18日に、京都府令第10号で「小学校設備規則」を定め、市町村が校舎等を建てる際の設備基準を明らかにしています。便所に関しては、文部省の小学校設備準則で示された、校舎の外に男女を区別して便所を設けることに加えて、「成ルヘク校舎ノ北部ニ設ケ、勉メテ相遠カリ、必井戸ヲ距ルコト一丈二尺以上タルヘキヲ要ス」として、設置場所の選定の考え方を示しています。特に、当時、主要な飲料水源であった井戸とは、1丈2尺（約36㎝）離す基準を設けていますが、これは、明治19年にコレラが大流行したこともあって、消化器系伝染病が便所を介して拡がることを防ぐためでありました。

なお、文部省は、明治25年7月15日に出版した『小学校建築図案』で、「小学校々舎構造法説明概略」を示し、そのなかで、便所については、「一雪隠《せっちん》ハ上部ニ換気窓ヲ設ケ、樋箱（使口）ハ従来ノモノヨリ細長クシ、糞池ハ成ルヘク釉薬ヲ施シタル瓶類ヲ用ヒ、且其周囲ハ成ルヘク『セメント』又ハ『タ、キ』仕上ニスヘシ　一小便所ノ便溝ハ深クスヘカラス、且踏石ヨリ凡二尺五寸ノ高ニ横木ヲ設クヘシ」とされています。便所の換気や、屎尿が周囲に漏れないように釉薬を施した糞壺、さらには、その周囲をセメントで仕上げる等、建築に当たって、衛生上の点から留意事項を示したのです。

また、「一雪隠ハ百人ニ付、男生ハ大便所三個、小便所四個、女生ハ便所五個ノ比例ヲ以テ、概テ其数ヲ算出シタリ　但成ルヘク校舎ヨリ隔絶スルモノトス」として、生徒数に応じて設けるべき便所数の基準を明示し、校舎からなるべく離れたところに建てるように指示しています。この設置数の基準は、文部省が、明治28年3月に、「学校建築ノ模範」を示すために出版された『学校建築図説明及設計大要』においても、「昇降口及便所ハ男女ヲ区別スヘシ」と併せて明示され、さらに、明治32年に改定された「小学校設備準則」にも引き継がれています。

ここに、便所に関しては、男女を区別して設け、生徒数に応じた便所を設ける基準が明確になったのです。

なお、現在の高等学校等にあたる尋常中学校及び尋常師範学校の便所に関しては、「職員用并生徒用ニ区別」とあり、教職員と生徒の便所を区別して設けるように指示し、便所の数も「凡生徒百人ニ付、便所三個ノ割合」と明確にしています。

小学校の規模や校舎の状況に応じて、便所を整備

文部省の「小学校設備準則」は、その後、明治32（1899）年7月10日に全面的に改正され、男女を区別して便所を設けることに加えて、明治25年の「小学校々舎構造法説明概略」の但し書で示されたように、本校舎とは別棟とし、便所からの臭いを考えてか、夏季の常風の方向に注意して位置を決めるとされました。さらに、消化器系伝染病からの感染を防ぐため、井戸との距離を4間（約7・2m）以上とされ、「糞壺、尿溝、注壁等ハ不滲透物ヲ以テ之造ルヘシ」と、周囲に屎尿が漏れ滲まないような構造にすることを求めています。また、便所の設置数に関しては、「小学校々舎構造法説明概略」の基準を引き継ぎ、「男児百名ニ付大便所二以上、小便所四以上、女児百名ニ付五以上ノ割合ヲ以テ之ヲ設クヘシ」としています。

京都府では、これを受けて、明治32年10月6日に府令を改正していますが、便所の構造等については、文部省の「小学校設備準則」の項目に加えて、文部省の普通学務局長からの通知を踏まえ、便所の周囲に塀・牆《かき》（かきね）を設けたり、樹木を植えたりすることを定めています。

「小学校設備準則」は、明治33年8月21日に「小学校令施行規則」へ改正され、便所に関しては、「同施行規則」第72条において、「小学校設備準則」の内容が引き継がれています。しかし、明治37年2月22日に「小学校令施行規則」が全面改正されると、便所等、個別の施設に関する設備基準は廃止され、「校地、校舎、体操場及校具ハ、学校ノ規模ニ適応スルヲ要ス、校地ハ道徳上並ニ衛生上害ナク、且児童ノ通学ニ便利ナル場所ヲ選フヘシ、

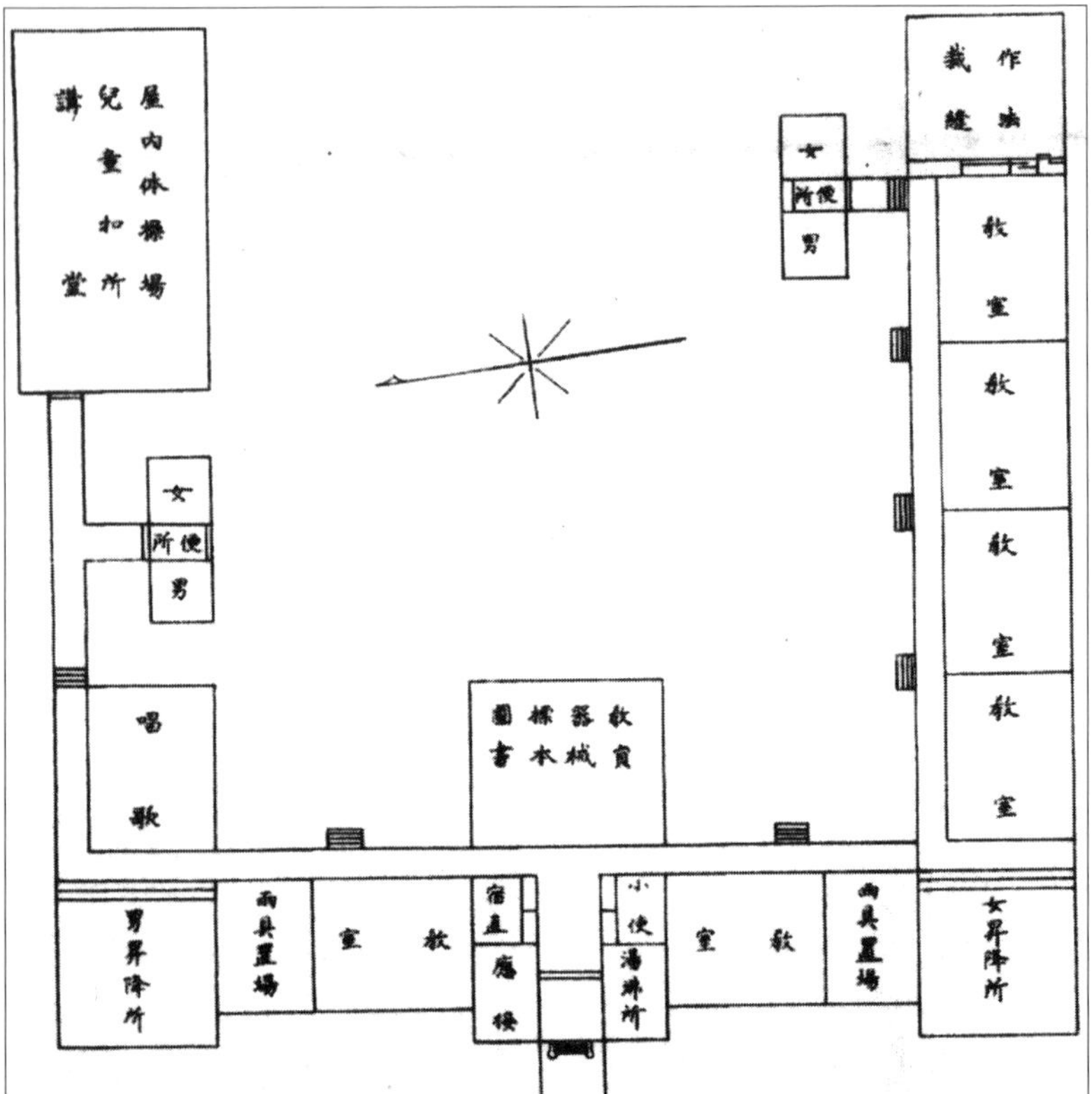

図92　『小学校建築図案』にみる小学校便所（『小学校建築図案及び学校図』明治42年8月30日、文部省普通学務局、国立国会図書館デジタルコレクション）

校舎ハ教授上管理上並ニ衛生上適当ニシテ、質朴堅牢ナランコトヲ要ス」（「小学校令施行規則」第64條）として、学校の規模や校舎の状況等に応じて柔軟に建てられるように変更されています。京都府においても、その改正の趣旨に即して、明治33年9月20日に「小学校設備規則」を改正しています。

このことも反映してか、文部省は、「小学校経営上ノ参考ニ資センガ」ため、明治42年8月12日に、『小学校建築図案及学校園』を出版し、「小学校々舎構造法説明概略」を改めて示していますが、校舎の便所については全く記述されていません。わずかに、学校の規模に応じて示された校舎の配置図のなかに、校舎から渡り廊下でつなぎ、同じ入口で、なかで男女別々に分かれる便所を図示しているに過ぎません（図92）。

その後、昭和16（1941）年2月の国民学校制度の発足に伴い、「小学校令施行規則」は「国民学校令施行規則」へ改正され、設備に関する一般的な規程は定められていますが、施行規則のなかでは明確にされませんでした。

城巽尋常高等小学校に水洗便所・水槽便所が登場する

小学校の設備規則の改正の推移を見てきましたが、明治から大正・昭和初期においては、小学校の便所は、校舎から少し離れた所に、渡り廊下でつなげて、男女を区分して設けられました。便所は屎尿を汲み取る貯留式便所で、消化器系伝染病からの感染を防ぐため、井戸との距離が定められましたが、屎尿が漏れ出さないように、不浸透物質でつくられた糞壺等とされました。

水道の普及等にあわせて、近代の象徴の一つとも見られる水洗便所が明治末から社会に登場してきますが、冒頭に紹介したように、昭和4（1929）年2月に、京都市の城巽尋常高等小学校の児童用便所が水洗とされたことは、児童のみならず、学区民にとっては大変驚きのことであったに違いありません。

城巽尋常小学校は、明治2（1869）年10月に、上京区第二十四番組小学校として発足しましたが、番組の編制替えのため、4年12月には上京第二十七番小学校と改称されています。明治5年4月に、就学児童数の増加と敷地が狭隘のため、土井大炊頭《おおいのかみ》屋敷跡（中京区油小路御池上ル、現在の京都市立堀川音楽高校）に新築・移転し、さらに、8年には、校区が二条城の巽《たつみ》（辰巳、東南）の方角にあたるところから、上京城巽小学校と改められ、「城巽」の名称が長い間、学区民に親しまれてきました。

明治19年の「小学校令」によって、小学校の教育が実質上義務化され、さらに、「明治27・8年戦役は我が国民に教育の必要なることを一層自覚」（『学制七十年史』）された結果、京都市の就学率も、明治20年代初めには50％台であったのが次第に向上し、明治30年代半ばには約95％、明治40年代には98％になりました。また、明治40年の「小学校令」の改正により、義務教育年数が4年から6年へ延長され、人口の増加とともに、児童数は一層増加したのです。

これらにともない、城巽尋常小学校は、大正10（1921）年になると、14学級の編制に対して使用できる教室は、職員室を充当しても14教室しかなく、また、特別教室としてはわずかに唱歌室しかない状況となりました。特に、5学年は、男子児童76名の1学級と、男子児童15名と女子児童57名の混合の1学級で、70名の学級定数を超え、男女別の学級編成とは異なる変則的な学級でした。次年度の生徒数の増加等を考えると、男子生徒2学級、女子生徒1学級に編制するには、現在の校舎では余裕がありません。このため、理科教室等の新設を考えて、平屋建の校舎を二階建へ新築することを計画し、城巽増築会の協力を得て、区民等から資金を募りながら、大正11年4月に新しい校舎が完成しています（『京都府行政文書　大正十年自二一号至二九号』京都府立総合資料館所蔵）。

城巽尋常高等小学校に古川式の水槽便所を整備

城巽尋常高等小学校は、大正11（1922）年の校舎の新築の際にも、便所の増改築も計画されましたが、昭和4（1929）年2月に、昭和の御大典の記念事業として南校舎や御眞影奉安庫《ごしんえいほうあんこ》とあわせて、児童用便所が竣工しています。

昭和4年の校舎等の新築等については、2月14日の『大阪朝日新聞（京都版）』は、「新築落成の校舎と最新式児童用水槽便所」の写真を掲載しながら、「南校舎一棟　――理科室と準備室、図画地歴室と準備室、普通教室八つの十二教室――及び手工家事両室の修繕」に加えて、「最新式児童用水槽便所」と、「御大典記念事業としての御眞影奉安庫の建設（以上総工費五万五千円）」が落成したと伝えています。

また、新たに整備された便所に関しては、２月15日の『京都日出新聞』は、「同校の誇りとするところは、工費約一万円を投じたコンクリート建三十坪の浄化水槽便所で、自然流通により堀川に放流」と報じています。

これらの新聞報道からみると、城巽尋常高等小学校の「最新式児童用水槽便所」は、これまでの大正便所や内務省式改良便所のような汲取式の改良便所とは違い、汚物を水で押し流す水洗便所で、その汚水を浄化し、自然流下により、最寄りの堀川に放流する水槽便所と考えられます。また、水槽便所は、絵葉書に添附されている「城巽尋常高等小学校新校舎建築」によれば、「古市式ニヨリ電力ヲ使用セズ、自然流通ニヨル浄化法ヲ用ヒ、堀川ニ流通セリ」とありますので、動力を使用しない古市式の水槽便所です。

「京都市城巽尋常高等小学校」絵葉書

図93　「京都市城巽尋常高等小学校浄化水槽便所（五）」絵葉書

昭和４（１９２９）年の校舎等の新築を記念して、城巽尋常高等小学校は「京都市城巽尋常高等小学校」絵葉書を発行していますが、絵葉書は、この時に新築された「南棟」、「理化室」と「図画地歴室」に加えて、児童用の「浄化水槽便所全体」及び「浄化水槽便所内部」（図93）の５枚で構成されています。

それにしても、昭和の御大典の記念事業として新築された天皇の御真影を奉納する御眞影奉安庫が、なぜ絵葉書として採用されなかったのでしょうか。

他の小中学校等では、奉安殿の絵葉書が発行されていますが、恐れ多いと敬遠されたのかもしれません。絵葉書図案の選択等、その辺りの詳しい事情はわかりませんが、児童用の浄化水槽便所の絵葉書、それも2枚も作成されたのですから、水洗便所・水槽便所が、学区民にとって、新しい校舎に相応しい、近代的な施設として認識されていたことは確かなようです。

近代的な建物には、水洗便所・水槽便所が似合う

城巽尋常高等小学校以外にも、この時期に新築された校舎・庁舎等に、水洗便所・水槽便所が整備されています。現在の京都府警本部本館（建築当時は京都府庁舎新館）や京都府立洛北高校（同、京都府立第一中学校）の校舎は、現在でも使われている昭和の名建築ですが、建築当初からいずれも水洗便所・水槽便所が設けられています。

京都府警本部本館は、昭和3（1928）年8月に、鉄筋コンクリート4階建の庁舎が竣工していますが、庁舎の新築に併せて水洗便所が整備され、その汚水は、当時としては最新式の「大正便所・城口式汚水自然浄化装置」で処理されています。また、水洗便所には、帽子掛けの他、トイレットペーパー掛けが備えられていましたので、トイレットペーパーが使用されていたことがわかります。なお、新築された京都府庁舎新館には警察関係が入居し、水槽便所の性能等を検査する「水槽便所試験室」が設けられています（『京都府行政文書　府警察庁舎建築綴』京都府立総合資料館所蔵。以下同じ）。

また、昭和3年11月の昭和の御大典の際、閣議室となった京都府庁舎（現在の府庁旧館）は、同年8月に貴賓室便所と併せて水洗便所が完成し、水槽便所で汚水が処理されています（『京都府行政文書　大礼関係施設一件書類』）。

さらに、昭和4年5月に落成した京都府立第一中学校の校舎は、当時としては東洋一の偉容を誇り、ゴチック

図94　「京都府立第一中学校改築記念絵葉書」前面　袋入・5枚1組

を加味した近世式で耐震・耐火鉄筋コンクリート3階建で、絵葉書（袋入・5枚組、図94）も発行されています。当初は、水洗便所の計画にありませんでしたが、夜間授業用の電灯照明とともに設けられ、職員用と生徒用の水洗便所を別々に整備し、「自然ニ浄化スル専売特許城口式汚水自然浄化装置」の水槽便所で処理されています。なお、府立第一中学校の職員便所にも、府庁舎新館と同じ様に、トイレットペーパー掛けや帽子掛けが備えられています（『京都府行政文書　府立第一中学校建築綴』）。

大正15（1926）年7月の火事で校舎が焼失し、昭和3年5月に天文台を備えた鉄筋コンクリート造4階建て、一部5階建てのモダンな校舎を完成した郁文尋常高等小学校（現在は廃校となり、その敷地には京都市洛友中学校が立地）は、校舎の新築に併せて、水洗便所が整備されています。京都市の土木技師が考案した、京都では唯一のアスファルトブロック式の水槽便所で浄化処理されています（『京都府行政文書　大正十五年設備』）。

京都市内をはじめ都市部では、水道の普及につれて、建物の新築や改築等にあわせて、水洗便所やその汚水の処理する水槽便所が次第に整備されていきました。

第16章　排泄スタイル　《「洋式便器と和式便器」絵葉書》

洋式と和式の排泄スタイル

人間の排泄には、便器に腰掛けて排泄するスタイル（洋式）と、便器にしゃがみこむ（和式）があります。腰掛け式は、しゃがみこみ式に比べれば、体への負担も少なく、特に、高齢の人や病人には好まれます。しかし体の一部が便器に接触するため、誰が使用したわからない公衆トイレなどでは、潔癖さを好む若い女性には抵抗感が強く、敬遠されがちです。また、しゃがみこんで排泄するスタイルは、体が直接便器には触れませんが、この姿勢に馴れない外国人には忌避されがちです。

腰掛けて排泄する洋式便器が、日本で一般的に知られるようになったのは、昭和34（1959）年に公団住宅で採用されてからです。その後、体に負担が少ないこともあって、総合住宅設備メーカーのTOTOによれば、昭和51年には洋式便器が和式便器の出荷台数を上回り、現在は洋式便器がほとんどであるとのことです。

トイレ研究家の平田純一によれば、しゃがみこみ式と腰掛け式の排泄スタイルは、イスタンブル辺りを境に、西は腰掛け式、東はしゃがみこみ式とおおまかに分かれるとのことですが、これだけ洋式便器が普及してくると、その境目にも少し変化があるのかもしれません。

「洋式大便器と手洗」絵葉書

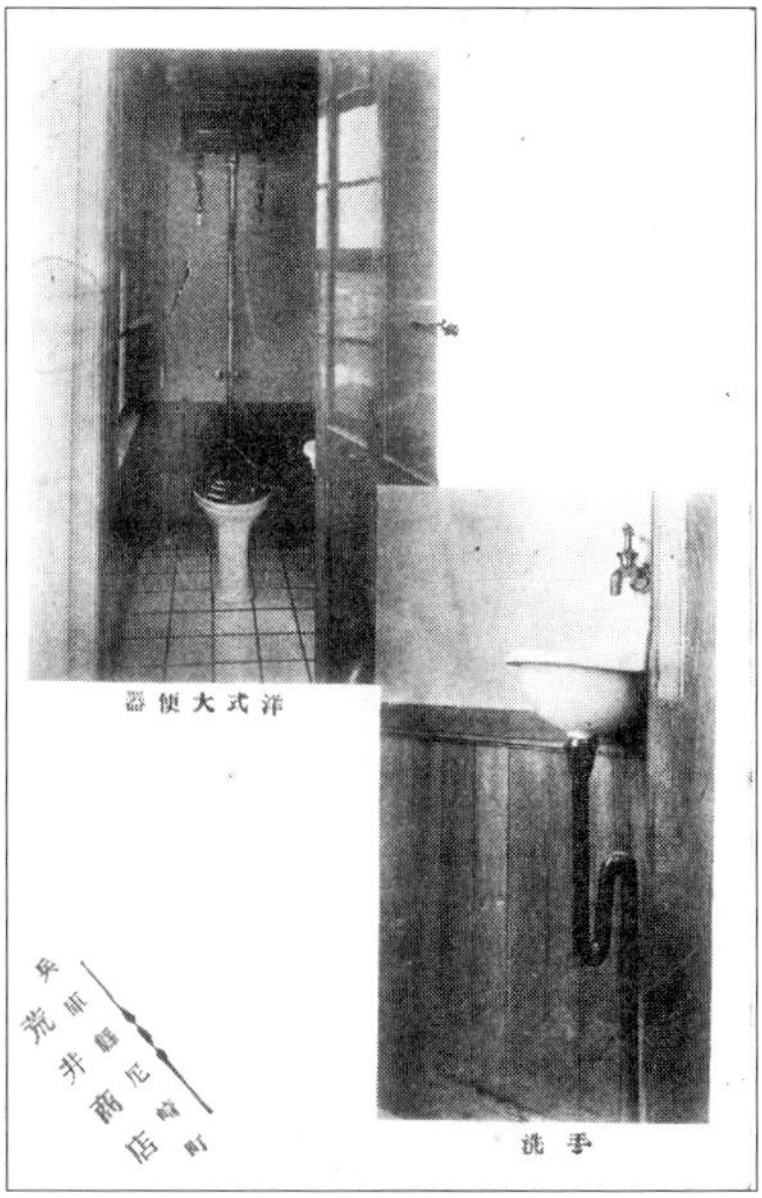

図95 「洋式大便器と手洗」絵葉書

洋式の大便器の絵葉書があるなんて！と驚かれる方もいらっしゃるかもしれません。最初に紹介するのは、大正初期に、兵庫県尼崎町（現在の尼崎市）の荒井商店が発行した「洋式大便器と手洗」の絵葉書（図95）です。

この絵葉書には、木製の蓋がついた洋式大便器と手洗が写っています。洋式大便器の上部にはハイタンクの水槽があり、水を流すための鎖も見えますので、サイホンの原理を使って汚物を洗浄する水洗式大便器です。発行元は、絵葉書の左下隅に記載されているように、兵庫県尼崎町荒井商店です。

荒井商店は、『尼崎市勢』によれば、蒸気・ガス・水道等の設計請負業を目的に、大正３（１９１４）年7月に合資会社として設立されています。この絵葉書には発行時期が明記されていませんが、荒井商店が創業された大正３年から、尼崎市の市制が施行される5年4月までの間に発行されたものと思われます。

洋式の水洗便器の発明

絵葉書の題材となった洋式の水洗便器は、19世紀半ばにロンドンで大下水が完成し、汚物を川に放流するようになって、使用が始まったといわれています。最初は、栓を抜けば汚物が流れる棒栓式の大便器でしたが、イギリス・アメリカを中心に改良が進み、排便を皿で受け、ハンドル操作で汚物を流し去る受皿式、さらに19世紀の

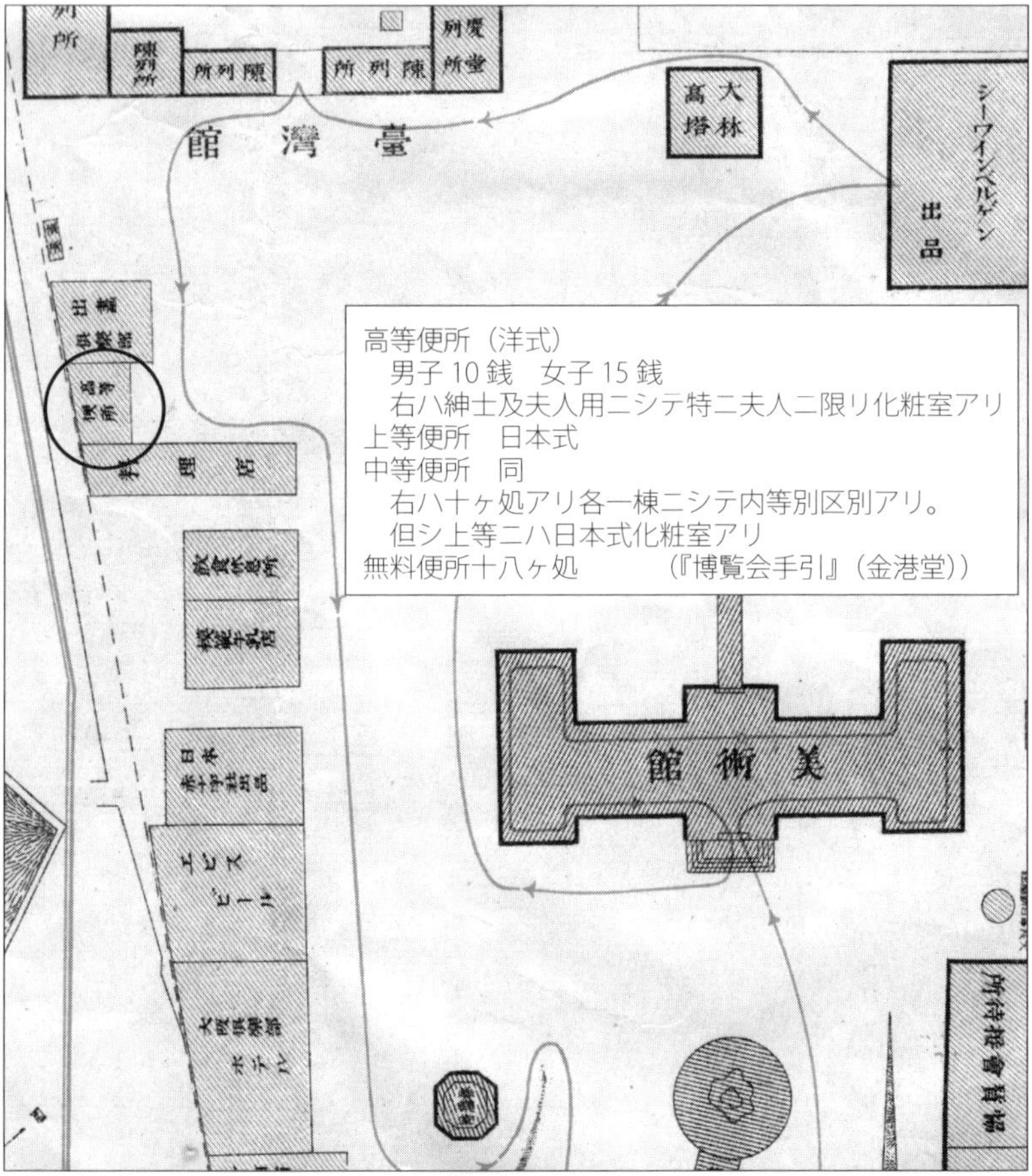

上図 96　第５回内国勧業博覧会の高等便所（『第５回内国勧業博覧会案内図』）
下図 97　京都駅御便殿の御厠（『京都停車場改良工事紀要』大正６年８月発行　西部鉄道管理局 京都府立総合資料館蔵）

終わり頃には、水流で押し流す、現在の水洗便器の原型に近い洗い出し便器が生まれています。

日本でも、西洋との往来が盛んになると、洋式の便器が輸入されるようになります。日本で最初の万国博覧会ともいわれる、大阪天王寺で開催された明治36（１９０３）年の第五回内国勧業博覧会に設けられた有料便所には、「洋式厠」が備えられています（図96）。

さらに、この内国勧業博覧会を契機に、関西では衛生設備工事が進みますが、財閥の住友家や大阪の日本生命株式会社では、洋式の腰掛便器を好まなかったようですが、洋式便器を床に埋め、大理石で金隠しを取り付けて、和式の水洗便器として使用したとの記録もあります。

また、大正３（１９１４）年8月に開業した二代目京都駅では、イギリスのトワイホールド製の便器が使われています。京都駅は、当時、東京駅とともに、天皇の駅といわれ、天皇・皇后陛下をはじめ、皇族方が御休憩される御便殿が設けられています。御便殿の附属便所は男性用・女性用に別れ、天皇が用いる男性用には、トワイホールド社から輸入された洋式大便器、小便器と手洗い、皇后の女性用には、同じく和式の便器が置かれています（図97）。また、便所にはニッケルめっきのペーパーホルダーが、手洗所にはタオル、ソープやコップのホルダーが備えられ、トイレットペーパーの使用がうかがえます（『京都停車場改良工事紀要』大正六年西部鉄道管理局）。

新島襄《じょう》旧邸に残る日本最古の洋式トイレ

洋式トイレというと、椅子に腰掛けて、その下に置かれた壺や箱に排泄する椅子式大便器を想像します。しかし、椅子の文化であったヨーロッパでは、座ることができるのは選ばれた人で、椅子式トイレを利用できるのは限られた人たちでした。当時使用されていた腰掛式の洋式トイレの原型を同志社大学の創設者である新島襄《じょう》の京都市にある旧邸に見ることができます。

図98　新島襄旧邸の洋式トイレ
寺町通丸太町上ル東側の新島襄旧邸は、同志社創立記念日（11月29日）や御所の一般公開時等は洋式トイレまで見学できる。通常は庭からの見学

新島襄・八重夫妻については、平成25（2013）年に放映されたNHK大河ドラマ「八重の桜」でひろく知られるようになりました。元治元（1864）年に日本を密かに出国した新島襄は、神学校等で学び、アメリカン・ボードの日本ミッションの准宣教師に任命されて、明治7（1874）年に帰国しています。新島襄は初代の京都府議会議長となる山本覚馬の妹八重と結婚して、明治11年には、京都御所の東側にある同志社発祥地の地に、和に洋を取り入れ、コロニアル様式の新居を建てていますが、セントラル・ヒーティングや洋式トイレを設けるなど、当時としては画期的な建物でした。

トイレは、1階の北東隅に風呂場に接して設けられています。日本家屋の構造等を考えて、一つの部屋をトイレ空間として区切って、床から一段と高くし板張りにし、その真ん中に約30cmの穴を開けて、腰掛けて排泄する、板張りの腰掛式トイレです（図98）。

排泄された汚物は、板張りの下に壺または箱を設けて、東側の壁の下部開口部から取り出すように考案されています。

新島襄・八重夫妻は　洋式トイレを使用したのか

新島襄旧邸のトイレは、現存するなかでは、日本では最も古い最初期の腰掛式の洋式トイレです。これまでは「和式のものも別にあるから、出入りの宣教師用」(『図説厠まんだら』)とか、「それ(洋風)についてゆけない家人などは和風を使用」(『便所のはなし』)と、紹介されてきましたが、果たして新島襄・八重夫妻は腰掛式洋式トイレを使用したのでしょうか。

新島襄旧邸は、昭和60(1985)年に京都市の有形指定文化財に登録され、平成4(1992)年に修理工事が行われ、この洋式トイレに関しても新たな事実が判りました。

修理前に洋式トイレの東側にあった大便所と小便所の和式便所は、建築当初のものではなく、一階南西の間に茶室が設けられた時に増設されたものです。また、その和式便所に通ずる床板には、直径6寸(約18㎝)前後の穴が開けられ、その下に便壺が設けられていたことから、最初はここには小便所があったことが判明したのです。

新島襄が明治23(1890)年に逝去した後、八重は昭和7年まで長生きし、茶道に親しみ、また教えることもあって、大正初期に茶室が設けられています。和式便所はその際の来客用として新しく設けたのではないかと思われます。

新島襄は、アメリカに約10年間滞在していますが、滞米中、腰掛けて排泄するスタイルに慣れ親しみ、新しく家を新築する際に、宣教師のアドバイスもあって、洋式トイレが設けたと思われます。

新島襄・八重夫妻は、日本で初めて洋式トイレでの排泄を愉しんだ日本人ともいえます。

不便であった同志社女学校の外便所

新島襄・八重夫妻が洋式トイレを好んだことは、同志社女学校（現在の同志社女子大学）の寄宿舎が、西洋厠（洋式トイレ）であったことからもわかります。

新島襄は、キリスト教の徳育によって女子を教育する必要性を感じ、同志社英学校（現在の同志社大学）とペアになる女子の教育機関を、明治９（１８７６）年に私塾として、さらに、翌年には同志社分校女紅場《にょうこうば》として正式に開校しています。

同志社女学校は、最初は寄宿舎学校でした。女学生たちは、校舎の二階にあった寄宿舎で生活を送り、その後、明治21年に新しい寄宿舎平安寮が同志社女子大学のある現在の場所に建てられています。この平安寮の雪隠（トイレ）は、寄宿舎から小半町（約50ｍ）程離れた、相国寺の藪の近くにあった外便所でした。このため夜間は大変不便で、女学生にはかなり不評であったようです。

同志社英学校を卒業し、明治23年から約10年間、同志社女学校で教頭（実質的には校長）を勤めた松浦政泰は、『同志社ローマンス』を執筆するために、同窓生から学生・女学生時代の思い出を談話・筆記の形で集めていますが、女子学生のなかには、この寄宿舎の外便所に対する不満を書き綴っています。

たとえば、明治10年代に学んだ徳富蘇峰の姉の湯浅初子は、「便所が私共の寝室から小半町もある遠い所なので、皆怖がって、夜半に厠に立つ時は大勢連れで行ったが、余り小さい人達の中には時々不調法の事もあった」と回想しています。また、明治22年６月に本科を卒業した杉山恒は、半町も遠い所に便所があるため、大きな人たちは、夜間に幾度もねむいのを我慢して、小さい子たちの厠のお供をしなければならず、西洋人は唯清潔と云う事ばかりに没頭して、不便とか怖いとか困るとかは何とも思わなかったと嘆いています（『創設期の同志社――卒業生の回想録』）。

西洋厠の使用方法がわからず、途方にくれる

寄宿舎の便所に関して、さらに困ったことは、腰掛式の西洋厠であったことです。明治25（1892）年6月に女学校本科を卒業した野矢咲は、西洋厠について使い方がわからず、3日我慢して、腹痛を起こしたと、次のように書いています。

「西洋厠の事」
　厠は二三十もありまして、毎日取り替えられるので清潔でありますが、最初は用ゐ方を知ら無いで随分困りました。清潔屋が、土の上に置いてある壺と、其上にかぶせる穴のあいた箱とを取異へて（大小あるので、壺と箱とは一つ一つ合ふ様に出来て居ります）ふせて置きました。私は腰をかける等と云ふ事は知りませんから、其箱の上に一寸下駄の儘《まま》上って見ましたら、壺と箱と高さが合って居りません為がたがた揺れましたので驚きました。
斯麼風《こんなふう》に使用法を知らなかった為、三日堪へて居て到々腹痛を起こしました。未だ子供でありましたから、斯麼事《こんなこと》を人に尋ねる勇気もなく、独で困《悩》んで居りました。

（『創設期の同志社――卒業生の回想録』）

現代では、自宅の洋式トイレに慣れた子どもが、小学校に入学した途端、和式トイレの使い方がわからず、学

校で排便しなくて困っているとの話を聞きます。フジテレビでドラマ化された『東京ラブストーリー』の作者である漫画家柴門ふみは、昭和50（1975）年頃に徳島から修学旅行で東京に来る時に、洋式トイレの使い方を、授業で初めて習ったと告白しています（『披露宴でしゃべるな』）。しゃがみこみ式の和式便所に慣れた女学生が、西洋厠の使用方法がわからず、下駄のままで、腰掛けるべき箱にあがり、戸惑ったのは当然でした。

同志社女学校の西洋厠は、腰掛ける箱の下に壺が置かれ、排泄された汚物は毎日搬出されたとありますから、清潔に関しては、屎尿を貯留する汲取便所に比べれば、格段と衛生的であったと思われます。

新島襄旧宅のトイレに洋式を取り入れたのは、新島襄がアメリカの生活のなかで培った衛生的な思考があったからです。

洋式便器の国産化

洋式や和式にかかわらず、それまで木製が中心であった便器が陶器製に代わり、さらに日本で生産されるのは、大正初期です。

『東陶機器七十年史』によれば、洋風陶器の製造にいち早く手掛けた森村組の大倉孫兵衛・大倉和親（後の東洋陶器の初代社長）は、明治45（1912）年1月に、私財を投じて日本陶器合名会社に製陶研究所を創設して、衛生陶器の研究開発を進めています。大正2（1913）年に、手洗器・洗面器・和洋の大小便器の製造に取りかかり、大正3年8月には、試作品に自信を得たので、優良品を大阪の浜田商店等へ送り、輸入品と並べて試販に乗り出したとされています。

最初に紹介した「洋式大便器と手洗」の絵葉書の発行時期は、大正3年から5年ですから、便器の国産化の時期とほぼ重なります。TOTOミュージアムによれば、製陶研究所が製造した衛生陶器には商標が付けられていますが、絵葉書に写っている洋式大便器については、写真の角度の関係で残念ながら確認できません。このため、イギリスやアメリカなどから輸入された外国製品か、それとも日本陶器合名会社の製陶研究所が製造して、大阪の浜田商店等へ送って試販された国産品であるかわかりません。

日本で最初の汚水浄化槽

「洋式大便器と手洗」絵葉書が発行された兵庫県尼崎は、汚水浄化槽が最初に建設された都市でもありました。下水道がまだ充分に整備されていなかった時代に、水洗便所を設けるには、汚物を流した汚水を処理できる汚水浄化装置（現在の屎尿浄化槽）を設ける必要がありました。

　これまでも何度か紹介してきましたが、須賀商会の須藤藤五郎は、明治34（１９０１）年に大阪で衛生工事請負業を開業し、第5回内国勧業博覧会の衛生設備の請負をはじめ、衛生工業界の発達とともに歩んで来た人物で、『近世便所考』（昭和12年刊行）に、「本邦衛生工業の発達」を寄稿しています。須藤はそのなかで「自分の作った日本最初の浄化槽は、明治四十五年兵庫県尼ケ《（ママ）》崎に、当時英国人の『リバー・ブラザース』石鹸会社の工場が新設され、その施主の希望によって作ったもの」と述べています。さらに、大正３（１９１４）年に東京電気株式会社大井町分工場、翌4年には、５０００人分の汚水を完全に処理できる汚水浄化槽を同社の川崎工場に、6年には、城口式大正便所を開発した城口権三と協力して日本郵船神戸支店に、最初の純国産の浄化装置を作ったと書いています。

　なお、須藤藤五郎が浄化槽を作ったリバーブラザーズ石鹸工場（現在の日油尼崎工場）は、明治43年に、製造機械一式をはじめ、建築用の煉瓦までイギリスから取り寄せて建設しましたが、当時としては東洋一の規模を誇り、原料の調達から生産まで一貫した生産システムを日本に導入し、油脂工業の発展に大きく貢献しました。

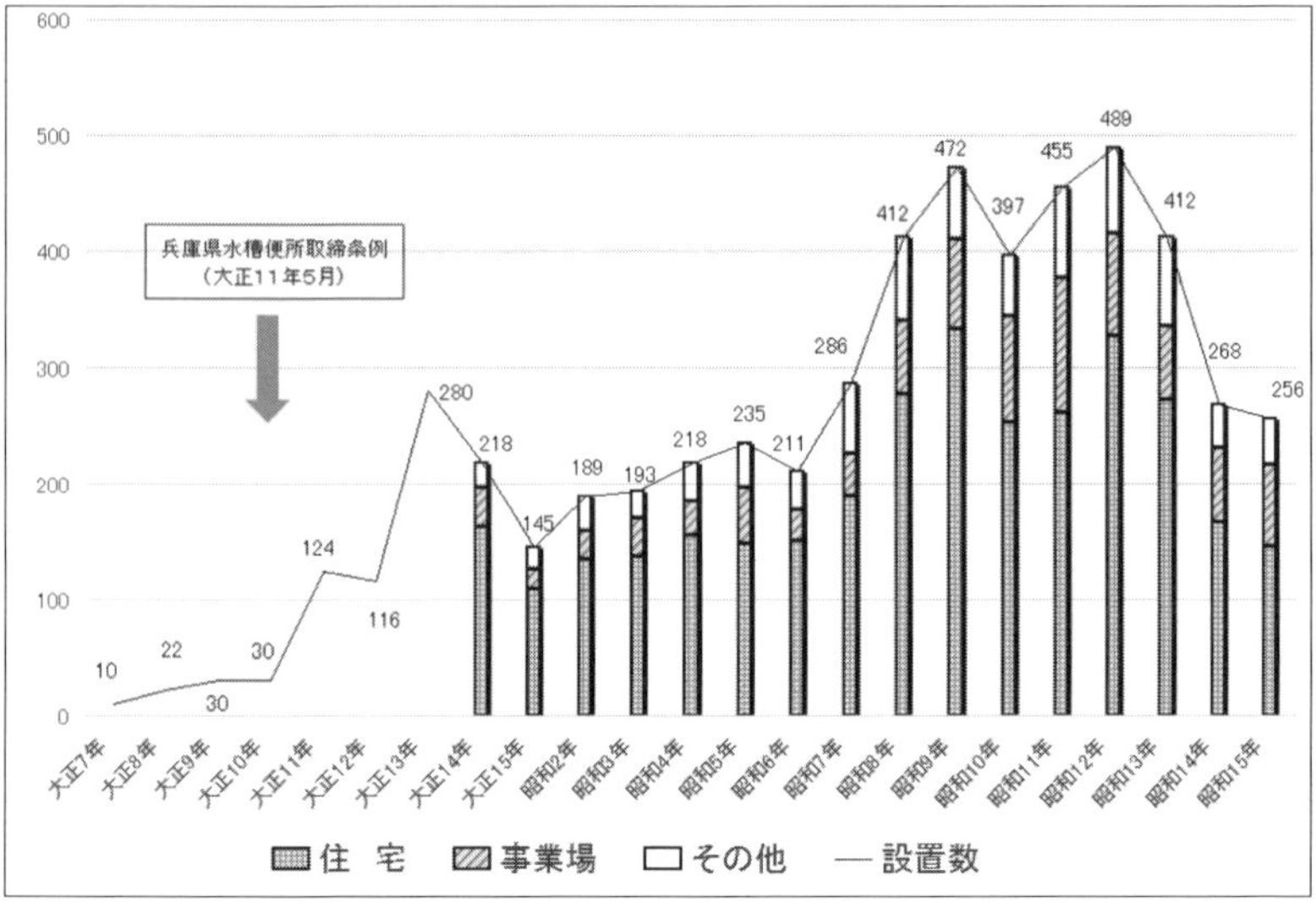

図99　兵庫県の水槽便所の設置数の推移
（注）事業場は会社・銀行・商店・工場
（出典）『兵庫県統計書』により筆者作成

水槽便所の急速な普及

兵庫県の水槽便所ですが、大正7（1918）年にはわずか10ヶ所に過ぎませんでしたが、11年に「兵庫県水槽便所取締規則」が制定されたこともあって、住宅を中心にして急激に伸びていきます。さらに、昭和に入ると、延べ設置数で1000ヶ所を超え、昭和10（1935）年末には約3500ヶ所となっています（図99）。

荒井商店も、水槽便所の需要を背景に営業を展開したと思われますが、絵葉書は、洋式大便器を実際に使ったというよりも、むしろ水道等の設計を請負う事業を宣伝するために発行したのではないか思われます。そう考えると、絵葉書に写っている洋式大便器は、国産品である可能性が高いと思えます。水槽便所の日本での発祥の地である尼崎で、日本で初めて試販された洋風大便器の絵葉書、ビッグニュースですが、いずれにしても、この絵葉書は、衛生設備工業界としては、大変貴重なものです。

和式水洗便所の絵葉書　旅館・ホテルの宣伝に

尼崎の荒井商店は、洋風大便器を宣伝するため、商品見本として絵葉書を作成したと思われますが、水洗便所の絵葉書は、旅館やホテルが近代的で清潔な宿泊施設であることを宣伝する格好の材料としても使われています。

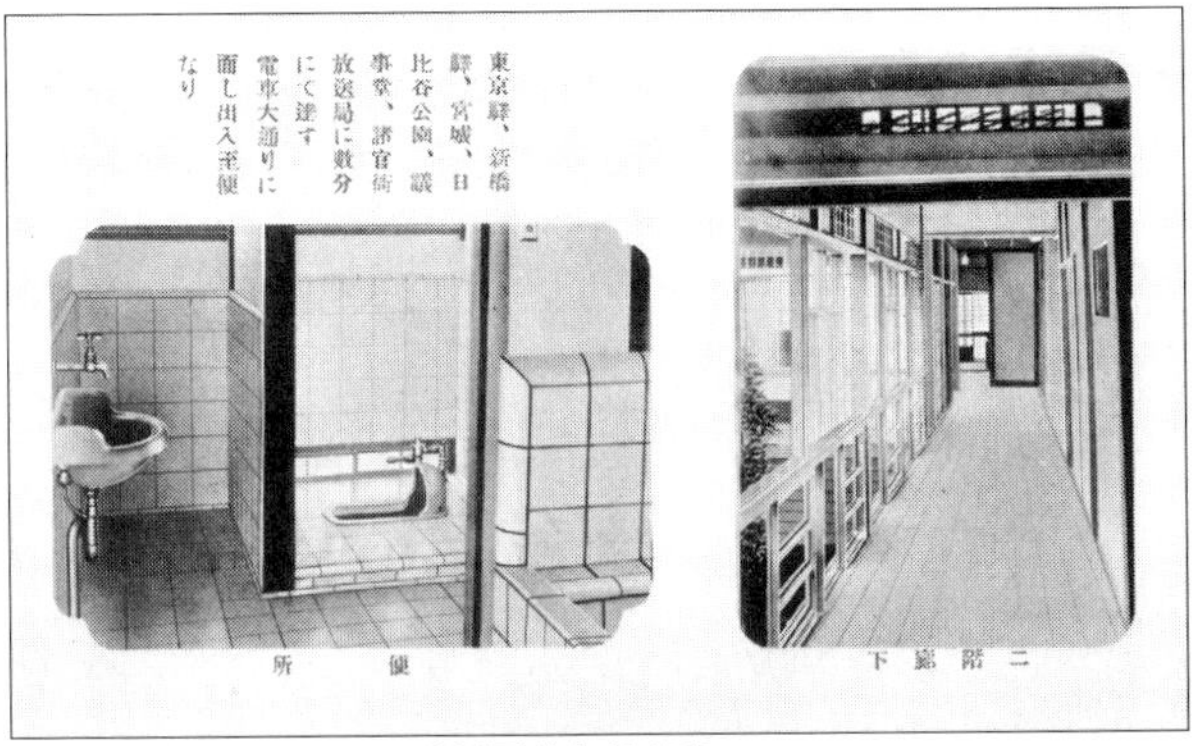

図100　「虎の門ホテル（進福館）」絵葉書

東京の虎の門ホテル（進福館）は、袋入り・2枚組の絵はがき（図100）を発行していますが、そのなかに、2階廊下の写真と組み合わせた水洗便所の絵葉書があります。虎の門ホテルは、「静かで居心地よき二重の純日本室、各室卓上電話、宿料実費家庭的」に加えて、「最新式水洗便所」を備えていることを、絵葉書で積極的に宣伝しています。絵葉書に写っている便所は和式で、便器の横に水を流すフラッシュバルブが写っていますので、水洗便所です。

絵葉書の発行時期を、記載されている電話番号を手かがりに推定してみます。絵葉書には青山局の番号は記載されていますが、昭和4（1929）年に発行された『東京市商工名鑑』（東京都立中央図書館所蔵）によれば、虎の門ホテルの電話は芝局です。青山局は大正11（1922）年8月に完成し、赤坂、渋谷、四谷、神宮外苑等を所管していますが、その後、関東大震災の影響もあってか、銀座・高輪・青山の各電話局の間で担当範囲の変更が行われたのではないか思います。昭和2年6月27日の『東京朝日新聞』によれば、その時点で西久保櫻川町は銀座局から芝局の所管に変更になり、それ以降は、電話番号簿には芝局の電話番号が掲載されています。

これらから、青山局の電話番号が記載されている絵葉書は、少なくとも昭和2年以前に発行されたものと推定できます。絵葉書は、虎の門ホテルが創業した大正15年頃に、ホテルを宣伝する材料として発行されたのではないかと考えています。

絵葉書ではありませんが、現在の京都ホテルオークラは、明治21（1888）年に川端二条に開いた旅館京都常磐から出発して、常磐ホテル・京都ホテルへ発展した、京都では老舗ホテルの一つです。昭和の御大典に間に合わせる形で、昭和3年2月に、正面玄関をイタリア製大理石で飾ったルネッサンス調の7階建の新館が河原町御池角に竣工しています。3月2日の『京都日出新聞』には、その開業を告知する全面広告が掲載され、当時、日本の主要な汚水処理メーカーの一つである西原衛生工業所も協賛広告を出しています。京都ホテルの汚水浄化施設は、「西原式汚水浄化装置」が採用されましたと思われますが、水洗便所が近代的なホテルの証左であったのです。

虎の門ホテル以外にも、奈良のいろは館本店や吉田屋旅館、群馬県伊勢崎町の新井屋旅館や仙台名所向山の鉱泉浴場等で、便所の絵葉書が発行されています。

衛生的で清潔な水洗トイレは、現在では当たり前の設備ですが、当時としては、水洗便所が備えられていることは、最新の建物であることの証明で、旅館やホテルとしては、顧客を獲得する上で恰好の宣伝材料であったのです。建築物の竣工記念等の絵葉書に、水洗便所や水槽便所が登場したのもうなづけます。

第17章　活性汚泥法により、日本で最初に屎尿を処理した都市は

《「下飯田汚物処理所絵葉書」②》

「屎尿浄化装置」、「屎尿浄化装置喞筒《ポンプ》室」絵葉書

上図101　「下飯田汚物処理所　屎尿浄化装置」絵葉書
下図102　「下飯田汚物処理所　屎尿浄化装置喞筒室」絵葉書

第1部「ごみの近代誌」で、昭和4（1929）年に発行された名古屋市の「下飯田汚物処理所絵葉書」を紹介しましたが、ここでは、一緒に発行された他都市に例のない屎尿浄化装置の絵葉書をとりあげることにします。また、日本で最初に活性汚泥を活用して単独で屎尿を処理した施設は、昭和4年に建設された京都市十条屎尿処理所ということになっていますが、この絵葉書を手かがりに改めて検証してみます。

屎尿浄化装置の絵葉書は2枚です。屎尿浄化装置の全体の様子がわかる「屎尿浄化装置」

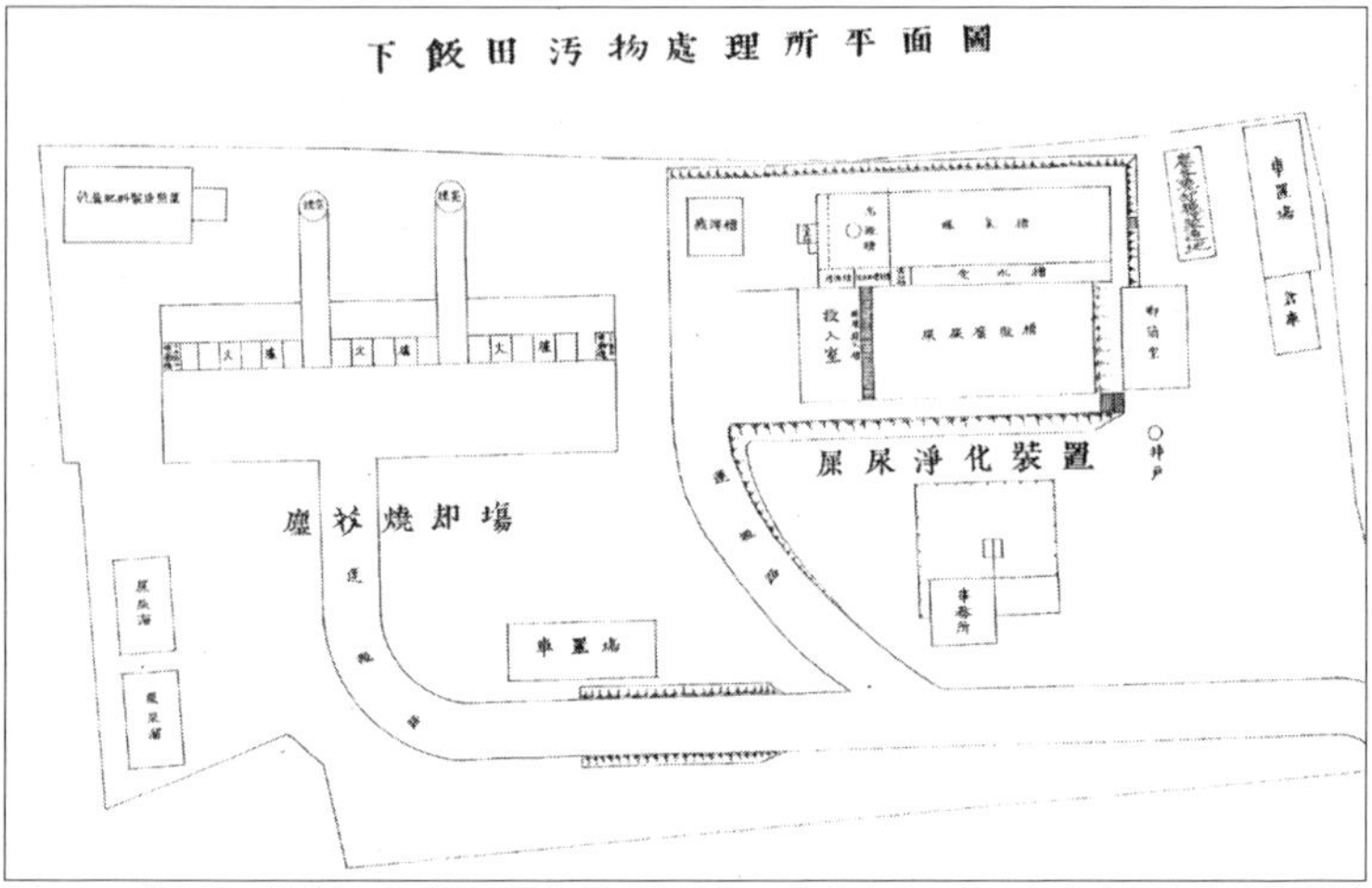

図 103 「下飯田汚物処理所平面図」（「昭和四年　市参事会　其一」名古屋市市政資料館所蔵）

（図101）と、喞筒室の様子がわかる「屎尿浄化装置喞筒室」（図102）です。同じ時期に計画されたごみ焼却施設の増設も含めて、その竣工を記念して発行されたものです。

屎尿浄化装置は、「汚物処分場建設及増設並屎尿浄化場築造事業」の一環として、昭和3年に東区（当時）下飯田で建設に着手されました。翌4年4月に竣工、4月21日から作業を開始し、名古屋市では、千種汚物処理所に続いて、2番目の屎尿処理施設です。

屎尿投入槽、屎尿腐敗槽、受水槽、混和槽、曝気槽、沈殿槽、汚泥槽、汚泥再曝気槽、消毒槽、浮滓残貯槽等から構成され、屎尿を微生物の働きで浄化する「促進汚泥法」の処理施設です。名古屋市市政資料館に、当時の下飯田汚物処理所の平面図（図103）が残されています。これと比べてみると、「屎尿浄化装置」絵葉書に写っている手前の建物が微生物の働きを促す空気を送る喞筒室、その奥が屎尿腐敗槽、さらに屎尿投入室の建物です。また、右側が微生物の働きで屎尿を浄化する曝気槽、その奥が沈殿槽です。当時としては、屎尿の処理施設自体が珍しく、その上、浄化装置の実際の様子が写真で確認できるこの絵葉書は、大変貴重です。

この浄化装置が1日に処理できる屎尿は、1日に200石（36立方メートル）、市全体の1日の屎尿排出量約4000石（昭和2年当時）からすれば少量ですが、なぜ、名古屋市は、千種汚物処理所に続いて、屎尿の単独の浄化装置を建設したのでしょうか。名古屋市の屎尿処理の歩みを簡単に振り返ってみます。

有価物である屎尿を財源に、下水道の建設を

屎尿は、農作物の栽培に有効な窒素等を多く含むことから、大正期までは、肥料として有価で取り引きされ、金銭、糯米《もちごめ》や野菜と交換され、金肥とも呼ばれていました。名古屋市は、その有価性に着目して、屎尿を処分する権利を市が独占して、「こやし」として販売し、その利益を下水道等の都市施設の建設の財源に充てることを考えたのです。

塵芥等の汚物は、明治33（1900）年4月に施行された「汚物掃除法」により、市に処分が義務付けられていました。しかし当時、有価物として流通していた屎尿については、「屎尿ハ当分ノ内第五条ノ規定ヲ適用セス、掃除義務者ニ於テ之ヲ処分スヘシ」（「汚物掃除法施行規則」第22条）と定められ、市民が自由に処分することができ、市が介入する余地は全くありませんでした。このため、名古屋市が、屎尿を処分して利益を得るためには、その改正が必要となりました。

「汚物掃除法」の改正を働きかける

名古屋市議会は、明治39（1906）年に、地方の状況により、市が屎尿を自由に処理することができるよう、内務大臣に意見書を提出し、その後も、屎尿を自由に処理できるよう「汚物掃除法施行規則」の改正を、内務大臣にたびたび要望しています。

名古屋市の強い働きかけもあってか、明治43年4月に、「汚物掃除法施行規則」が改正され、「土地ノ状況ニヨリ、地方長官ニ於テ必要ト認メタル場合ニハ、市ヲシテ処分セシム可シ」の但し書が追加され、地方長官（府県知事）が必要と認めた場合には、市において処分することができるようになったのです。

これを受けて、愛知県は、県警察部長と名古屋市との協議を経て、明治45年2月に、名古屋市に限り市営による屎尿の処分を許可しています。名古屋市は、明治45年6月、民間会社に、「汲取料」を納付させた上で、屎尿の汲取を請負わせる市営化を実現し、都市施設の建設財源を屎尿によって確保したのです。

屎尿から硫安（硫酸アンモニウム）を産む

図104　名古屋市市立屎尿加工場　鴨浦工場（『都市計画と汚物処理』大正11年12月31日、町井事務所出版部）

名古屋市は、さらに屎尿を有効に活用するため、屎尿から硫安（硫酸アンモニウム）肥料を製造する事業を計画しています。硫安製造は、明治41（1908）年の東京の大日本硫安会社が初めてで、その後各地で工場が建設されますが、名古屋市は、大正2（1913）年1月に、熱田東町伊勢木の新堀川高蔵橋右岸に硫安製造工場を設けています。硫安製造工場の建設は、最初は大歓迎を受けましたが、6月末になって実際に稼働すると、製造工程から生ずる悪臭は、市の中心部まで届くほど酷い状況で、「屎尿加工場撤廃期生同盟会」が発足し、その撤去等を求める反対運動が生まれています。大正3年4月には愛知県警察部から製造中止、5月10日には愛知県から工場移転を命じられています。名古屋市は、稲永新田において海面を埋め立てて、鴨浦屎尿加工場を新設して、大正4年に硫安製造を再開しています（図104）。

大阪市でも硫安製造を始めるが……

硫安製造工場は、大阪市でも計画されています。大正10（1921）年6月に、大阪市と全く関係のない兵庫県津名郡假屋町（現在の淡路市）に、硫安及び乾糞肥料製造工場を建設し、兵庫県の使用許可を得て、製造を開始しています。計画当初は、地元の假屋町の漁民等が来阪して、反対しましたが、当面規模を縮小し、間歇的な試験製造としたため、その後、大きな反対の動きはありませんでした。しかし生産された硫安の売却代金約3万5000円に対して、屎尿の輸送費も含めて支出が約13万2000円と、大幅な赤字でとなりました。大正13年4月5日の『大阪毎日新聞』によれば、大阪市民の屎尿は、「昨今は淡路、福山、今治辺からの申込が多く」、大阪市は「屎尿その侭を一荷いくらで地方のお百姓へ売る方が、手間が省ける」とあり、硫安製造工場は採算が見込めず、大正15年頃に休止しています。

なお、硫安の製造工場は神戸でも計画され、また、屎尿の市営化による地方財源を得る試みは、明治45（1902）年に京都市でも検討されています。京都市の計画は、屎1荷に付き10銭、尿5銭で売り払い、当時、京都市の市税額約120万円の10分の1に当たる約10万円の財源を得られる計画で一時内定しましたが、大正天皇の即位の御大礼が京都で挙行されることもあってか、立ち消えになっています。

糞詰まり　屎尿の海洋投棄に打開策

表12　大正13年名古屋市の屎尿処分状況

区分		処分量 石／日	処分量 %	参考
市営区域内の屎尿排出量		4000	100	戸数　121925戸 人口　557745人
自家処分		340	8.5	
農民汲取搬出屎尿		1060	26.5	
市直営汲取搬出屎尿		2600	65.0	
処分内訳	沿海農村の回航屎尿船へ無償又は有料交付	430	16.5	
	貯留場搬入後、農民へ有料又は無償交付	160	6.2	
	浄化消毒後、上下水管へ放流	25	0.1	千種焼却所内の特種装置により処分
	市有船に積込、海中投棄	1985	76.3	特殊屎尿船へ積込み、消毒の上港外十九海里の沖合へ投棄

（出典）『名古屋市屎尿ノ市営沿革』に基づき筆者作成

名古屋市が国に強く働きかけ、市営による汲取りを可能とした屎尿ですが、大正期の中頃になると、有価物として流通していた屎尿をめぐる需給関係は、大きく変化していきます。人口の急増や市街地の膨張と周辺農地の減少、さらには化学肥料の普及等により、肥料としての需要は大きく低下したのです。都市の中心部では農家による汲取は期待できず、糞詰まりの状態が生まれ、都市問題として、屎尿の処理がにわかに浮上してきました。

すでに、東京市では大正８（１９１９）年、大阪市は大正10年、京都市は大正11年に市の責任による汲取を実施していました。名古屋市でも、大正11年11月から市直営による汲取を行うとともに、同年７月には千種塵芥焼却所内に、１日の処理能力30石の屎尿の単独浄化装置を建設したのです。

その後、大正12年９月に、硫安を製造していた鴨浦屎尿加工場が、失火でその機能を失うと、屎尿の処理がますます行き詰り、名古屋市は、その打開策を海洋投棄に求めています。家庭等から汲み取った屎尿の約76％を、市有船に積込み、名古屋港外の約19海里（約35㎞）の沖合に海洋投棄しています。しかし海洋投棄には漁業者からの反対も強く、また、東京等でのコレラの蔓延もあって、大正14年9月には、三重県知事から、海洋投棄に強い懸念が表明され、名古屋市は屎尿の抜本的な対策を講ずる必要に迫られたのです。

大正12年の市会に、名古屋市総連合衛生会から、屎尿浄化施設の建設等を求める「屎尿処分に関する建議」が提出されましたが、屎尿の衛生的な処理に必要な下水道の整備には、膨大な費用と長い期間が必要で、すぐに実現できるわけでもありません。このため、名古屋市は、下水処理の分野で活用されはじめた活性汚泥法による屎尿の単独処理が計画したのです（表12）。

千種、下飯田汚物処理所の屎尿浄化装置

名古屋市は、1日の処理能力30石の単独浄化装置を設置した千種汚物処理所に、大正14（1925）年に、1日100石の処理施設の増設を検討します。しかし、処理所周辺の黒門町総代等は、屎尿浄化装置に反対で、すでに、大正13年1月に、その移転を名古屋市長に陳情していました。

陳情書では、「屎尿ノ停滞ニ苦ミタル結果、場内ニ屎尿浄化装置ヲ附設」したが、「其ノ装置及取扱方法頗《すこぶ》ル不完全ニシテ、啻《ただ》ニ名目ノミニ止リ、殆ント屎尿ヲ其ノ侭下水管内ニ放置セラル、処置ノ乱暴ナル、実ニ言語ニ絶スル」状況であると弾劾しています。さらに、ごみ焼却施設の移転の「跡地ニ浄化装置ノ一大拡張ヲナサムトスル」と聞き、「付近居住者ノ断シテ忍フ所ニアラス」として反対し、一度現場に来て、住民の苦痛を見て、増設はもちろん、既設の速やかな撤去を強く求めています。

住民の強い反対はありましたが、名古屋市は千種汚物処理所に屎尿浄化装置の増設を進め、大正15年6月に愛知県知事の許可を受けて、屎尿の浄化作業を開始しています。また、ごみ焼却施設が立地し、屎尿溜が設けられていた東区下飯田に、今回の絵葉書で紹介した屎尿浄化装置の新設を計画しています。

活性汚泥による屎尿処理　京都市、東京市、名古屋市

名古屋市の千種汚物処理所は大正15（1926）年、下飯田汚物処理所は昭和4（1929）年に稼働していますが、昭和37年に刊行された『し尿処理ハンドブック』では、「し尿を生物酸化（活性汚泥法）によって処理しようとする試みについては、すでに1929年京都十条処理所において（中略）、1930年東京綾瀬処理場において（中略）処理が行われた事実がある」とし、名古屋市の屎尿処理施設については、全く触れていません。

しかし、昭和63年に発刊された『日本下水道史技術編』では、「名古屋市では昭和2年、（下水）処理場の建設に先立って、東区飯田町に散気式活性汚泥法によるし尿処理場を建設（中略）、京都市でも同じく散気式活性汚泥法によるし尿処理場として、4年4月から十条汚物処分場の運転を開始した。（中略）東京市でも昭和8年に活性汚泥法による綾瀬し尿浄化処理場を完成」と記述され、名古屋市の下飯田の屎尿浄化装置を、最初に紹介しています。

活性汚泥法による屎尿の単独処理を最初に実施したのは、はたしてどこの都市でしょうか。

京都・十条屎尿処理所を建設　昭和の御大典に備えて

京都市の十条屎尿処理所は、京都で行われることになった昭和天皇の「即位の礼と大嘗祭」（以下、「御大典」という）に備えて計画されました。京都市では、昭和の御大典にあわせて開催される大礼記念京都大博覧会の観覧者も含めて、全国から多数の入洛者が予想されるため、人々が排泄する屎尿の処理が問題として浮上したのです。

京都市は昭和2（1927）年9月、「屎尿浄化装置の用地買収及び建築並設備費」12万円を市議会に提案し、

十条塵芥焼却場の隣接地である下京区（現在の南区）西九条仏現寺町に、屎尿に空気を送って微生物の働きを活発に促すことにより浄化する促進汚泥曝気式で、1日200石の屎尿を処理する十条屎尿処理所を計画したのです（図105）。

十条屎尿処理所の建設については、その放流予定先である西洞院川に灌漑用水を頼る上鳥羽村から反対する動きが生まれています。上鳥羽村は、これまでも京都市内の家庭等の汚水が流れてきて、肥料過多である上に、屎尿処理所が建設されては農地が全滅する危機と考えたのです。このため、京都府農林課に調査を依頼し、京都府も、京都市の屎尿の処理方法では、耕地に対する影響が重大として再考を求めています。

活性汚泥による汚水の処理は、欧米で開発され、日本では、大正14（1925）年に名古屋市熱田抽水場（現在の下水処理場）で実験を開始した、極めて新しい技術です。屎尿を対象に活性汚泥法で処理するのは、本邦では例がなく、日本で「最初」の施設でありました。

図105　京都十条屎尿処理所（『昭和三年　京都市衛生年報』京都府立総合資料館所蔵）

活性汚泥による屎尿の処理は、塵芥や屎尿の処理分野を始め、日本における公衆衛生学の泰斗であり、当時大阪市立衛生試験所の所長であった藤原九十郎は、『都市問題パンフレット　都市の屎尿処分問題』（昭和4年3月発行）のなかで、屎尿を河水等で一定の割合に希釈して、活性汚泥を加へ曝気する方法であるが、その希釈度や注入汚泥量、曝気時間並に空気量の関係は十分研究して置かねばならぬと述べ、活性汚泥法により屎尿の単独処理施設の運転管理の難しさに言及しています。

十条屎尿処理所の運転開始

十条屎尿処理所は、昭和3年（1928）8月に着工、翌4年2月に竣工して、同年4月15日に屎尿を初めて投入して、試運転を開始しています。京都市衛生試験所が、十条屎尿処理所の放流水等を採取して分析していますが、藤原九十郎が懸念した通り、「水槽便所放流汚水規格」にも合格するに至らない状況で、必ずしも良好な成績を得られていません。曝気時間や枕澄槽の容積の不足等による構造の不備や運用の欠陥等もあり、なかなか予定の成績をあげる事ができず、結局、4ヶ月かかって昭和4年8月から本格的な運転を開始します。

その後、屎尿が十分集まらなかったこともあってか、1日平均66石（昭和11年までの実績）に止まり、概ね処理能力の半分程度しか処理できていません。また、京都市では、昭和9年に吉祥院下水処理場が、昭和14年に鳥羽下水処理場の第1期工事が竣工し、吉祥院下水処理場では、屎尿を受け入れ、浄化処理が行われていますが、その後、戦争が激しくなるにつれて、食糧増産のため、肥料不足に悩む農村へ屎尿を還元することが至上命題となり、十条屎尿処理所は休止されています。戦後も再開されることなく、昭和29年には、下水道に屎尿を投入するため、十条貯留槽が同地に建設されています。

東京・綾瀬作業所

『し尿処理ハンドブック』などで紹介されています東京の綾瀬作業所は、失業対策事業として取り組まれています。昭和8（1933）年3月に、葛飾区小菅町に、京都市に次いで全国「2番目」となる、「促進汚泥式処理法」

図106　東京・綾瀬作業所（『東京市清掃部事業概要（昭和十三年度）』）

の施設が完成し、綾瀬作業所と命名されました（図１０６）。

作業所では、船で搬入した屎尿を汚物貯留槽へ受け、10倍に希釈した後、好気性分解を行い、さらに河川水で50倍に希釈して、曝気槽で処理します。沈殿槽に流下して、その上澄水は消毒槽で塩素消毒を行い、綾瀬川に放流します。また、沈殿槽の汚泥は、掻寄機で集め、一部は返送汚泥として曝気槽へ返します。それ以外の汚泥は乾燥場へ導き、作業所内で発生したメタンガスを利用して、加温・乾燥して肥料化され、昭和9年で約５０００円、同10年で約1万円の収入を得ています。

施設の処理能力は、一昼夜で約１０００石（１８０kℓ）で、実際の屎尿処分は、昭和9年4月より開始されています。官衛・軍隊や公衆便所等、比較的肥料価値が少ない屎尿が運ばれ、昭和15年度の処理実績は市営屎尿取扱量の２・７％と、必ずしも大きな役割を果たしていません。

なお、綾瀬作業所も、昭和17年10月刊行の『東京市政概要　昭和17年版』から記述は消えていますので、この頃から、十条屎尿処理所と同様休止に追い込まれたと思われます。

日本で最初に活性汚泥法による屎尿の処理を実施した都市は

京都市と東京市で昭和初期に建設された屎尿の処理施設を概括してきましたが、絵葉書で紹介した名古屋市の屎尿浄化装置も含めて、改めて比較してみましょう。

屎尿の単独処理施設としては、大正11（1922）年に建設された名古屋市の千種汚物処理所が最初です。しかし、千種汚物処理所は、何らかの形で生物の浄化能力を活用したものと思われますが、増設された施設も含めて、その施設の詳細はわかりません。このため、現時点で、千種汚物処理所を、活性汚泥法による最初の屎尿の単独処理施設として断定することに躊躇があります。

児玉威元神奈川県衛生研究所長や武藤暢夫関東学院大学名誉教授等が、「京都十条屎尿処理所が一番で、第二番目が東京の綾瀬作業所」としていますが、これまで見てきたとおり、名古屋市の下飯田汚物処理所の屎尿浄化装置は、昭和3（1928）年6月に起工し、翌4年4月に竣工しています。昭和3年8月に着工し、翌4年2月に竣工した京都の十条屎尿処理所と、建設時期はほぼ同じで、両者の処理能力も1日200石、処理方式もそう変わらないと考えられます。施設の竣工の面では十条屎尿処理所が2ヶ月程早いわけですが、下飯田の屎尿浄化装置は、4月から作業を開始し、下流の反対もあった十条屎尿処理所は8月から本格的な運転ですから、施設の稼働面からは下飯田汚物処理所です。

藤原九十郎は、『都市問題パンフレット　都市の屎尿問題』のなかで、「(名古屋市）一日平均二百石を処分し得る浄化処分場一ヶ所を建設中なりと報ぜられて居る。但しかゝる浄化処分なるものは浄化槽の構造、大小希釈度等によって其の成績色々で、同市のものが果して完全なる効果を奏して居るやに就ては余は不幸にして未だ根拠ある報告に接して居ない」と、名古屋市の下飯田屎尿浄化装置へは懐疑的です。大正12年10月に設立された名古屋市衛生試験所の報告には、活性汚泥や水槽便所（現在の屎尿浄化槽）の試験研究報告はありますが、千種や下飯田の屎尿浄化装置について調査・研究はみあたりませんので、藤原九十郎の指摘もうなづけます。

大正期において千種汚物処理所での施設整備や、名古屋市では、活性汚泥法による下水処理の研究が早くから行われていたことを考えると、日本で初めて生物化学的方法により屎尿を単独処理した都市は、やはり名古屋市と考えるのが妥当ではないでしょうか。この意味で、「下飯田汚物処理所絵葉書」は、大変貴重なのです。

第18章　トイレットペーパーの新聞広告と幻のトイレットペーパー

木べらや藁《わら》、新聞紙、塵《ちり》紙からトイレットペーパー

昭和の時代は、世の中のあらゆる事柄が急激に変化した時代です。トイレや尻を拭く材料も例外ではありません。

トイレは、屎尿を肥料として利用した貯糞式の汲取便所から、改良を経て、水で流す和式の水洗トイレに変わり、さらに、近年では腰掛式の水洗便器が出荷台数のほとんどを占め、洋式トイレが主流となりました。

また、二足歩行する人間は、自然脱肛できる動物とは違って、肛門が外にはみ出さず、脱糞できません。このため、尻を拭く必要が生まれますが、昭和の時代、尻を拭く材料も大きく変化しました。

使用した経験はありませんが、木べらや藁《わら》で尻を拭く時代から、新聞紙や雑誌紙となり、さらには塵《ちり》紙に移りました。それが、水洗トイレの普及にあわせて、トイレットペーパーへ変わり、近年では、温水洗浄便座が普及して、温水に尻を拭く地位を奪われつつあります。

では、トイレットペーパーは、いつ頃から、尻を拭く材料として使われたのでしょうか。

初めてのトイレットペーパーの新聞広告

トイレットペーパーの登場は、水洗便所と密接な関係があります。明治末から大正頃になると、洋風建築や高

図 107　トイレット浄化紙の新聞広告（『京都日日新聞』昭和 5 年 5 月 29 日夕刊）

い建物が建てられ、水道が普及するに従い、これらの建物のトイレでは、貯糞式の汲取便所に代わって、屎尿を水で流す水洗便所が増えていきます。尻を拭く材料も、塵紙等に代って、水に流すことができるトイレットペーパーに変わり、このような需要の高まりを反映して、京都では、昭和初期に、トイレットペーパーの新聞広告が、初めて登場しています。

　それまでは、便所紙、化粧紙、キレー紙等、便所で使用する塵紙の広告はありましたが、昭和５（１９３０）年5月29日付の『京都日日新聞（夕刊）』に、浄化商会の「トイレット浄化紙」の広告（図１０７）が掲載されました。この新聞広告が、今の時点で確認できる限りでは、トイレットペーパーの最初の新聞広告です。

白熱的歓迎　トイレット浄化紙　衛生・経済　巻き取り便所紙
宣伝売り出し

『京都日日新聞』に掲載された最初のトイレットペーパーの新聞広告は、『神戸新聞』、『大阪時事新報』と『京都日日新聞』の「祝三社合同発展」の広告特集面に掲載されたものです。「白熱的歓迎　トイレット浄化紙」、「衛生・経済　巻取り便所紙　宣伝売出し」の見出しで、「新時代の必需品たる衛生経済完備の浄化紙は美白消毒済の紙にてミシン入約五百回分巻です。値段は他品に比して遙かに安くてお徳用な上に来客に好感を得、大歓迎を受けてゐます。御試用の上引続き御愛用を！」と、「浄化紙発売元浄化商会」

の名前で、図解入りで宣伝しています。

新聞広告に掲載されたトイレットペーパーは、切り離して使用しやすいように、ミシン線が入り、現在と同じような、トイレットペーパーを置く壁掛式の釣器具や横置きの器具を、この広告に見ることができます。

定価は、「二百五十尺（筆者注＝約75m）巻一個　十七銭、尚宣伝売出中に限り貳拾個お買上に付き装置用釣器具呈上、同百個お買上に付き特価十五円五十銭　上等釣置兼用器具呈上」とあり、多量に購入した読者には、トイレットペーパーに必要な釣器具を進呈するとあります。

その後、浄化商会は、6月24日の『京都日日新聞（夕刊）』4面に、「『浄化』印に御注意　赫灼《かくしゃる》たる大好評!!!　気持がよくて、値が安い　便所必備の至宝として　巻取り便所紙、お客

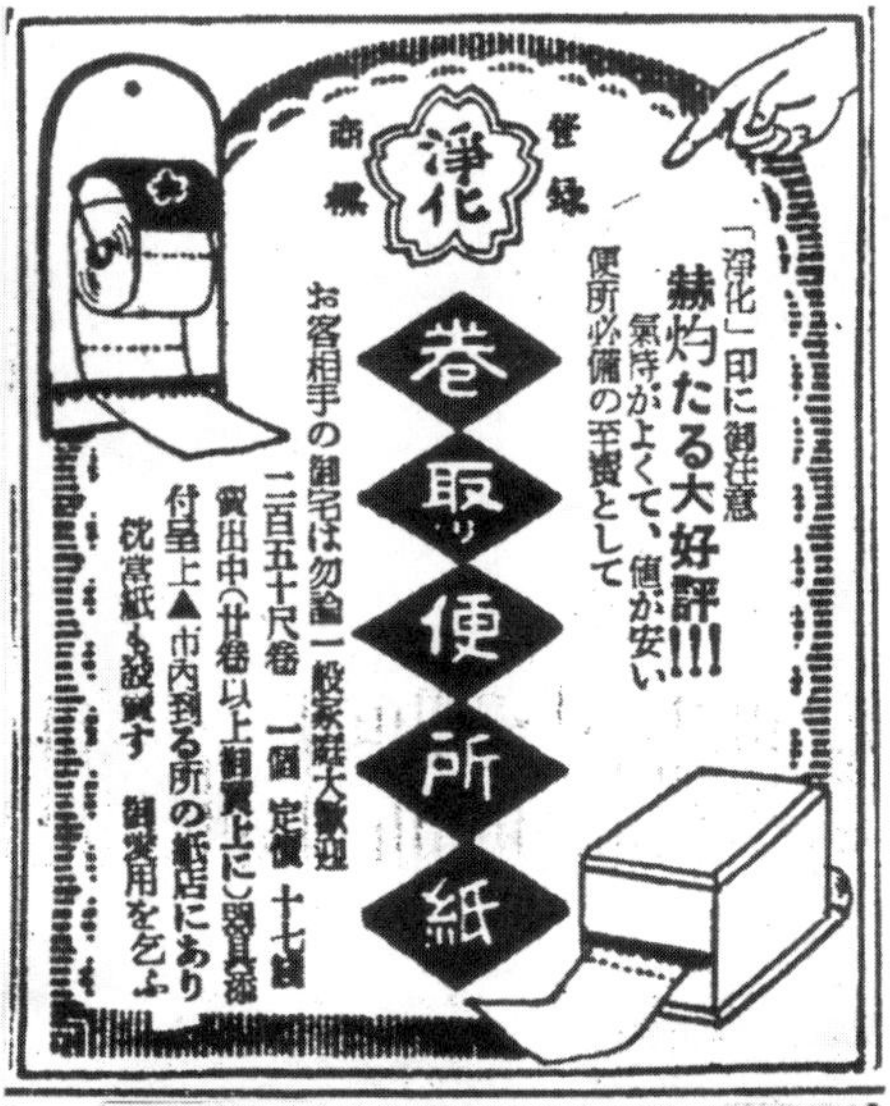

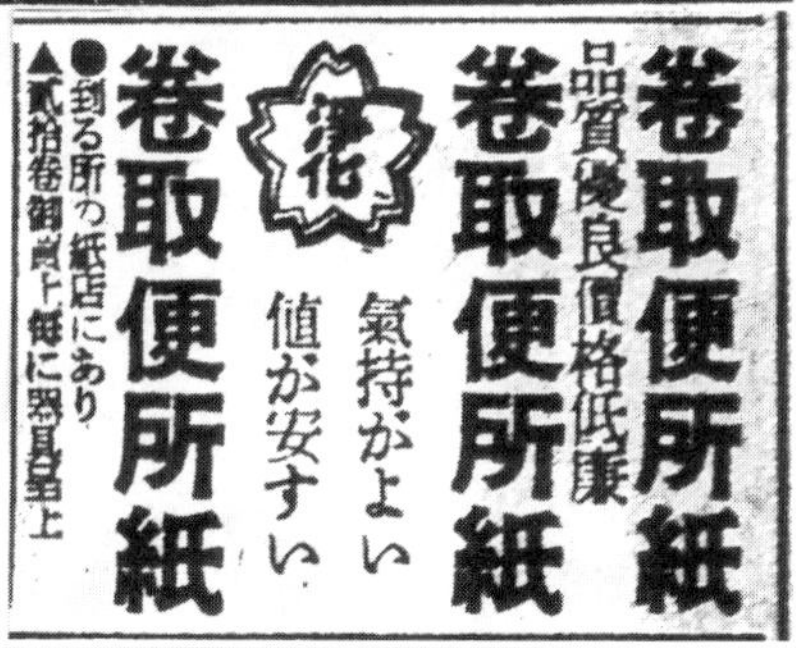

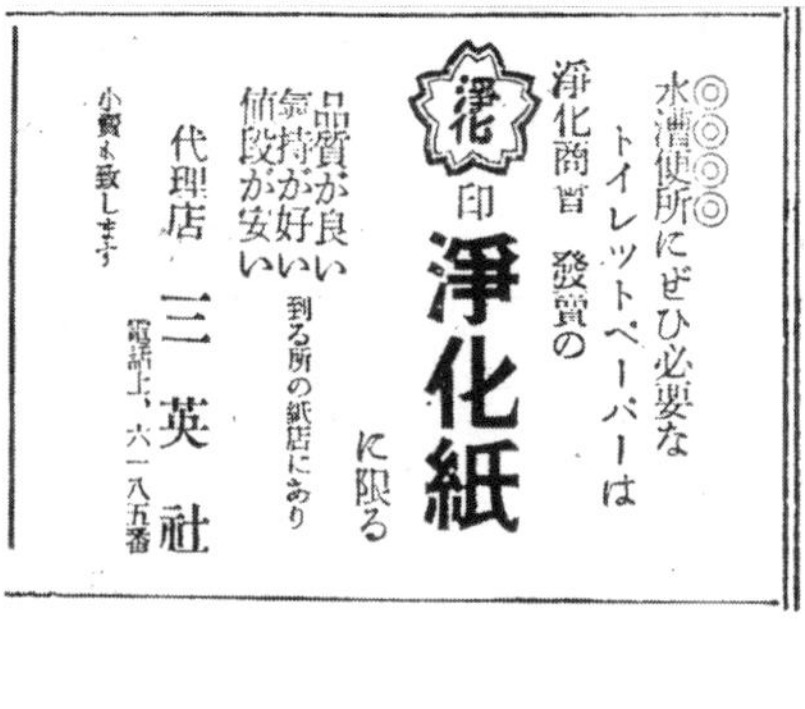

上図108　巻取り便所紙の新聞広告（『京都日日新聞』昭和５年６月24日夕刊）
中図109　浄化商会の新聞広告（『京都日日新聞』昭和５年７月１日夕刊）
下図110　浄化商会代理店の新聞広告（『京都日日新聞』昭和５年11月24日夕刊附録）

相手の御宅はもちろん一般家庭大歓迎」の広告（図１０８）を掲載し、市内の至る所の紙店に、トイレット浄化紙があると宣伝しています。

７月１日同紙夕刊４面にも、「巻取便所紙　品質優良価格低廉　気持がよい　値が安すい」との広告（図１０９）が掲載され、11月24日の同紙の附録には、代理店の三英社が「水槽便所にぜひ必要な　トイレットペーパーは浄化商会　発売の浄化紙　に限る」（図１１０）、さらに、翌年１月26日附録にも同じ広告が掲載されています。なお、「粗悪に細巻類似品あり　『浄化』印と御指定を！」、「浄化印に御注意」とか、「トイレットペーパーは浄化商会発売の浄化紙に限る」との宣伝文をみると、他社でもトイレットペーパーが発売されていたと想像できます。

トイレットペーパーの値段

新聞広告に記載されたトイレットペーパーの値段は１個17銭です。果たしてやすかったのでしょうか。まず、『京都日日新聞』の広告のトイレットペーパーの値段が、当時の取引価格に比べてどうかであったのか。衛生工業会の老舗、大阪の須賀商会の会主である須藤豊治郎の『豊次郎日記断片』に、大正６（１９１７）年の大便紙（トイレットペーパー）１巻の値段は「十五銭八厘」とありますので、新聞広告の値段が特に高いわけではなかったことがわかります。

つぎに、同じ拭く材料であった塵紙とその値段を比較してみますと、昭和３（１９２８）年４月２日の『京都日日新聞』の広告によれば、塵紙の値段は１締２０００枚で、95銭から２円50銭です。１回の排便で何枚の塵紙を使うのか、人によって違いますが、５００回分17銭であれば、トイレットペーパーは、そんなに高い値段、むしろ安いと思えます。

表13　トイレットペーパーの値段

区　　分	昭和5年価格	現在価格
トイレットペーパー	17銭（250尺（75 m）巻）	20～40円（60 m）
新聞購読料	京都日日新聞　4銭（本紙）	京都新聞　130円（本紙）

また、料金がはっきり確認できる新聞購読料を使って、現代の価格に換算して比較してみると、当時の『京都日日新聞』は1部4銭（朝・夕刊各2銭）、現在の『京都新聞』の朝刊購読料130円ですから、この比率で単純に換算すると、トイレットペーパー17銭は、1105円となり、かなり高い印象があります（表13）。新聞のページ数もあり、このような単純な価格比較は必ずしも適当でないかもしれません。なお、生産技術が格段に進歩した現在の値段と比較するのは無理があるとは思いますが、スーパーや量販店で販売されているトイレットペーパーの値段は、1ロール60m巻で約20～40円です。

トイレットペーパーの使用談

トイレットペーパーの使用が最初に確認できるのは、明治43（1910）年7月5日に発行された『紙業雑誌』第5巻第5号の「汽車中の落し紙話し」と「落し紙の将来」です。九州旅行での汽車の便所に備え付けられていた中国製の竹紙のトイレットペーパーについて、使用体験談が紹介され、日本製の機械漉《すき》の桜紙よりも具合が良く、これからはハイカラのトイレットペーパーにとって代わられると述べています。

また、明治43年に東京の新橋駅、同44年に上野駅、同45年に京都駅に、使用料2銭の高等便所が誕生していますが、第12章の「有料便所」絵葉書で紹介したとおり、新橋駅の高等便所には、トイレットペーパーと考えられる用便紙が備えられています。

また、大正3年（1914）に新築となった京都駅の貴賓室便所には、「タヲオホルダー、コップホルダー、ペーパーホルダー全部有料便所ト同様ノモノヲ使用」（『京都停車場改良工事紀要』）

とあり、貴賓室の便所や京都駅の有料便所には、塵紙ではなく、トイレットペーパーが備え付けられていたと考えられます。

さらに昭和期に入ると、第15章「近代小学校トイレ小史」で紹介した通り、昭和3（1928）年8月に竣工した京都府庁舎新館（現在の京都府警本部本館）や4年3月に完成した京都府立第一中学校（現在の洛北高校）職員用の水洗便所には、帽子掛けの他、トイレットペーパー掛けが備えられていたことが確認できます。

これらのことから、明治の終わり頃から大正にかけて、水洗便所が次第に建設されるに従い、トイレットペーパーが使用されるようになり、昭和期に入り広い範囲で好まれるようになったと考えられます。

それでは、日本において、トイレットペーパーは、いつ頃から製造されたのでしょうか。

トイレットペーパー製造に関する証言『和紙随想録』、『暮らしと紙』、「芸防抄紙物語」

トイレットペーパーの製造開始時期については、何人かの証言があります。

東京都紙商組合の別府清松専務理事（当時）は、昭和44（1969）年1月に行われた和紙に関する座談会で、「トイレットペーパーは、大正十三年三月当時の土佐会社芸防工場で神戸市の島村商会の要望により、その原紙を抄《す》く為に丸網抄紙機七五吋《インチ》巾のものを設置したというのが、我が国におけるトイレットペーパーの始まりであろう」（『和紙随想録』）と証言しています。

さらに、全国家庭紙同業会連合会長（当時）であった服部清氏は、紙業タイムス社月刊誌『暮らしと紙』の連載のなかで、トイレットペーパーは、「記録的に比較的はっきりしているのが大正十三年頃、神戸の島村商会という貿易商からの注文で、日本紙業芸防工場でトイレットロールを抄造《しょうぞう》したという事実がある。（中略）日本紙業の富永寛氏が当時の従業員から聞き質して確認している。（中略）旭工場で抄いたのはその後のことで（中略）

大正十四年、土佐紙会社に入社して直ちに芸防工場勤務になった人が、二人ともそのように申しております」と述べています。

服部清の証言のなかで紹介された富永寛は、昭和34年の日本紙業（現在の日本製紙株式会社）社内報に連載した「芸防抄紙物語」の「トイレットペーパー」のなかで、次のように述べています。

「次期新マシンの建設が焦眉の問題となりあった。その時、神戸市島村商会より外国航路の汽船に使用するトイレットペーパーの抄造を依頼して来たので、それも一つの切っ掛けとなり、網幅75吋2本バットのヤンキー抄紙機を増設することになった。これは、必ずしもトイレットペーパーの抄造を目的としたものではなく（中略）、トイレットペーパーの方は行きがけの駄賃のようなものであったのであろうが（中略）。当時国内にはトイレット・ロールを製造する製紙会社は一社もなく、わずかに三越等で輸入物を置いて、ホテル等、特定の使用に間に合わせていたと言われる。（中略）大正十三年頃から抄造を始めたようであるが、最初は原紙のまま島村商会に納め、同社が巻加工を行って汽船に積み込まれていた。最初は商標名も外国航路向けのこと故「RISING SUN」としていたが、後に国内向けに「旭トイレット」となった。（中略）此の時のロールは5 1/4吋巾×76ｍ（4寸4分×250尺巻）のもので（中略）、当時の巻芯は現在のような固い丸芯ではなく薄ボールの芯で、使用する時には、芯を反対につぶして芯穴を四角にして、引っ張るとカタコトと回るようにして、ミシンの切れ易いように工夫されていた（以下略）」

神戸の島村商会の要望で、芸防工場でトイレットペーパーを抄造

これらの証言から、日本において初めてトイレットペーパーが製造されたのは、大正13（1924）年に土佐

紙会社の芸防工場（山口県玖珂和木町の日本製紙株式会社旧和木事業所）で、神戸市の島村商会の要望によりトイレットペーパーの原紙を製造し、同商会が、トイレットペーパーに仕上げて、汽船等に納入したのが通説となっています。

しかし、大正4年10月5日の『紙業雑誌』第10巻第8号の「トイレットペーパア」のなかでは、トイレットペーパアの用語を解説した後に、「本邦では神戸辺りで此巻取紙を製造し、内外の需要に応じて居る」と付け加えています。

また、『日本紙業発達史』によれば、大正10年8月に、「東京府戸塚村の東製紙株式会社は、高田馬場に第二工場を新築し、杉浦製六十五吋長網抄紙機ヤンキーを設け、トイレット紙の抄造を開始す」とありますので、日本でのトイレットペーパーの製造時期は、もう少し遡り、最初の製造場所も、東京の可能性もあります。

第5回内国勧業博覧会への「巻取塵紙」の出品

明治36（１９０３）年に大阪等で開催された第5回内国勧業博覧会は、全国各地から製品等が出品されていますが、第5部化学工業、第26類紙及紙製品のなかの「鼻紙塵紙ノ類」部門にトイレットペーパーの試作品ともいえる「巻取塵紙」があります。

出品者は、京都市の大和大路新門前西ノ町の川崎新三郎で、「巻取塵紙其他四点」です。トイレットペーパーは「継合わせて小き巻取りにしてあった」と書かれた『紙業雑誌』の記事を考えますと、京都の紙商の川崎新三郎が、外国の製品をまねて、「巻取塵紙」を造ったとも考えられます。京都は、早くから外国人が訪れて、明治24年の大津事件の際に、ロシアのニコライ皇太子が宿泊した常磐ホテル（現在の京都ホテルオークラ）や「也阿弥」など、外国人が宿泊するホテルがあり、外国人が用を足すために、市内の紙商が、トイレットペーパーの試作品を作ったと考えられます。

第5回内国勧業博覧会の「鼻紙、塵紙ノ類」部門には、全国から250点ほどが出品されていますが、「巻取塵紙」が珍しかったのでしょう。審査報告のなかでわざわざ1項目をあげて、「京都府出品中機械漉巻取塵紙アリ　其ノ品質ハ未タ賞スルニ足ラサルモ　此等ノ品種ヲ機械漉トシ　以テ生産費ヲ節約セントスルノ考案ハ　能ク時宜ニ適セルモノ」と評しています。

試作品を含めれば、日本でのトイレットペーパーの製造は、さらに明治末まで遡る可能性もあり、京都がトイレットペーパー製造の発祥地とも考えられます。

幻のトイレットペーパー

通説にもどりますが、日本で最初にトイレットペーパーを製造・発売したのは、神戸の島村商会とされていますが、なかなか実物が確認できず、幻のトイレットペーパーともいわれていました。

ところが、「島村」の字は異なりますが、この頃に製造されたと思われる「嶋村」商会のトイレットペーパーの実物（カバーの図）を、偶然にも入手することができました。

嶋村商会のトイレットペーパーには、「ＴＯＩＬＥＴ　ＰＡＰＥＲ」と印刷され、嶋村商会の名前と住所が、英文も含めて記載され、商標「ＴＲＡＤＥ　ＭＡＲＫ」として、日の丸の扇子が描かれています。また、商品説明は、輸出や外国航路の汽船にするつもりであったのか、邦文と英文の二通りの説明文が印刷されています。

（邦文の商品説明）

「◉日下非常の好評を博しつゝある幣商会製造販売の衛生トイレットペーパーは消毒を施したる紙質精良の継目なき純白の日本紙にして全紙に七吋毎に点綴を附し切取を便にせり　◉本品の特色は在来品の如き多量の石灰及

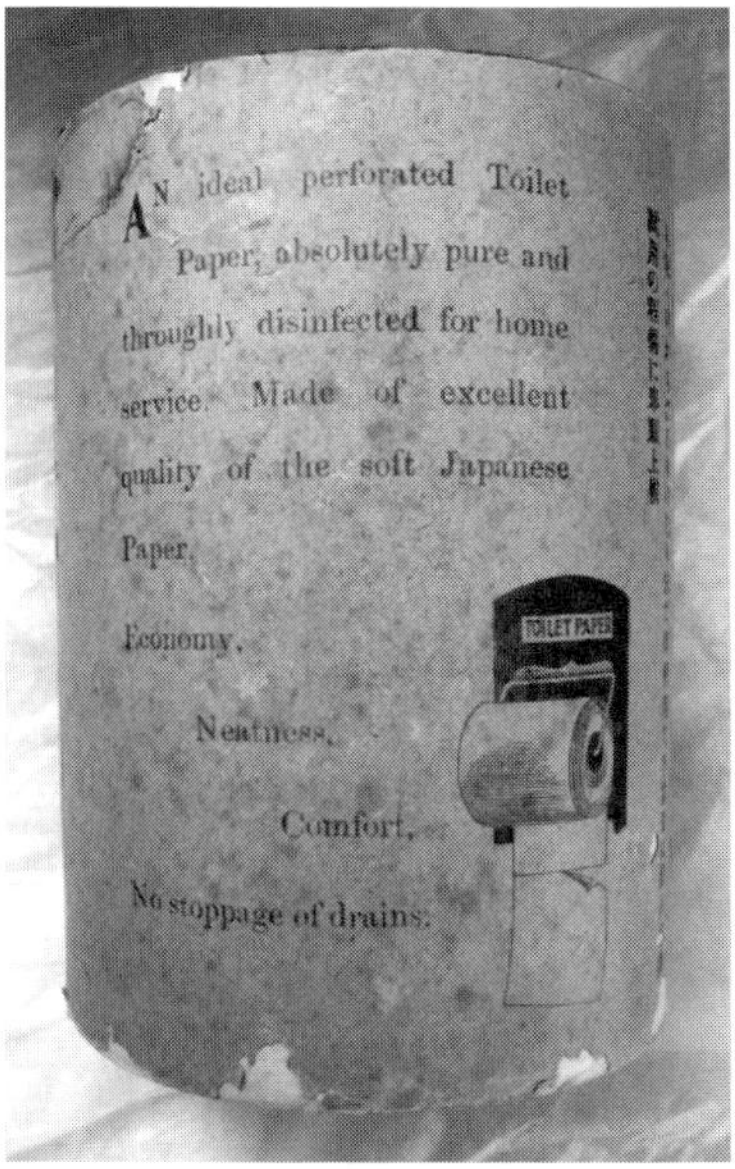

図111　嶋村商会の幻のトイレットペーパー、英文説明

び他の有害物を含有せざる衛生且経済的の実用品なるが故に紳士淑女の御家庭乃至滊車、汽船、旅館、病院等には一日も缺く可からざるものなり未だ御試用なき諸彦は進んで御試用の程偏奉願上候」

（英文の商品説明）

"An ideal perforated Toilet Paper, absolute pure and throughly disinfected for home service, Made of excellent quality of the soft Japanese Paper. Economy, Neatness, Comfort, No stoppage of drains." とあります（図111）。英文の商品説明を和文に翻訳すると、「理想的なミシン線の入ったトイレットペーパー、家庭用に、完全に清潔、はじめからおわりまで消毒済、やわらかな日本の紙で作られた、すぐれた品質、経済的で、きれいで快適、排水管に障害もない」のとおりで、要点をまとめた、分かりやすい、的確な商品説明です。

また、トイレットペーパーの大きさは、直径が約8・5cmです。芯はなく、3・5cm程の空洞があり、幅は約12cmです。トイレットペーパーの幅は、前述の「芸防抄紙物語」の5 1/4吋より少し小さく、昭和17（1942）年の商工省告示の「機械和紙公定価格」の塵紙のトイレットペーパー第12号品・第13号品の4寸と同じです。

嶋村商会

トイレットペーパーの本体に記載されている嶋村商会の住所は、「神戸市下山手通三丁目」、電話番号は「三宮一九九七番」です。

神戸市立博物館に『大正14年5月1日現在　神戸市電話番号簿』が残されていますが、そのなかに、嶋村商会は掲載されています。代表者は間喜一郎氏、住所は神戸市下山手三丁目62番地40号で、「トイレト」関係の業務を営んでいると記載され、トイレットペーパー本体の記載とは矛盾はありません。

また、『神戸市商工名鑑　大正14年』（神戸市立博物館所蔵）にも、「島村商会」の名前があります。それによれば、「商号又ハ氏名」は「島村商会　間喜一郎」、「営業所」は「下山手通三丁目六二ノ四〇」です。「営業税額」は「四〇（円）」、「営業種別」は「製造」、「営業品目」は「トイレットペーパー」とあり、大正14（1925）年の神戸市電話番号簿の「トイレト」よりも、はっきりトイレットペーパーを製造していたことが、明確に記載されています。その「仕入先」は「土佐」、「販売先」は「東京」ですから、「嶋村」の名称と「貿易商」の点を除けば、日本紙業社内報の「芸防抄紙物語」の記述等と、内容的にもほぼ整合しています。

なお、『昭和13年　神戸御影六甲山電話番号簿』（神戸市立博物館所蔵）には、嶋村商会の記載はありませんが、嶋村商会の代表者であった間喜一郎氏は、無職の欄に登場しますので、なんらかの事情で嶋村商会を閉じたのかもしれません。

トイレットペーパーの幅が「芸防抄紙物語」と異なるのが少し気になりますが、これらから推定すると、今回紹介したトイレットペーパーは、大正期から昭和初期に製造されたと推定され、現存では、日本で製造された最古のトイレットペーパーの可能性があります。

戦前のトイレットペーパー

太平洋戦前に製造されたと思われるトイレットペーパーを、もう一つ紹介します（図１１２）。

富士機械製紙工業組合の大同製紙株式会社原田工場が製造した「クレープトイレットペーパー（第十三号品）」で、「富士機械製紙工業組合検査之印」の赤判が押印されています。トイレットペーパーの規格も本体に明示されていますが、「品種　トイレットペーパー　十三号品　重量　40匁　寸法　4寸×150尺」で、当時、トイレットペーパーは統制価格であったため、販売価格は、「製造業者販売価格　一巻12銭8厘　統制会社販売価格　一巻13銭4厘　卸売業者販売価格　一巻14銭2厘　小売業者販売価格　一巻17銭」と記載されています。

図112　大同製紙原田工場のクレープトイレットペーパー

商工省は、「機械漉和紙公定価格」を公示し（最終改正昭和17（1942）年5月19日）、トイレットペーパー（第12号品）と、やわらかさを与えるため表面にしわをつけたクレープトイレットペーパー（第13号品）について、その寸法・重量・配合・漂白度・価格を定めています。大同製紙株式会社のクレープトイレットペーパーのラベルに表示された内容は、この公定価格と全く同じで、この頃に製造・販売されたものとわかります。

なお、このトイレットペーパーの形は楕円形で、芯はありますが、現在のように固い丸芯ではなく、「芸防抄紙物語」で述べられているように、薄いボール紙で、ミシン線はありません。

トイレットペーパーは歴史的な生活遺産となりうるのか

トイレットペーパーの未来について、前述した明治末発行の「紙業雑誌」は、「洋式製紙の比較的清潔にして廉価なるのみか、使用目的にも適する様に製造さる丶が故に、和紙の落とし紙は自然に排斥され、ハイカラのトイレット・ペーパーが世に出ることになるであろう」と予測しています。

水洗便所の普及にあわせて、トイレットペーパーはいまや私たちの家庭に、なくてはならない存在となりました。近年では、色や模様だけでなく、漢字や英単語、ペーパーにクイズが記載されているもの、さらには芳香を付けたハイカラなものまで生まれています。

現在は温水洗浄便座の著しい普及によって、『紙業雑誌』の予見を通り越して、トイレットペーパーは尻を拭く役割は低下しつつありますが、必要がなくなったわけではなく、温水で濡れた尻を拭き取る仕事が残されています。

日本の近代化のなかで、「しゃがむ」から「すわる」の排泄のスタイルの変化や、「貯める」から「流す」へのトイレ形式への発展は、日本人が生んだ貯留式便所や塵紙を、私たちの記憶の片隅に追いやりました。現在では、日本人が生んだ塵紙は、昔の生活を展示する資料館等でしか知ることのできないものとなりました。果たして、トイレットペーパーも同じようの道をたどって、歴史的な生活遺産になるのでしょうか。

《史料紹介》「東京市主催　体育と衛生の展覧会概要」《屎尿の汽車・電車輸送》

史料『東京市主催　体育と衛生の展覧会概要』

史料『東京市主催　体育と衛生の展覧会概要』（図１１３）で紹介するのは、大正期から太平洋戦争直後まで運行された屎尿汽車・電車です。

「体育と衛生の展覧会」は、市民の健康増進と児童の育成を図る趣旨で、大正15（１９２６）年10月15日から11月13日までの30日間、東京市の主催で、上野公園の東京自治会館で開催されました。展覧会は、第一部学校衛生、第二部体育、第三部保健の三つの部門に分けて、模型、図表や写真等、約１５００点を使って、東京市の取り組みを紹介するものです。

図113　『東京市主催　体育と衛生の展覧会概要』表紙。奥付がないので、発行年月日・発行所は不明。「本展覧会の業績を録する」とあるので、展覧会閉幕後、発行されたもの

展覧会には、大正天皇の運動靴や摂政殿下（昭和天皇）の馬具等も展示され、毎週日曜日から金曜日までは、診療科目毎に児童の健康相談、毎週土曜日には一般の衛生相談に応じてい

ます。また、講演、舞踊や各種の強健術の実演、活動写真等を上映し、市民の啓発に努めています。展覧会の観覧料は無料で、期間中約14万５０００人、１日平均で約５０００人が観覧し、大変盛況でした。

保健分野の展示では、水道鉄管敷設実物、村山貯水池や境浄水場の模型、３５０分の１の三河島汚水処分場の模型、１日１人の塵芥排出量等を使った「塵も積もれば山となる」や「屎尿汲取種別対照表」等の図表、さらには衛生試験所の写真等を使って、東京市の水道、下水道、塵芥や屎尿の処分、街頭便所の様子等を視覚に訴える形で紹介しています。

そのなかで、特に珍しいのは、大正期の屎尿汽車の運行に関する写真です。

屎尿汽車の嚆矢　横須賀市の糞尿列車

私たちが毎日排泄する屎尿は、今は水洗トイレから下水道に放流され、衛生的に処理されていますが、少し前までは、将来、昭和の歴史遺産に登録されるであろうバキューム車で、屎尿処理場等へ運ばれて、処理されていました。さらに遡って近代・近世においては、屎尿を入れた肥桶を人力、肩曳車や牛車等で運んでいました。京都では、高瀬川等の船運が、久世、宇治・乙訓・綴喜等から大阪の摂津・河内の農村へ運搬する上で、大きな役割を果たしていましたが、屎尿の運搬に、汽車や電車が利用されたことは、ほとんど知られていません。

屎尿の運搬に列車の利用を早くから取り入れたのは、東海道線でした。軍港があった横須賀市では、当時、有価物であった屎尿を、明治28（１８９５）年頃には、藤沢、戸塚、相模の肥料会社が汲取り、東海道線の茅ヶ崎、戸塚、藤沢の各停車場（駅）に汽車で輸送して、売却することが始まっています。

大正７（１９１８）年になり、需要関係の変化で屎尿が余剰となり困った横須賀市は、神奈川県中郡の農会に依頼して、肥料として消費するため、横須賀線・東海道線に糞尿列車を走らせることを考えています。屎尿を満載した肥桶を平塚停車場まで運び、平塚等の農家に取りに来てもらう計画でした。大量の肥桶を遠方に運べる列車の輸送力に、横須賀市の屎尿問題の解決を期待したのです。

東京市の屎尿電車

屎尿電車については、西武グループの創設者で衆議院議長であった堤康次郎氏の逸話としてよく知られていますが、東京の西武鉄道で屎尿電車が運行されたことです。太平洋戦争下でガソリン統制によって自動車輸送が制限されたため、東京は屎尿の処理に困ったのです。堤氏のリーダーシップにより、東京の要請に応える形で、昭和19（1944）年6月に西武鉄道（現在の西武新宿線）と武蔵野鉄道（現在の西武池袋線）で、屎尿電車が走り、また、東上線や東武線でも運行されています。戦後も継続していますが、、農村の肥料事情が好転し、ガソリンの消費統制が撤廃される昭和28年頃に、発着駅となった井荻、村山、清瀬駅の地元住民の反対もあって、終了しています。

大正期の東京市の屎尿列車

昭和期の屎尿電車は史料にも登場しますが、東京では大正期にも屎尿列車が運行されていたことは、ほとんど知られていません。

東京の中心部では、大正期になって肥料としての屎尿の需給状況に変化が生まれ、農家による汲取りがなかなか行われなくなりました。横須賀市より少し遅れますが、東京市は大正10（1921）年に屎尿の市営汲取に踏み切っています。

大正10年6月27日の『読売新聞』は、「糞尿応急処分　郊外電車利用」の見出しで、汲み取った屎尿の一部の運搬は、「郊外電車及舟運を利用し　市電並に鉄道は全然関係なしと云へり」と伝えています。さらに、同年8月28日の同紙は、「鉄道輸送により　東上線及武蔵野線を利用し　埼玉県入間郡農会と特約し、正肥として供給し、他は河岸地に搬出し、特約ある私設硫安工場に払下ぐ」とあり、東上線と武蔵野線を利用して、屎尿を運搬すると報じています。

武蔵野線は、明治25（1892）年に創業された川越電気鉄道から発展して、路線を拡張し、現在の西武新宿線となり、また現在の東武池袋線にあたる東上線は、池袋と丹面沢をつないで大正3年に開通し、埼玉中部を流れる新河岸川の舟運に代わって主要な交通手段となっていました。

東武鉄道では、すでに明治40年頃までに、神田の東京肥料会社と特約して、堀切停車場を屎尿運搬の専用停車場として、越ヶ谷、久喜、鷲ノ宮、加須等の停車場へ、屎尿を運搬して販売していましたが、東京市は、東上線や武蔵野線において、屎尿を積んだ屎尿列車を運行し、汲み取った屎尿を、埼玉県入間郡に運び、肥料として消費（処理）したのです。

「東上線下板橋駅に於ける屎尿積込」と「新河岸駅屎尿専用ホーム」

史料『体育と衛生の展覧会概要』のなかに、大正期の東上線の電車への屎尿の積み込み写真「新河岸駅屎尿専用ホーム」と「東上線下板橋駅に於ける屎尿積込」（図114）が掲載されています。

東上線における肥桶の運搬は、当時、東上線の起点であった下板橋駅に、都内から肥桶が集められ、貨車に屎尿を積み込み、新河岸駅には、運んできた屎尿を積み卸すための専用ホームが設けられたことがわかります。なお、東上線上福岡駅には下肥おろし場が設けられ、貨車から積み卸された屎尿は、周辺農村が取りに来たのです。

その後、昭和に入って自動車交通が次第に発達し、東上線での屎尿電車の運行は衰れていきますが、太平洋戦争下で、屎尿電車の運行が再度復活したのは、こんな下地があったからこそできたのではないでしょうか。

なお、『体育と衛生の展覧会概要』には、東京市の屎尿処分施設（屎尿投棄場、屎尿貯留溜、屎尿運搬船等）、塵芥処分施設（手車・リアカー・自転車・自動車・船による塵芥収集運搬作業・陸揚した塵芥の野焼状況等）、設街頭便所（四谷見付の街頭便所の内部外部他）の写真が掲載されており、当時の廃棄物の処理事情を知る上で、大変貴重な史料です。

新河岸驛屎尿專用ホーム

東上線下板橋に於ける屎尿積込

図 114 「東上線下板橋駅に於ける屎尿積込」と「新河岸駅屎尿専用ホーム」（『東京市主催　体育と衛生の展覧会』）

名古屋鉄道の屎尿電車

屎尿列車は太平洋戦争のなか、名古屋市でも、近郊農村に屎尿を運ぶため運行されています。

名古屋市では、「都市肥料購買利用組合」が設立され、都市の塵芥や糞尿がトラックで農村に運ばれましたが、ガソリンの統制強化等により自動車による運送は行き詰まり、白羽の矢がたったのは、名古屋鉄道です。名古屋鉄道は、食糧増産に向け、愛知県・名古屋市、さらには国家のためならばとして、昭和17（１９４２）年２月から屎尿電車の運行を開始しています。

名古屋市内の屎尿を、名鉄東部線の堀田駅（当時、以下同じ）や西部線の西枇杷島駅の構内に設けた約５００石の貯留槽に集められました。そこから、15トンの無蓋の貨車に、屎尿を入れた木製タンクを積込み、名鉄東部線の今村駅、三河線の猿投駅、渥美線の大清水駅、西部線の布袋駅・国府宮駅に運び、各駅に設けられた貯留槽に移され、そこから農村へ運ばれたのです。運賃は、市内の駅までの糞尿の集荷手数料も含めて、１石当たり80銭から1円20銭です。

また、名古屋市電でも、屎尿電車が計画されています。市電の主な停留所12箇所に屎尿を集め、タンク付の車両に改造した特製の車両で、名古屋鉄道の上飯田駅や東橋の船の発着場まで運び、屎尿を農村に運ぶ計画でしたが、市電を改造する戦争は終結し、とりやめになりました。

奈良電車（現在の近鉄京都線）の屎尿電車

京都でも、屎尿電車が運行されています。太平洋戦争が激しくなるなかで、食糧増産のため、屎尿を始め、家庭からの塵芥・灰等が集められ、近郊農村に運ばれましたが、戦争への動員等により、屎尿を汲取・運搬する人手が不足して、汲取人がなかなか来ず、その処理に困窮していました。

このため、京都府、京都市と京都府農業会等は、昭和19（１９４４）年に「京都府食糧増産協議会」を設け、国庫の補助を受けて、農村において貯留施設等の整備に取り組み、京都から近郊農村に屎尿を運ぶ手段の一つとして、屎尿電車の利用を考えたのです。

屎尿電車を走らせたのは、当時奈良電車と呼ばれていた、現在の近鉄京都線です。奈良電車は、昭和３年に行われた昭和の御大典に間に合わせて、建設工事を急ぎ、同年11月に京都と西大寺の間が開通しましたが、京都南部の農村地帯を通って、京都と奈良の間を電車が走っていました。

奈良電車の沿線である川西村（現在の精華町）の松岡常三郎は、『京都新聞』が主催した「必勝対談　都市と農村」において、昭和19年11月から1ヶ月の間、「奈良電車に樽を積み込んで、十條まで送り、京都市の御協力により屎尿を十條まで届けて、屎尿を入手、その見返りに蔬菜を送る」ことを試行すると発言しています（『京都新聞』昭和19年11月23日）。

京都市の屎尿を、十条駅に集め、毎日午後10時以降に、貨車1輌の奈良電車で木津駅まで運ぶ計画でしたが、肥桶の箍《たが》が運搬中に緩み、貨車内に屎尿が散乱して、短期間で中止となりました。

京都市電と京津線の屎尿電車

京都の市電でも、屎尿電車を走らせています。京都の屎尿の受け入れ先の一つであった滋賀県へ、屎尿を運ぶため、昭和20（１９４５）年3月28日に屎尿電車の試運転を行っています。東大路通の東山仁王門近くの京都疏水の川端に、市内から肥桶を集め、市電蹴上線（現在は廃止）を利用して東山三条へ、さらに京都と大津を結ぶ京津線や石山線を経由して粟津駅まで、1日2往復で50石の屎尿を運び、帰りに粟津近郊の野菜を持ち帰る計画でした（図１１５）。

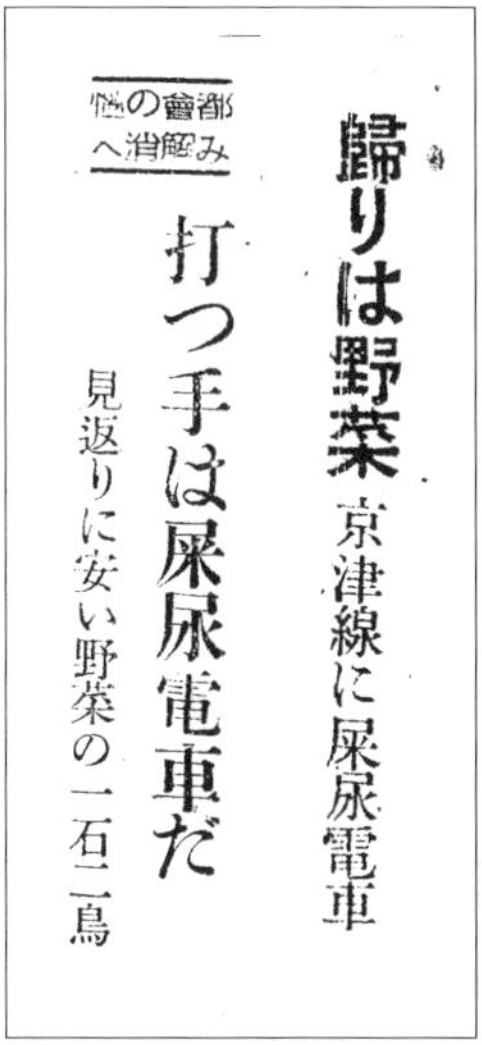
歸りは野菜
京津線に屎尿電車
都會の悩み消へ
打つ手は屎尿電車だ
見返りに安い野菜の一石二鳥

図 115　「屎尿電車を報ずる『京都新聞』（昭和 20 年 3 月 28 日）

太平洋戦争後になっても、『京都新聞』は、洛南、洛北、洛東への屎尿の運搬と安い蔬菜の確保する根本策を強く求めて、府市・電鉄・農村の関係者が一元となり、市電、奈良電車、叡山電鉄と京津線が連携して、屎尿電車の運行を求めています（『京都新聞』昭和20年12月16日）。京津線での屎尿の運搬は、昭和21年8月頃まで行われていますが、それ以外の私鉄では屎尿電車の運行は確認できません。

屎尿電車の運行が確認できない大阪地域

大阪は、私鉄が非常に発達している地域です。

昭和19（1944）年2月に刊行された『鉄道軌道統制会報』第3巻第2号には、「大都市への野菜の供出に関連して　之が肥料となるべき糞尿を　近郊農村へ還元する輸送を近郊電鉄に於て分担すべしといふ要請が　東京でも大阪でも投げられ　之が輸送方法其の他に付　東京及大阪の近郊電鉄が調査研究してゐる」とあります。大阪地域でも屎尿電車の運行を調査・研究されたようですが、実際に運行されたことを確認できる資料は、現在までのところは見つかっていません。

大阪は、昔から河川交通が発達し、海に面していた地理的条件から、電車でわざわざ運ぶより、船を利用して、肥料として大量の需要が見込める四国等へ搬出されたためと思われます。

明治末から大正期にかけて、各地で交通機関が急速に発達しました。地理的条件による地域の違いはありましたが、大量の屎尿を早く運ぶことができる屎尿列車・電車の運行は、食糧の増産と併せて、都市に停滞した屎尿の処理に大きな役割を果たしたのです。

アーバンライナーやロマンスカーなど、豪華な特急電車が走っている現在の私鉄の状況からは、「汚穢《おわい》電車」と呼ばれた屎尿電車が運行されていたことは想像もできませんが、屎尿処理史・交通史の一コマとして記憶に留めておいてほしいものです。

◉おわりに　絵葉書に出会う愉しみ

絵葉書は時代の証言者

絵葉書は、社会風俗や歴史を伝える証言者で、当時の時代や社会を知る上で、格好の材料です。

近年、絵葉書の歴史的価値が見直されていますが、必ずしもその正当な地位を得ているとは言えません。特に、ごみ焼却施設をはじめ、ごみやトイレに関する絵葉書については、所蔵しているのはごく少数の資料館・図書館にすぎず、今までほとんど知られていませんでした。

また、近年刊行された『東京都清掃事業百年史』、『大阪市の環境事業　120年の歩み』（CD版）、『なごやの清掃事業』や『尼崎市の清掃事業史』など、清掃事業の歩みを記録した資料、さらには各都市で編纂された市史のなかでも、絵葉書は取り上げられていません。そういう意味で、本書は日本のごみの処理やトイレの歴史研究にとどまらず、各都市の埋もれた歴史を明らかにし、豊かにする点でも意味があると考えています。

本書では、筆者が長年収集してきた明治、大正、昭和のごみ焼却施設やトイレ等の絵葉書を紹介しながら、9cm×14cmの小さな空間に写し出された世界から、新聞広告や雑誌、さらには府県等の公文書等を使って、社会や時代と密接に結びついていた、当時のごみ処理事情やトイレ事情を読み解いてきました。

はじめにで述べたように、桑原武夫は、水洗トイレによって日本の近代化を考えたようとしましたが、正直、その問いに応えられたのか、自信はありません。

目の前にある事柄は私たちは当たり前と考えがちですが、ごみや屎尿の処理、さらには快適な排泄空間の創出についても、そこには人々のたゆまぬ努力があり、変わろうとする進歩の歴史があったことは書いたつもりです。

今はトイレの水洗化もごみの焼却も、その意味を問う時代になったのかもしれません。

絵葉書に出会う愉しみ

絵葉書の面白さも実感して頂いたと思いますが、絵葉書の収集の愉しみは、未知な史料で出会うことです。

本書の原稿を出版社に提出した後も、昭和13（1938）年夏に発行された「甲府市塵芥炭化工場」の絵葉書（図116）を入手することができました。この絵葉書に写っている焼却施設は、昭和の初期に、貝塚町、尼崎市や八幡市（現在の北九州市）等、多くの都市で建設された岩本式のごみ炭化炉（焼却炉）です。

図116　「甲府市塵芥炭化工場」絵葉書

岩本式塵芥焼却施設は、昭和7・8年に台湾の台北でも建設されています。台北の焼却施設については、近年その遺構が見つかり、平成26（2014）年に歴史建物として登録されました。翌年9月には福岡大学で開催された廃棄物資源循環学会の研究発表会でも発表され、その保存のあり方が議論されましたので、この絵葉書との出会いは、ひときわ感慨深いものがあります。

これからも、ごみやトイレに関する絵葉書や史料と出会い、廃棄物の歴史、さらには埋もれた庶民の生活の歴史を豊かにすることができればと思っています。

また、ごみやトイレの絵葉書以外にも、水道（「（堺市）水道拡張工事竣成記念」絵葉書）、下水道（「（名古屋市熱田下水処分場」絵葉書）はもちろん、本書でも紹介した衛生試験所（「京都市衛生試験所新築記念」絵葉書）、さらには墓地（「一宮市営墓地竣功記念」絵葉書）、動物葬祭場（「東京板橋大泉霊園八景」絵葉書）、屠場（「名古屋市屠場」絵葉書）、「観光日本公衆衛生展覧会記念絵葉書」等、衛生や環境分野を題材として、多種多様な絵葉書が、明治から大正・昭和にかけて発行されていますが、ほとんど知られていません。

本書が一つの契機となって、絵葉書に関する調査・研究が一層進み、絵葉書の歴史的な価値が正当に評価されることを、絵葉書の収集家の一人として願っています。

絵葉書を通じた人との出会いに感動

本書を刊行できたのは、出版事情が厳しいなか、編集担当の出口綾子さんをはじめ、彩流社の皆さまのご理解があったからですが、絵葉書等、史料との出会い、さらには史料を通じた人々との交流が、この本をつくらせたのだと思っています。

絵葉書の読み解きについては、歴史の専門家でもなく、古文書の解読力も十分でない、非力の私ですから、各地の図書館・資料館・公文書館の皆さま、在野で研究されている多くの方々の協力が不可欠でした。それらの方々の出会いによって、絵葉書に隠され、秘められた、ごみやトイレに関する新しい事実がわかり、絵葉書の世界は無限に広がっていきました。

「長崎市野牛島汚物焼却場」絵葉書について、発行年とその背景を調べて頂いた長崎県立長崎図書館、「ゴ式焼却炉絵葉書」の調査をお願いした函館市中央図書館との出会いも、その一例です。どの図書館・資料館でも同じですが、利用者の思いに応える職員の皆さまの熱意と誠意には、本当に感動しました。

本書は、平成25（２０１３）年10月に日本下水文化研究発表会で水槽便所とトイレットペーパーの新聞広告、さらに同年11月に北海道大学で開催された廃棄物資源循環学会研究発表会で、ごみ焼却施設の絵葉書を紹介したのが出発点です。その後、環境産業新聞社が発行している月刊誌『都市と廃棄物』に、トイレットペーパーの新聞広告、大正・昭和のごみ焼却施設やトイレに関する絵葉書を紹介してきましたが、本書は、改めてそれらを加筆・修正したものです。最初の掲載と今回の転載をお許し頂いた『都市と廃棄物』の松澤淳編集長に心からお礼を申上げます。

また、史料の閲覧等にご配慮頂いた図書館・資料館、さらに絵葉書等の収集でお世話になりました古書店等、多くの皆さま方のご協力がなければ、この本が生まれませんでした。その名前を記して、お礼とします（あいうえお順）。ありがとうございました。

愛知県図書館、尼崎市立地域研究史料館、一宮市博物館、一宮市立中央図書館、大阪市公文書館、大阪市立中央図書館、大阪府立中之島図書館、大阪歴史博物館、葛飾区郷土と天文の博物館、京都市右京中央図書館、京都市中央図書館、京都市学校博物館、京都市歴史資料館、京都府立総合資料館、京都府立図書館、高知県立歴史民俗資料館、神戸市図書館、神戸市立博物館、国際日本文化研究センター、国立公文書館、国立国会図書館、国立民族学博物館、後藤・安田記念東京都市研究所市政専門図書館、堺市立中央図書館、東京都公文書館、東京都立中央図書館、同志社社史資料センター、TOTOミュージアム、長崎市歴史文化博物館、長崎県立長崎図書館、名古屋市市政資料館、名古屋市博物館、奈良文化財研究所、西宮市立中央図書館、函館市中央図書館、各都市の行政・議会・教育委員会の関係者の皆様。また、土製人形について教えて頂いた石沢誠司、藤野滋、特に、かみものの収集に協力頂いた矢原章（敬称略）。

最後に、個人的なことですが、厳しい生活のなか苦労して、京都の大学に進学させてくれた亡き父梅吉と母一枝、そして、私の人生に付き合ってくれた、つれあいの早苗に、心からの感謝の言葉を記しておきます。

◉参考文献

＊新聞・雑誌一覧（あいうえお順）

大阪毎日新聞、同堺泉州面、同阪神版、聞蔵（東京朝日新聞・大阪朝日新聞）、大阪朝日新聞京都版（京都滋賀版）、京都新聞、京都日日新聞、京都日出新聞、神戸又七日報、滑稽新聞、大阪滑稽新聞、東洋日の出新聞、ヨミダス（読売新聞）、日本初期新聞全集（北根豊監修）、衛生工業協会誌、紙業雑誌、大日本私立衛生会雑誌、通俗衛生、都市美（都市美協会）、都市問題

＊府県市史・清掃事業史（地域順）

函館市史、同資料集、新編埼玉県史、埼玉県行政史、上福岡市史、新横須賀市史、名古屋市史、大正昭和名古屋市史、新修名古屋市史、名古屋市会史、愛知県史、一宮市史、新編一宮市史、一宮市会誌（一宮市議会所蔵）、一宮施政年表（一宮市所蔵）、御大礼一宮市中島郡尾西織物組合記念誌、瀬戸市史、瀬戸町誌、京都府警察史、京都市政史、京都の歴史、京都小学五十年季誌、閉校記念誌城巽、郁文一二〇年誌、、昭和大阪市史、明治大正大阪市史、大阪市史、新修大阪市史、大阪市会史、写真で見る大阪１００年、大阪港工事誌、大正区史、今宮町志、堺市史、尼崎市史、大庄村誌、稿本高知市史、高知市史、長崎市制五十年史、長崎市制六十五年史、新長崎市史、長崎市議会史

東京都清掃事業百年史、なごやの清掃事業、名古屋市屎尿市営ノ沿革、尼崎清掃事業史

＊社史等（あいうえお順）

京都新聞百年史、京都新聞小史、須賀工業９０年史、東陶機器七十年史、日本紙業発達史、日本紙業五十年史稿、大阪紙業沿革史、東武鉄道六十五年史、郵政百年史資料、学制百年史、日本銀行百年史、日本住宅公団十年史、日本下水道史

＊行政資料１（府県市公報・事務報告書・議会会議録、統計書）（地域順）

法令全書、内務省衛生局年報、函館区会報告（市会報告）（函館市中央図書館所蔵）、愛知県公報、愛知県統計書、

名古屋市会決議録、瀬戸市議会会議録、瀬戸市議会議決書綴、京都府公報、現行京都府令規全集、京都市会会議録、大阪市会会議録、大阪市統計書、兵庫県報、兵庫県統計書、兵庫県尼崎市事務報告書、尼崎市公報

＊行政資料２（事業年報・市政要覧等）（地域順）

東京市政（都政）概要、東京市清掃事業概要、東京市汚物処分調査会報告第一巻、深川塵芥処理工場、東京市塵芥処理概況、東京市深川塵芥処理工場概要、名古屋市衛生（保健）施設概要、名古屋市清掃事業概要（清掃事業ノ状況）、名古屋市衛生試験所試験報告、一宮市施設要覧、一宮市勢要覧（概要、市勢一班）、京都市政要覧（概要）、京都市政読本、京都市衛生年報、京都市衛生試験所報告、京都市清掃（環境政策局）事業概要、京都市臨時汚物調査会々議録（京都市保健部清掃課　京都府立総合資料館所蔵）、清浄野菜第二輯（京都市産業部農林課　京都府立総合資料館所蔵）、大阪市立衛生試験所事業成績概要、大阪市清掃事業年報（清掃局・環境事業局事業概要）、大阪市衛生（保健局）施設概要、尼崎市清掃（環境市民局）事業概要、尼崎市勢（現勢一覧、市勢要覧）

東京勧業博覧会事務報告（東京府庁　京都府立図書館所蔵）、大正博覧会事務報告（東京府庁　京都府立図書館所蔵）、始政五年記念朝鮮物産共進会京城協賛会報告（始政五周年朝鮮物産共進会京城協賛会残務取扱所　滋賀県立図書館所蔵）、名古屋汎太平洋平和博覧会会誌（名古屋汎太平洋博覧会　愛知県立図書館所蔵）

＊一般図書

・ごみ関係

ごみと日本人（稲村光郎）、水洗トイレの産業史（前田裕子）、日本絵葉書小史（明治編）（小川寿一）、１００年前の日本絵葉書に綴られた風景（生田誠）、大阪市廳舎新築記念（大阪市立中央図書館所蔵）、正伝・後藤新平（鶴見祐輔）、吉田初三郎の鳥瞰図を読む（堀田豊裕）、尼崎地域史事典

・トイレ関係

大坂図屛風――景観と風俗をさぐる（大阪城天守閣特別事業委員会）、全国郷土玩具ガイド３（畑野栄三）、土佐のおもちゃ（城田政治）、もんぢゃもんぢゃない集（宮地美彦）、トイレの穴（夏目房之助編）、土佐方言集（宮地美彦）、第五回内国

勧業博覧会総説博覧会案内、博覧会手引、宮武外骨此中にあり（吉野孝雄監修）、宮武骸骨・滑稽新聞　別冊絵葉書世界（吉野孝雄他）、百年前の私たち（石原千秋）、女はトイレで何をしているのか（毎日新聞夕刊編集部）、私刑類纂（宮武）外骨）、古代の都2　平城京の時代（田辺征夫・佐藤信編）、近代日本建築学発達史、城巽尋常小学校増築記念帖（京都市立右京中央図書館所蔵）、近代京都における小学校建築（川島智生）、近世便所考（大熊喜邦監修）、便所の研究（大泉博一郎）、最新便所の設計及改良法（相澤時正）、ヨーロッパ・トイレ博物誌（海野弘・新見隆他）、新島襄旧宅修理工事報告書（学校法人同志社）、建築記録／青山電話局（日本電信電話公社建築局）、し尿処理の技術史（武藤暢夫編集協力「環境施設No82（廃棄物処理編集委員会）所収」）、スカラベの見たもの（小西正捷）須賀豊次郎日記・断片（大正篇）（須賀保）

＊論文・ニュース

ごみ焼却の技術史（溝入茂著　都市と廃棄物）、貿易都市長崎における塵芥処理と浚（若松正志著　日本近世の地域社会論）、男性のトイレスタイルアンケート　TOTOニュースリリース、地方違式詿違条の施行と運用の実態（神谷力著　明治法制史政治史の諸問題）、福島県の違式詿違条例について（坂詰智美著　専修法学論集第119号）、警察機構の創出と違式詿違条例（上野平真希著　熊本史学第85・86号）、文芸倶楽部（石丸久著　文学第23巻）、森鴎外と町井正路——二つの「ファウスト」、その翻訳と受容（松本博著　大妻国文第39号）、衛生講座概説（藤原九十郎　大阪衛生会）、大壺紙からトイレットロール迄（関野勉著　百万塔第116号）、京阪大津線の80年（高山禮蔵著　鉄道ピクトリアル臨時増刊号第553号）、京都市電戦時中の資料から（小島正和　関西の鉄道第38号）

＊本書では、排泄スタイルの変遷を考えるため、現在では見られない「女性の立小便」に関する絵葉書を取り上げたが、女性を侮蔑する意味はなく、また、本書では、当事者に不愉快感を与える不適切な用語も史料として紹介しているが、歴史の一つの事実として取り上げたものであり、差別を助長する意味は全くないことも断っておきたい。

◎著者＝山崎達雄（やまざき・たつお）
1948年東京都生まれ、1972年に京都大学衛生工学科卒業後、京都府に勤務、廃棄物・環境・水道・企画政策・地域振興・大学運営等に携わる。2008年、京都府亀岡市副市長に就任（～2012年）。

大正期のトイレットペーパーをはじめ、集めた絵葉書・古文書・映画ポスター等は1000点以上。これらを駆使して、京都を中心に、ごみ、屎尿、トイレの歴史を解き明かす異色の元行政マン。2004～05年および2013年度、龍谷大学非常勤講師（「環境と人間A」）。

日本ごみ文化・歴史研究会、日本下水文化研究会、乙訓文化遺産を守る会、カッパ研究会等に所属。

主著：『洛中塵捨場今昔』（臨川書店）、共著『トイレ考・屎尿考』（技報堂出版）、『もっと知りたい！水の都・京都』（人文書院）、『京の水案内』（京都新聞出版センター）他。

ごみとトイレの近代誌《きんだいし》
絵葉書《えはがき》と新聞広告《しんぶんこうこく》から読《よ》み解《と》く

2016年7月29日　初版第一刷

著　者　山崎達雄 ©2016
発行者　竹内淳夫
発行所　株式会社 彩流社
〒102-0071 東京都千代田区富士見2-2-2
電話　03-3234-5931
FAX　03-3234-5932
http://www.sairyusha.co.jp/

編　集　出口綾子
装　丁　渡辺将史
印刷　株式会社平河工業社
製本　株式会社難波製本

Printed in Japan　ISBN978-4-7791-2235-4 C0039
定価はカバーに表示してあります。乱丁・落丁本はお取り替えいたします。